PUNTO DE VISTA

PASO AL BACHILLERATO

Dein Buch findest du auch in der Cornelsen Lernen App.

Siehst du eines dieser Symbole in deinem Buch, findest du in deiner App …

- alle Audios
- alle Videos
- Ideen und Materialien zu ausgewählten Aufgaben

Cornelsen

PUNTO DE VISTA PASO AL BACHILLERATO

Lehrwerk für den Spanischunterricht

Im Auftrag des Verlages erarbeitet von:
Carolina Goreczka-Hehl, Alexander Gropper, Manuel Vila Baleato

und der Redaktion Spanisch:
Dr. Vicente Bernaschina Schürmann, Grizel Delgado Rodríguez, Dr. Martin Fischer, Christin Frieß, Soledad Rodríguez;
redaktionelle Unterstützung: Azyadé Belakhdar, Carlos García López
Projektleitung: Heike Malinowski

Beratende Mitwirkung:
Matthias Daum, Sebastian Frese, Henning Peppel, Bàrbara Roviró, Kathrin Sommerfeldt

Illustrationen: Marc Rueda (S. 44 un. re. und S. 133 ob. re.), Laurent Lalo (S. 177 un.)
Karten: Dr. Volkhard Binder (S. 94 mi. re. und S. 212), Christian Görke (S. 43 mi. und S. 213)
Umschlaggestaltung: Ungermeyer, Berlin
Layout und technische Umsetzung: werkstatt für gebrauchsgrafik, Garding

Begleitmaterialien zu Punto de vista – Paso al bachillerato

Schulbuch (E-Book):	ISBN 978-3-06-021610-9
Arbeitsheft:	ISBN 978-3-06-021571-3
Audio-CD / Video-DVD:	ISBN 978-3-06-024801-8
Handreichungen für den Unterricht:	ISBN 978-3-06-021597-3

www.cornelsen.de

1. Auflage, 1. Druck 2023

Alle Drucke dieser Auflage sind inhaltlich unverändert und können im Unterricht nebeneinander verwendet werden.

Druck: Mohn Media Mohndruck, Gütersloh

ISBN 978-3-06-021563-8

PEFC
PEFC/04-31-1033

PEFC zertifiziert
Dieses Produkt stammt aus nachhaltig bewirtschafteten Wäldern und kontrollierten Quellen.
www.pefc.de

PUNTO DE VISTA PASO AL BACHILLERATO

enthält folgende Teile zur Arbeit im Unterricht sowie zum selbständigen Nachschlagen und Üben:

ARTE, CINE, MÚSICA	dreiteilige thematische Sequenz zur kulturellen Identität Spaniens und Hispanoamerikas
DOSIER	
Textos A–D	vier Lesestexte
Palabras en contexto	kontextualisierte Wortschatzarbeit
Vocabulario temático	thematische Wortschatzliste passend zum Inhalt des Dossiers
Punto final	Lernaufgabe
Lista cronológica	der Lernwortschatz der Dossier-Texte
Evaluación (facultativo)	Aufgaben zur Überprüfung des Lernstandes
Gramática	eine Übersicht mit Regeln und Erklärungen zu bekannten und neuen Grammatikthemen
Destrezas	einen Methodenanhang mit strukturierten Redemittellisten und Modelltexten
En la clase	eine Liste aller spanischen Verben („Operatoren"), die in den Arbeitsanweisungen hier im Buch und in Klausuren vorkommen (mit Beispielen und Erklärungen)

Viel Spaß und Erfolg im Spanischunterricht!

Symbole und Verweise in diesem Buch:

(Audio-Symbol)	Audios befinden sich in der Cornelsen Lernen App, eBook und UMA
(Hilfe-Symbol)	Aufgabe mit Hilfestellung im Anhang ab S. 128 ↗ p. 128
ES / DE	Sprachmittlungsaufgabe
(Stift-Symbol)	schriftliche Aufgabe
(Video-Symbol)	Videos befinden sich in der Cornelsen Lernen App, eBook und UMA
MK	Medienkompetenz
► Gramática 7	Verweis auf Grammatikanhang
► Presentar un tema, p. 164	Verweis auf Methodenanhang
facultativo	fakultative Aufgabe
(App-Symbol)	In der Lernen App finden Sie Arbeitsblätter und Hörtexte sowie die Lösungen der Aufgaben.

	Texte und Textsorte	Themen und interkulturelle Kompetenzen	Textarbeit und Methoden
Punto final Ein visuelles Gedicht / einen Liedtext schreiben und einen Podcast / ein Video aufnehmen **Methodische Schwerpunkte** • Schreiben • Dialogisches Sprechen	**B En un autobús convertido en escuela** Reportage	Die Grenze zwischen Mexiko und den USA	**Methoden** • die beabsichtigte Wirkung des Autors eines Sachtextes analysieren
	C Hip hop y rap en lenguas indígenas Sachtext	Kulturelle Vielfalt in der Musik Mittelamerikas	• einen Sachtext zusammenfassen
	D Pizza mexicana (Cristina Pacheco) Kurzgeschichte 🔊 Interview mit Elena Climent	Elena Climent: „Nación" (2010)	• Textsorten erkennen **Methoden** • das Verhalten und den Charakter einer Protagonistin beschreiben

Dosier Ciudades modernas

Kommunikative Lernziele • die eigene Meinung begründen und verteidigen • Eindrücke schildern und Wünsche äußern • Abläufe beschreiben **Vocabulario temático** • Leben in der Stadt • Stadt und Umwelt **Punto final** Online-Diskussion über Vor-/Nachteile eines Studiums / einer Berufsausbildung in einer Klein- oder Großstadt **Methodische Schwerpunkte** • Schreiben (*opinión*) • Dialogisches Sprechen	**Punto de partida** ▶ „En la Gran Vía" (Straßeninterviews) Ángel González „El conformista" (Gedicht)	• Großstädte in Spanien und Lateinamerika • die *Gran Vía* in Madrid	• den Inhalt und die Wirkung von Straßeninterviews erschließen • den Inhalt eines Gedichts interpretieren **Methoden** • eine Diskussion vorbereiten und führen
	Palabras en contexto	Megastädte in Lateinamerika und Herausforderungen nachhaltiger Stadtentwicklungsprojekte	
	A Madrid *blues* (Eduardo de la Cruz) Auszug aus einem Jugendroman	Lebensgefühl in Madrid	• die subjektive Erzählperspektive erkennen und beschreiben
	B Lima a través de tres generaciones Reportage 🔊 Radioreportage über Peru	Das Leben in der Megastadt Lima	**Methoden** • eine Stellungnahme schreiben (I) (Vor-/Nachteile erörtern)
	C Dos modelos de movilidad en España Reportage und Grafiken 🔊 Interview zur Kampagne „A pie al cole"	Stadtentwicklungsprojekte & Umwelt (Pontevedra, Barcelona)	• eine Grafik beschreiben • Stilmittel (u. a. Metaphern, Zitate) analysieren **Methoden** • eine Stellungnahme schreiben (II) (die eigene Meinung begründen)

El arte en España y América Latina

Reglas del juego
Escucha al guía de la exposición virtual e identifica los cuadros que presenta.

- Pon los cuadros en el orden que el guía describe.
- Apunta en una ficha la siguiente información para cada artista:

Nombre del / de la artista: ¿?
Fecha de nacimiento y muerte: ¿?
Nombre del cuadro: ¿?
Año del cuadro: ¿?

- La persona que complete primero la ficha, gana.

▶ Soluciones

1

2

3

4

Joan Miró

Frida Kahlo

Pablo Picasso

Francisco de Goya

Salvador Dalí

Diego Velázquez

5

6

La música en España y América Latina

1 El **tango** es un estilo musical que nació en

a. Cuba.
b. España.
c. Paraguay.
d. Argentina.

●● puntos

2 Uno de los **cantantes** más famosos en la **historia del tango** es

a. Juan Perón.
b. Carlos Gardel.
c. Diego Maradona.
d. Jorge Luis Borges.

● punto

Reglas del juego

- Contesta en tu cuaderno las preguntas sobre la música en España y América Latina.
- Compara tus respuestas con un/a compañero/-a.
- Escucha el podcast sobre la música en España y América Latina y comprueba tus respuestas. ¿Cuántos puntos tienes?

▶ Soluciones

3 El **bandoneón** es el instrumento más característico del tango. Tiene su origen en

a. Perú.
b. Polonia.
c. Colombia.
d. Alemania.

●● puntos

4 La **salsa** es un estilo de música cubano con raíces africanas, tal como su instrumento típico:

a. el piano.
b. el bongó.
c. la trompeta.
d. el contrabajo.

● punto

5 Una de las **cantantes** más famosas de **salsa** es
a. Shakira.
b. Celia Cruz.
c. Lila Downs.
d. Violeta Parra.
●● puntos

6 ¿Cuál de estos **ritmos** musicales no es de origen **caribeño**?
a. el son
b. el reggae
c. la ranchera
d. el merengue
●● puntos

7 Los **elementos** típicos del **flamenco** son
a. la guitarra y el baile.
b. el disfraz y la máscara.
c. las corridas y los toros.
d. las gaitas y los tambores.
●● puntos

8 El **flamenco** nació en Andalucía en el siglo XVIII y tiene raíces
a. caribeñas y africanas.
b. gitanas, árabes y judías.
c. flamencas y holandesas.
d. romanas, griegas y celtas.
● punto

9 Un/a **cantante** actual con influencias del **flamenco** es
a. Rosalía.
b. Lola Flores.
c. Paco de Lucía.
d. Camarón de la Isla.
● punto

10 La pieza de **música clásica** más famosa de España es para guitarra y se llama
a. «Suite Iberia» de Isaac Albéniz.
b. «El amor brujo» de Manuel de Falla.
c. «Concierto de Aranjuez» de Joaquín Rodrigo.
d. «Siete piezas para Iris» de Marisa Manchado.
●● puntos

13–16 puntos	¡Genial, eres un/a experto/-a en la música de España y América Latina! Busca en Internet tu canción favorita en español y compártela con tu clase.
9–12 puntos	¡Felicidades!, ya sabes bastante sobre la música de España y América Latina. Escucha ahora en Internet a alguno de los cantantes que se mencionan en el concurso y que no conoces todavía.
5–8 puntos	Ya sabes algo de la música en España y América Latina. Vuelve a escuchar el podcast y busca información en Internet sobre lo que no sabías.
0–4 puntos	¡No pasa nada! Pronto vas a aprender mucho sobre la música en España y América Latina. Busca información sobre el tango, el flamenco y la salsa. Luego vuelve a escuchar el podcast y haz el concurso una vez más.

El cine en España y América Latina

Reglas del juego

- Mira atentamente los vídeos sobre el cine en España y América Latina y luego juega el juego.
- Jugad en parejas. Necesitáis una ficha y un dado.
- Si caes en una casilla con imagen, busca la frase de la lista que corresponde al nombre o a la persona de la casilla y apunta la respuesta.
- Cada respuesta correcta suma un punto, y la primera persona en llegar a la meta gana dos puntos más.
- La persona con más puntos gana.

► Soluciones

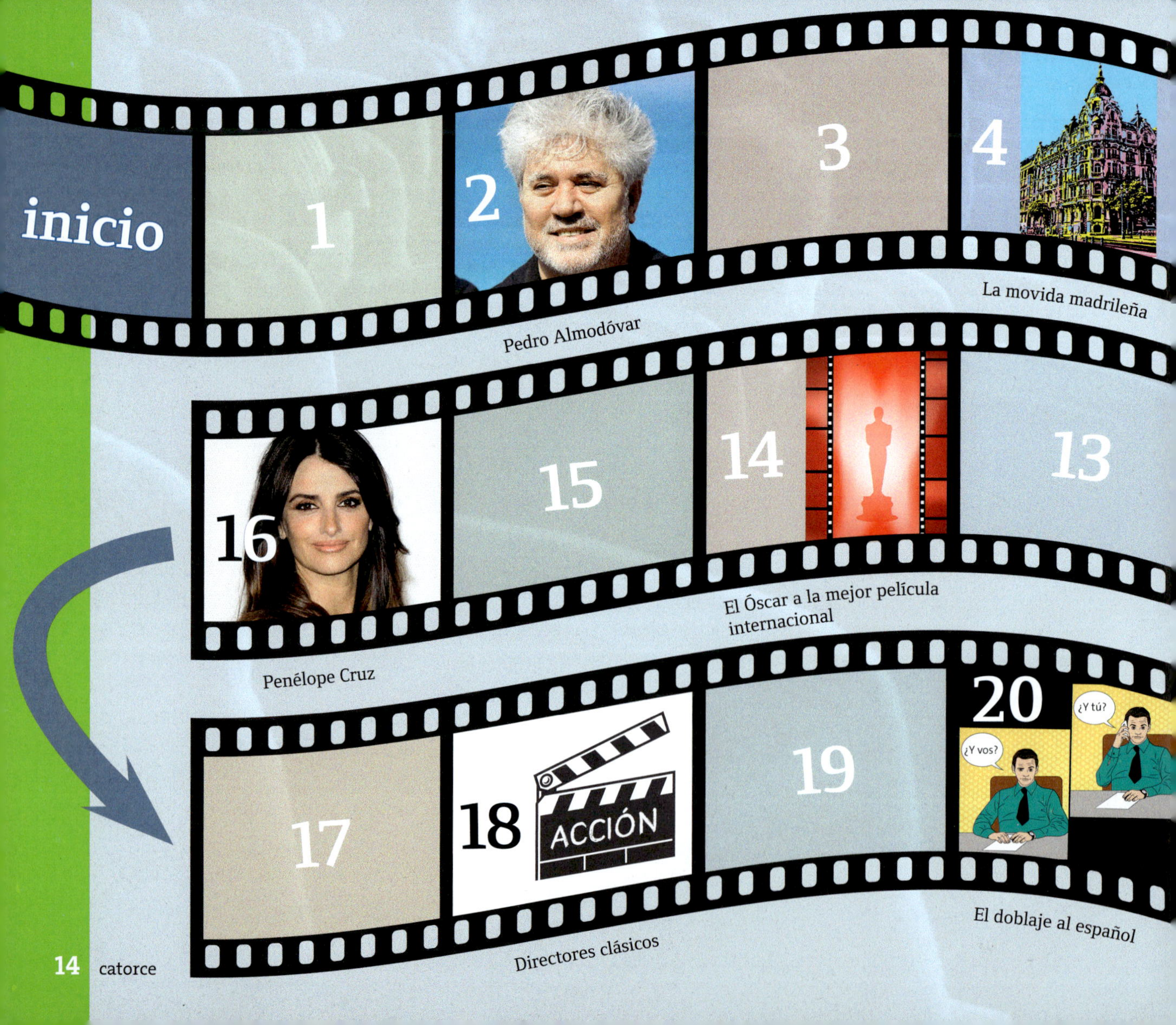

a. ...lo han recibido ocho películas españolas y latinoamericanas, como *Todo sobre mi madre* (1999), *Mar adentro* (2004), *El secreto de sus ojos* (2009), *Una mujer fantástica* (2017) y *Roma* (2018).

b. ...es una actriz española muy exitosa que ha abierto camino internacional a nuevas generaciones de actrices, entre otras a Clara Lago, María Valverde, Elena Anaya o Úrsula Corberó.

c. ...es un movimiento artístico que nació en Madrid en los 1980. Destacó por ir en contra de las normas y de los roles de género tradicionales.

d. ...del cine en España son Luis Buñuel y Carlos Saura. Sus películas son muy importantes para el cine en español.

e. ...son como los Óscar españoles y se dan a las mejores películas, actores, actrices, directores y directoras, entre otros profesionales del cine en España.

f. ...es un director de cine español, famoso por mostrar en sus películas la sociedad española moderna y la cultura popular.

g. ...es un actor de México. Con los directores Alejandro González Iñarritu, Guillermo del Toro y Alfonso Cuarón es parte del nuevo cine mexicano.

h. ...fue un momento terrible en la historia de España y es un tema central del cine español actual.

i. ...es obligatorio en España desde 1941 para todas las películas en lengua extranjera. En América Latina no es tan común; allí prefieren ver las películas originales con subtítulos.

j. ...famosas en el cine español son Icíar Bollaín e Isabel Coixet. En América Latina destacan la peruana Claudia Llosa o la argentina Lucrecia Martel.

k. ...internacionales en España y América Latina hay muchos. Los más importantes son el de San Sebastián, en el País Vasco, y el de Mar del Plata, en Argentina.

l. ...es el género más visto por los españoles. Con este tipo de películas se ríen de sí mismos y de los estereotipos culturales.

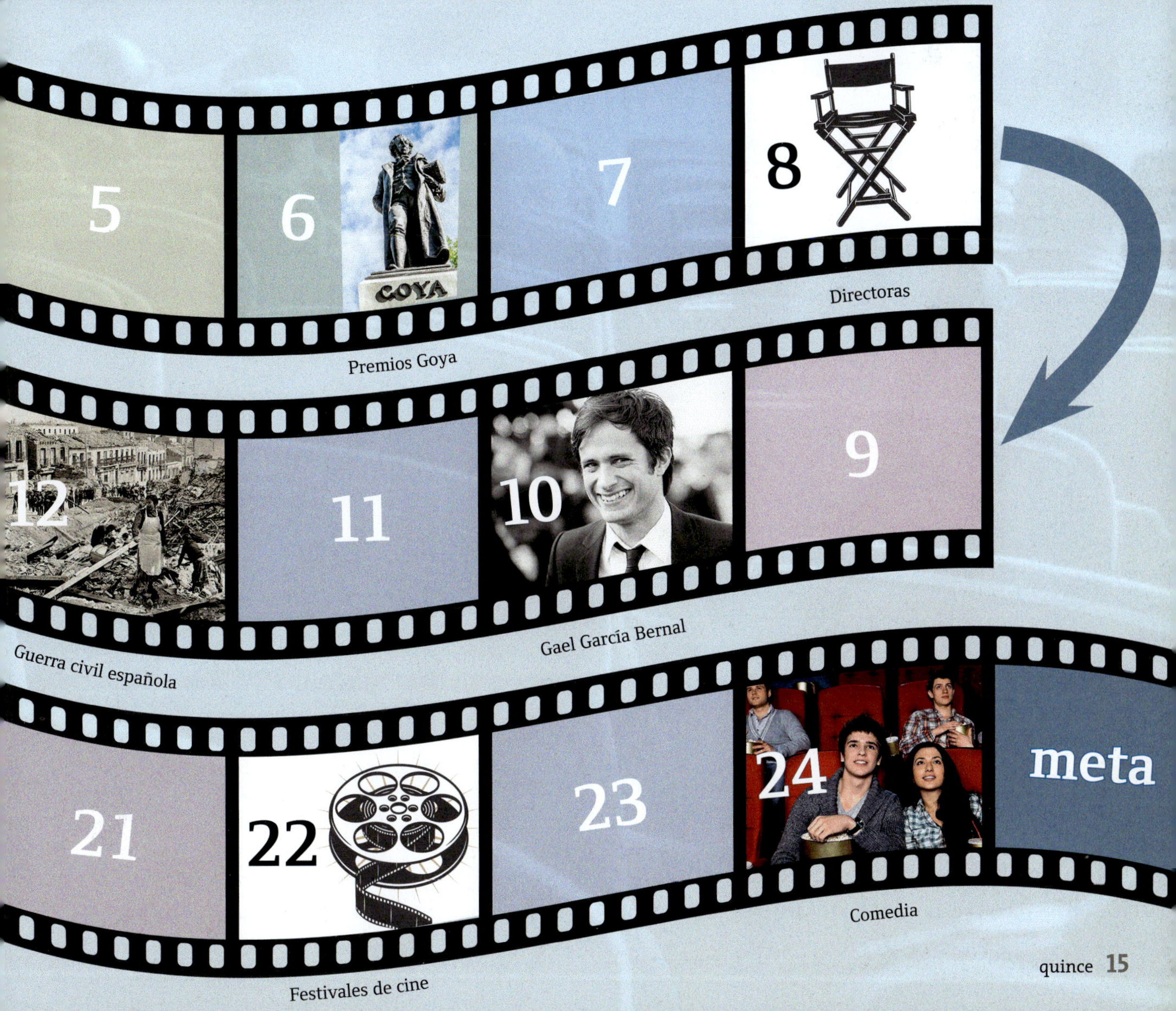

¿En qué mundo quieres vivir?

1

2

Me gustaría ser lo que aparento,

3

4

Expresión oral

1 **a** Lee la frase y mira las fotos. Explica a qué temas se refieren.

b Presenta las tres fotos que más te llaman la atención.
En mi primera foto vemos/hay...

2 Cuenta a qué tipo de *posts* de las redes sociales les das un «me gusta» y explica por qué.

En este dosier vas a aprender a

- expresar contrastes
- formular planes en el futuro
- mejorar el estilo
- recomendar algo y dar consejos

5

6

dejar atrás la esclavitud de lo perfecto.

7

8

9

10

3 **Escucha la canción y comparte tus primeras impresiones.**

↗ p. 128

1. Nombra las emociones que despierta en ti (alegría, tristeza, enfado, ganas de bailar, etc.) y explica por qué.
2. Comenta en qué piensas al escuchar la canción.

Comprensión y comentario

4 **Indica cuántas estrofas tiene la canción (p. 209) y cuál es el estribillo.** ► Textos líricos, p. 175

5 a **Elige la frase que mejor resume el contenido de la canción (p. 209) y justifica tu elección con fragmentos de la letra.**

	muestra los beneficios de las redes sociales para encontrar amigos.
	trata de los jóvenes fuera de las redes sociales.
La canción	tematiza las redes sociales y sus efectos negativos.
	muestra que la gente es natural en las redes sociales.
	aconseja no usar Internet.

b **Explica cuál es para ti el mensaje de la canción.**

La lengua en contexto

6 a **Deducir el significado: Indica qué te ha ayudado a entender las siguientes expresiones sobre «Internet y redes sociales».** ► Deducir vocabulario, p. 180
Ejemplo: «Conectar el móvil al wifi» es parecido al inglés/alemán/francés/...

conectar el móvil al wifi	dar un *like* a un comentario	hacerse un selfi
poner un filtro a una foto	subir una foto posteable	escribir un *post*
filmar un vídeo / un directo	compartir un artículo	seguir los *posts* de alguien

b **¿Qué es lo que más haces? Ordena las actividades de 6a de mayor a menor frecuencia. Después compara con tu compañero/-a. ¿Quién es el/la que más escribe / sube fotos ...?**

7 a **Repasar el comparativo: Un grupo de amigos habla sobre las redes sociales. Formula sus opiniones conjugando el verbo y usando el comparativo.** ► Gramática 20

> más ... que < menos ... que = tan... como

1. Las actividades reales (*ser*, = importante) las actividades virtuales.
2. Los amigos virtuales (*ser*, < sincero/-a) los reales.
3. Los *influencers* (*ser*, = famoso/-a) los cantantes.
4. Hacer buenos amigos en la red (*ser*, > difícil) en el instituto.
5. En la vida real, muchos jóvenes (*lucir*, > malo/-a) en sus fotos con filtro.
6. Gente que postea mucho (*ser*, > inseguro/-a) gente que mira poco sus redes.
7. Una foto posteable (*ser*, > bonito/-a) una frase guay de una canción.
8. Los abrazos (*ser*, > especial) los «me gusta».
9. Para mí, los «me gusta» de mis amigos (*ser*, = importante) los «me gusta» de mi familia.
10. El mundo digital (*ser*, < seguro/-a y > peligroso/-a) el mundo real.
11. Un «runner» digital (*lucir*, > guapo/-a) un corredor de verdad.
12. Las clases en línea (*ser*, > interesante) las clases del instituto.
13. El ciberacoso (*ser*, = peligroso/-a) el acoso escolar.

b **Expresar contrastes: Comenta con qué opiniones de 7a no estás de acuerdo. Utiliza más/menos ... de lo que como en el ejemplo.** ► Gramática 20
Ejemplo: ¡Qué va! Para mí, las actividades reales son más importantes de lo que piensan otros jóvenes.

Expresión oral y competencia digital

8 a Describe la imagen y explica qué critica. ▸ Imágenes, p. 175

↗ p. 128

facultativo **b** Pon un título a la imagen y explica por qué lo has elegido.

MK **9** Comenta tus experiencias en las redes sociales y preséntalas. ▸ Manejo de datos personales y ajenos, p. 179

1. ¿Qué (no) posteas en tus redes sociales?
2. ¿Cuándo te hacen sentir bien/mal las redes sociales?
3. ¿Cuándo (no) te parecen útiles?
4. ¿Qué haces para protegerte o proteger tus datos personales?

Comprensión audiovisual

10 a Busca en Internet la campaña de UNICEF «No seas estrella». Mira los primeros 40 segundos del vídeo. Describe cómo es la música, cómo reaccionan los alumnos al abrir la puerta y cuenta qué información lees.

↗ p. 129

b Mira el vídeo completo y contesta las preguntas.

1. ¿Cuál es el tema del vídeo?
2. ¿Cómo se sienten los chicos al principio y al final?
3. ¿Cómo va cambiando su lenguaje corporal[1]?
4. ¿De dónde ha salido la información de los chicos?
5. ¿Qué se pide en el vídeo al final?
6. ¿A quién va dirigido el vídeo?

1 **el lenguaje corporal** die Körpersprache

c Explica con tus palabras qué quiere decir la frase del final, «No seas estrella».

Los jóvenes españoles y su mundo

Actualmente más de siete millones de españoles (casi una quinta parte de la población) son jóvenes de entre 15 a 29 años (FAD, 2020). Entre sus actividades frecuentes están divertirse con los amigos y pasar tiempo en Internet. Ya no salen tanto como antes y van mucho menos a bares, prefieren quedar en la red. Les encanta la música y leen más que nunca según estadísticas, aunque no siempre libros. Es verdad que pasan más tiempo en casa, pero también que fuman menos y beben menos alcohol. Más de la mitad de los jóvenes españoles vive hasta los 30 años en casa de sus padres. Las razones para independizarse más tarde que en otros países europeos son el paro, los salarios bajos y el alto precio de la vivienda. Por esta situación los jóvenes en España tienen menos hijos y más tarde que en otros países de Europa. Paralelamente, están seguros de que van a tener un mejor futuro que sus padres (Fundación SM, 2021).

Los jóvenes españoles y el mundo laboral

Un poco más de la mitad de los jóvenes entre 25 a 29 años realizan estudios superiores (INE, 2021). España tiene una de las tasas más altas de graduados universitarios en todo el mundo, de hecho, cuatro de cada diez jóvenes tienen un título universitario (OCDE, 2017). Estos son jóvenes altamente cualificados y cuentan con buen dominio de otras lenguas. Por un lado, España es el tercer país en número de jóvenes que estudian o hacen prácticas en el extranjero con el programa europeo *Erasmus+* de educación y formación en la Unión Europea. Por el otro, es un país con mucha sobrecualificación, es decir, donde hay más jóvenes con estudios universitarios en empleos que no necesitan esta formación. Así, muchos de ellos, después de terminar sus estudios, solo encuentran trabajo en el sector del turismo.

Uno de los grandes desafíos de España es adaptar su sistema educativo al futuro mercado laboral que va a necesitar técnicos altamente cualificados. Para conseguirlo, España empieza a desarrollar una gran oferta en Formación Profesional y estudios universitarios en formato dual, los cuales permiten estudiar y hacer prácticas en empresas.

Sin embargo, debido a la alta tasa de paro, la alternativa para muchos jóvenes es emigrar, así que otro desafío en los próximos años es retener el talento con mejores ofertas de trabajo y recuperar a aquellos jóvenes que actualmente viven en el extranjero.

Los nuevos valores de los jóvenes españoles

Según estadísticas a los jóvenes españoles lo que más les importa es la salud, la familia y la educación. Apenas en el noveno puesto mencionan la amistad (Fundación SM, 2021). Aunque la familia todavía es una de las bases de la sociedad española, otros valores cambian. La mayoría de los jóvenes no es religiosa, pero asiste a eventos como bodas o bautismos de manera social. Cada vez más jóvenes piensan que es importante proteger el medio ambiente y participan en movimientos para luchar por un futuro sostenible. Además, entre los jóvenes existe un gran compromiso social, especialmente en el entorno más próximo, como puede ser el instituto, el barrio o el pueblo donde viven. Hoy en día, muchos están a favor de la igualdad de género, la tolerancia y están en contra de la discriminación y del racismo.

1 Cambio de registro: **Reescribe las partes subrayadas de las siguientes frases, utilizando las expresiones más formales marcadas en el texto.**

1. Antes, salir y quedar en bares eran las cosas que se hacían mucho entre los jóvenes.
2. Los jóvenes tienen varias razones para no vivir solos.
3. Una razón para vivir con los padres es el nada bajo precio de tener un piso.
4. Los estudiantes españoles son jóvenes que hablan bien otras lenguas.
5. Hay jóvenes con estudios universitarios en trabajos que no necesitan esta formación.
6. El mercado de trabajo español va a necesitar técnicos muy bien cualificados.
7. Un desafío es quedarse con el talento con mejores ofertas de trabajo.
8. Hoy en día para España es muy importante volver a tener a aquellos jóvenes que viven en el extranjero.
9. Están a favor de la idea de que hombres y mujeres sean iguales ante la ley y en la sociedad.
10. En España y en Latinoamérica, muchos jóvenes no apoyan la violencia, el racismo y la discriminación.

2 a Trabajar con internacionalismos: **Busca en el texto las palabras en español para las siguientes palabras en inglés y alemán.**

salaries   to adapt   values   education   religious   social   to protect   sustainable future

Statistik   Alkohol   Programm   Talent   Toleranz   Diskriminierung   Rassismus

b **Describe en cinco frases usando el vocabulario en español de 2a cómo crees tú que es tu generación.**

3 a Sistematizar el vocabulario: **Ordena en grupos temáticos el vocabulario de la casilla sobre el mundo de los jóvenes según el texto.**

el ocio

los estudios

los valores

salud   estudios superiores   familia   graduados universitarios   pasar tiempo en Internet   amistad   título universitario   participar en   altamente cualificados   estudiar   luchar por   hacer prácticas   sobrecualificación   quedar en la red   formación profesional   leer   compromiso social

b **Completa las siguientes frases sobre el mundo de los jóvenes con el vocabulario de 3a.**

1. En España, los jóvenes prefieren obtener un [...] a hacer una [...] o formación dual.
2. La [...] no está entre los primeros valores de los jóvenes, pero sí la [...], base de la sociedad española.
3. Aunque no son muy activos en la política, sí hay un fuerte [...], sobre todo les parece importante [...] proyectos en su entorno.
4. Entre sus pasatiempos se encuentran [...] y [...], pero no solamente libros.

4 Activar el vocabulario: **Utilizando las palabras marcadas del texto, describe la situación de los jóvenes en Alemania a Miguel, un alumno de intercambio.**

Según [...], ocho de cada diez jóvenes alemanes logran [...] y dejar la casa de sus padres a los 23 años. Actualmente los jóvenes que estudian o [...] en el extranjero vuelven a Alemania después de estancias cortas, porque creen que en el [...] alemán van a encontrar buenos trabajos. Son jóvenes cualificados y cuentan [...] al menos otra lengua. Como los jóvenes españoles, tienen [...] parecidos: les importa mucho la familia y la salud. Y aunque la [...] les importa y les parece buena, opinan que el sistema educativo puede ser mejor. A diferencia de los españoles, la [...] es esencial para ellos, dado que a sus amigos les cuentan todo. La mayoría afirma, además, ser [...], a pesar de que las bodas o bautismos les parecen más eventos sociales. Consideran que ni el racismo ni la [...] por sexo, religión u orientación sexual pueden existir en una sociedad justa.

Yo busco mi suerte

¡Buenos días a todos! Me gustaría empezar agradeciendo vuestra asistencia. Quizás muchos os preguntaréis para qué estoy aquí. Me llamo Julio Llorente, tengo 29 años y he creado una aplicación que me ha permitido tener mi propia empresa y ser mi propio jefe. La app cuenta cada día con más usuarios, sigue creciendo y ya la usan en diferentes países.

Me gustaría comenzar mi historia con esta frase: «Cuando sea mayor, volaré, dijo el gusano. Todos se rieron, excepto las mariposas».

Yo, a los once años, me sentía a veces como un gusano, sobre todo en casa. Mis hermanos eran muy buenos estudiantes. Sus notas en el instituto eran excelentes, siempre con un montón de sobresalientes. Yo no, en la familia yo venía siendo algo así como la oveja negra porque desde la escuela primaria solía sacar notas regulares... o malas... a veces también muy malas...

Terminé el instituto sin pena ni gloria. Debido al enorme talento que tenían mis hermanos, con el tiempo yo acabé siendo «el hermano de». Hoy en día, mi hermana es arquitecta y mi hermano profesor de universidad. Pero para lograr sus metas, el trabajo y la ilusión fueron mucho más importantes que su talento. Entonces, yo pensaba que no tenía ninguno. Pero todos, también en esta sala, tenemos alguno, aunque no lo conozcamos. No os quiero mentir. Ese talento no es siempre el que nos gustaría. Aunque me encanta la música, nunca llegaré a ser como Beethoven, y aunque juego al fútbol tres veces por semana, nunca seré futbolista profesional, porque mis condiciones físicas no son adecuadas. Duele, pero tenemos que ser sinceros y no engañarnos a nosotros mismos.

Al terminar el bachillerato, tenía pensado ir a la Universidad, pero ninguna carrera me convencía. Por eso, me puse a buscar alternativas y como soy pragmático, empecé a hacer una Formación Profesional de Programación porque tenía buenas perspectivas laborales.

Yo no era el típico «friki» enganchado a los ordenadores, tampoco fui uno de esos niños que viven jugando con el PC. Pero al empezar aquel curso, un mundo nuevo se abrió para mí. Al principio, uno de los profesores nos dijo: «Podéis solucionar cualquier problema con programación. Decidme alguno y os enseño a programar la solución.» Seis clases seguidas escribió en la pizarra cómo solucionar problemas de todo tipo, desde los pasos para reparar aparatos hasta los pasos para reconciliarte con tu pareja. Creo que gracias a él sentí por vez primera ganas de saber y aprender algo. Descubrí mi pasión y, por suerte, también mi talento: programar. En la primera evaluación, saqué muy buenas notas en varias asignaturas.

Terminada la FP, tenía dos alternativas: estudiar Informática en la universidad o hacer unas prácticas y ponerme a trabajar. Esta vez tenía claro lo que me gustaba y, por eso, me decidí por la universidad. Por fin había encontrado mi camino y lo quería saber todo sobre programar.

3 la asistencia die Teilnahme **10 el gusano** *hier* die Raupe **17 ser la oveja negra** das schwarze Schaf sein **20 sin pena ni gloria** sang- und klanglos **29 mentir** (be)lügen **33 las condiciones físicas** die körperlichen Voraussetzungen **34 adecuado/-a** geeignet **43 el/la friki** *ugs.* der Freak **43 estar enganchado/-a a algo** nach etwas süchtig sein

En la universidad llevaba completados dos cursos con muy buenos resultados, por eso en el tercero me fui con una beca Erasmus a Inglaterra. De mi experiencia me gustaría destacar cuatro aspectos: aprendí inglés, claro, participé en un proyecto de programación, redescubrí que soy Julio Llorente y no «el hermano de» y que puedo mejorar mi entorno.
En Inglaterra también trabajaba unas horas a la semana como voluntario en una residencia de personas mayores. Gracias al contacto con ellos, pude ver que a veces necesitaban cosas que no siempre podían conseguir fácilmente. No solo eran productos que yo podía comprar en el centro de la ciudad, como un libro, revistas deportivas o un champú especial. A veces simplemente querían tener un compañero para un paseo, para escuchar música de guitarra en directo o para disfrutar de un rato de conversación. Al final, cada vez que salía de la residencia, llevaba una lista con lo que necesitaban y en la universidad algunos compañeros me echaban una mano con ella. Entonces me quedé pensando: ¿por qué no desarrollar una aplicación fácil de usar para que las personas mayores puedan conseguir lo que necesitan? Mi idea se fue convirtiendo poco a poco en un proyecto propio.
Cuando volví a casa, estaba seguro de que no quería convertirme en un tío de camisa y corbata que trabaja en una oficina de 9 a 6. Además, tenía la idea para crear mi propia *app*. Y dicho y hecho. Al terminar mis estudios, mis hermanos me animaron y me ayudaron con la financiación, con eso eché a andar el proyecto. La aplicación nació meses después, ofreciendo a nuestros mayores una plataforma fácil de usar, creada para ellos y organizada según sus intereses.
Personalmente, mi éxito no solo es poder trabajar y vivir de algo que me gusta. Para mí también es importante saber que la aplicación ayuda a muchas personas a ser un poco más felices. Resumiendo, a veces me dicen que he tenido mucha suerte. Yo siempre digo que no «tengo suerte». Yo busco mi suerte, mi éxito trabajando duro, dedicando muchas horas, levantándome temprano, perdiéndome más de una fiesta. Pero todo eso vale la pena. Vuestra suerte está ahí fuera ... ¡Salid y buscadla! Y si no sale pronto, seguid buscando porque ella os está esperando. Ahora dejo abierto el micrófono para vuestras preguntas, pero antes, ¡gracias por vuestra atención!

64 llevar completado/-a algo etwas abgeschlossen haben **72 la residencia de personas mayores** das Altersheim **77 el champú** das Shampoo **90 la corbata** die Krawatte **95 echar a andar** empezar con

Comprensión y análisis

1 **Apunta las líneas del texto en las que aparecen estos temas.** ► Comprensión selectiva, p. 164

1. Sobre el talento
2. Cómo surgió la idea de la *app*
3. Escoger estudios superiores
4. Lo que aprendió en el extranjero
5. Sobre el éxito y cómo lo consigue
6. Su infancia y sus hermanos

2 **Indica las frases falsas y corrígelas.** ► Comprensión detallada, p. 164

1. Julio sacaba mejores notas que sus hermanos.
2. Sus hermanos consiguieron sus metas sobre todo por su trabajo y su ilusión.
3. Prefirió hacer una FP porque no tenía ganas de estudiar en la universidad.
4. Desde pequeño fue un poco «friki», se interesaba por los ordenadores y la Informática.
5. Julio empezó a estudiar en la universidad después de hacer una formación profesional.
6. Vivir en el extranjero fue importante para su autoestima.
7. Tenía muy claro que quería tener un trabajo de oficina.
8. Le importa saber que la vida de varios adultos mayores es mejor gracias a su aplicación.
9. Cree que algunos tienen suerte y saben usarla, como él.
10. Buscar la suerte significa para Julio tener talento.

3 **Indica la frase que mejor resume el mensaje de la charla.**

a. Si trabajas duro y tienes suerte, vas a tener éxito.
b. Lo más importante es tener talento.
c. Hay que ser realista y sincero con uno mismo.
d. Las notas y el esfuerzo personal son lo que cuenta.

4 **Presenta a Julio y su situación actual.**

Destrezas: Examinar la estructura y los recursos de una charla

5 **Examina la estructura de la charla y los recursos que emplea Julio para estructurarla y así poder motivar al público.** ► Presentar un tema, p. 164

a **¿Cuáles de los siguientes recursos emplea Julio para presentar el tema, estructurar su charla y dirigirse al público? Busca ejemplos en el texto.**

1. Saludar al público y/o presentarse
2. Mencionar las partes de su charla
3. Usar una cita y/o dar ejemplos
4. Hacer preguntas al público
5. Resumir su mensaje
6. Estar abierto a preguntas del público
7. Despedirse y agradecer la atención

b **Busca cinco ejemplos en la charla de cómo Julio presenta el tema y explica su función en la charla.**
En la/s línea/s [...] Julio...

... se dirige al público ... se presenta ... se despide	con diciendo usando contando	una cita anécdotas un resumen su camino [...]	para	motivar/interesar a los jóvenes. profundizar en el tema. que el público participe/reflexione. presentar el tema. concluir la charla. [...]
... cuenta (de) ... emplea/explica				

c **¿Crees que Julio consigue motivar al público? Explica por qué (no) refiriéndote a los recursos que utiliza.**

La lengua en contexto

6 **Repasar el futuro simple: Julio contesta algunas preguntas. Formula sus consejos a los jóvenes usando el futuro simple.** ► Gramática 5

1. Si conoces tus talentos, (*ser*) más fácil tomar una decisión.
2. Si probáis diferentes actividades, (*descubrir*) vuestros talentos.
3. Si sigues tus sueños, (*sentirse*) muy orgullosa de ti misma.
4. Si escuchamos solo a los otros, (*vivir*) la vida de los otros y no (*poder*) disfrutar de la nuestra.
5. Si pasas un tiempo en el extranjero, (*saber*) hacer mucho solo.
6. Si Luis hace un voluntariado, (*darse*) cuenta de lo que le importa y (*luchar*) por ello.
7. Si haces un test vocacional, (*conocerse*) mejor y (*ponerse*) en el camino correcto.
8. Si os tomáis tiempo para conoceros, (*encontrar*) vuestro camino.

7 **Mejorar el estilo usando el gerundio: Reescribe los consejos de Julio de 6 usando el gerundio.**
Ejemplo: Si conoces tus talentos, será más fácil tomar una decisión. → Conociendo tus talentos, será más fácil tomar una decisión.

8 **La abreviación de oraciones subordinadas con infinitivo, gerundio o participio: Reescribe las siguientes frases que cuentan cómo fue el camino de Julio usando como o cuando.** ▶ Gramática 16

1. Por no tener buenas calificaciones, Julián decidió hacer una formación profesional.
2. Terminada la formación profesional, decidió inscribirse en la universidad.
3. Al empezar los estudios, se dio cuenta de que le gustaba muchísimo programar.
4. Pasando un tiempo en el extranjero y trabajando de voluntario en una residencia, se dio cuenta de muchas cosas importantes.
5. Al volver de Inglaterra, era otra vez Julio y no «el hermano de».
6. Empezado su proyecto, supo que ese era su camino.

9 **a** **Expresiones con gerundio, participio o infinitivo: ¿Cómo expresas las siguientes frases en español? Relaciona.**

1. Ich hatte vor, an der Universität zu studieren.
2. Am Ende habe ich die richtige Ausbildung absolviert.
3. Ana bekommt normalerweise die besten Noten.
4. Ana hat ihr Geschäft seit Jahren aufgebaut.
5. Ich habe mehr als dreißig Vorträge gehalten.
6. Ich fasste einen Entschluss und setzte meine Pläne in die Tat um.
7. Sein großes Talent hat uns alle überrascht.

a. Ana suele sacar las mejores notas.
b. Su gran talento nos dejó sorprendidos a todos.
c. Acabé estudiando la FP correcta.
d. Tenía pensado hacer una carrera universitaria.
e. Hace años que Ana viene construyendo su empresa.
f. Llevo dadas más de treinta charlas.
g. Me decidí y eché a andar mis planes.

b **Mejorar el estilo: Cuenta cómo ha sido el camino de alguna persona que admiras, usando al menos tres expresiones con gerundio, participio o infinitivo. Puedes basarte en frases de 9a.**

tener/llevar/dejar + *participio*
acabar/venir + *gerundio*
soler/echar a + *infinitivo*

Expresión oral

10 **Participas en un proyecto de eTwinning en español sobre la educación. Haz una presentación y compara las tendencias en la educación superior en Alemania y España.**
▶ Presentar un tema, p. 164 ▶ Estadísticas y gráficos, p. 178

Carreras universitarias favoritas de los alemanes:
1. Administración y dirección de empresas
2. Ingeniería mecánica
3. Derecho
4. Informática
5. Ciencias económicas

Fuente: Statistisches Bundesamt 2020

Carreras universitarias favoritas de los españoles:
1. Administración y Dirección de Empresas
2. Ingeniería industrial
3. Ingeniería
4. Informática
5. Psicología

Fuente: X Informe Infoempleo Adecco 2020

Formaciones profesionales favoritas de los alemanes:
1. Comercio
2. Mecánico/-a de automóviles
3. Técnico/-a industrial
4. Especialista en Informática
5. Asistente médico/-a

Fuente: Ausbildungsmarkt.de 2021

Formaciones profesionales favoritas de los españoles:
1. FP Administración
2. FP Industrial
3. FP Informática
4. Asistente médico/-a
5. Especialista en Marketing y Comercio

Fuente: Oficina Empleo 2020

Perfil de los universitarios en Alemania:
El 48 % de los estudiantes son mujeres.
El 48 % de de los estudiantes tienen entre 20 y 24 años.

Fuente: Statista 2021

Perfil de los universitarios en España:
> 50 % son mujeres
El 47 % de los estudiantes tienen entre 18 y 21 años.

Fuente: OCDE 2017

11 Para un examen oral tienes que presentar el sistema educativo español a tu clase. Expón las opciones que hay después del Bachillerato usando el diagrama. ▸ Vocabulario temático, p. 40 ▸ Presentar un tema, p. 164

p. 129

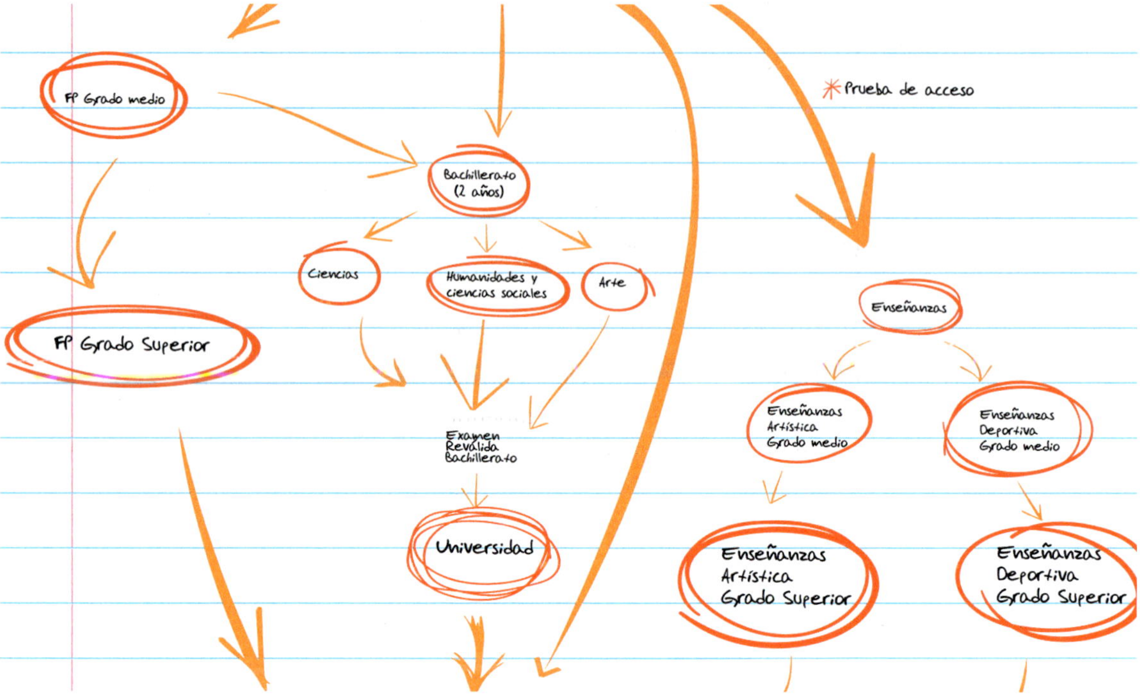

Comprensión auditiva

12 a Escucha las dos entrevistas. ¿Cuáles son las preocupaciones de Sandra y Pedro?

b Vuelve a escuchar la entrevista con Sandra y completa las frases.

1. Después del bachillerato puedes […]
2. Para entrar en la universidad hay que […]
3. Como los estudios son muy caros, hay becas para estudiantes que […]
4. Las notas de Sandra […]

c Vuelve a escuchar la entrevista con Pedro y contesta las preguntas.

1. ¿Qué es lo más importante para Pedro al escoger una carrera?
2. ¿Qué recomendaciones le da el orientador para descubrir sus puntos fuertes y débiles?

Comprensión audiovisual

13 a Antes de ver el vídeo: ¿Qué esperas ver en un vídeo titulado «Ya que te gusta elegir, elige FP dual»? Menciona cinco aspectos y presenta tu selección.

b Busca en Internet el vídeo «Ya que te gusta elegir, elige FP dual». Míralo sin sonido. Nombra las profesiones que se muestran.

p. 130

c Mira el vídeo con sonido. Enumera los argumentos que se mencionan a favor de estudiar una FP dual.

Mediación

ES DE **14** **Ihr spanischer Austauschschüler interessiert sich für die Abi-Bräuche und ist im Internet auf diesen Artikel gestoßen. Er wundert sich über die Vorbereitungen zur Abi-Feier und fragt Sie, was es damit auf sich hat. Erklären Sie ihm in einer E-Mail (ca. 160 Wörter), welche die wichtigsten Abi-Bräuche sind und wie diese sich entwickelt haben.** ► Atender a las diferencias culturales, p. 173

Wie wichtig ist der Abi-Streich?

18. Juni 2020, 19:09 Uhr

Schulabschluss 2020: „Für die Abiturienten ist es eine doppelte Krise"

Kein Abi-Streich, kein Abi-Ball und die Sorge, wie es weitergeht: Kulturforscherin Katrin Bauer weiß, warum gerade in einer Krise Bräuche so wichtig sind.

Interview von Ania Kozlowska

Die letzten Tage an der Schule: Gerade für Abiturientinnen und Abiturienten war das zuletzt immer ein großes Fest. [...] Katrin Bauer ist wissenschaftliche Referentin im LVR-Institut für Landeskunde und Regionalgeschichte des Landschaftsverbands Rheinland. Die Kulturforscherin selbst hat 1997 ihr Abitur gemacht und unter anderem zu Abi-Bräuchen und ihrer Bedeutung geforscht. [...]

Wie haben sich Abi-Bräuche entwickelt?

Es begann in den 70er und 80er Jahren mit eher harmlosen Streichen. Damals ging es darum, den Zugang zur Schule zu sperren. Im Laufe der Jahre hat sich eine Bühnenshow entwickelt, die mittlerweile obligatorisch ist. Die Abiturientinnen und Abiturienten organisieren ein Event mit professioneller Lichttechnik, Rauch und allem was dazu gehört. Auch Spiele mit den Lehrern wurden integriert, es geht also um einen Rollenwechsel. Und in den letzten zehn Jahren hat sich die sogenannte „Mottowoche" entwickelt: Man kommt in der letzten Woche jeden Tag verkleidet in die Schule und schlüpft in eine andere Rolle. Und am Ende erwartet einen dann der Abi-Ball als großer Höhepunkt.

Gibt es einen Abi-Streich, der Sie ganz besonders beeindruckt hat?

Da fallen mir einige Höhepunkte ein: Einmal wurden Lehrer mit Hubschraubern eingeflogen. Ein Jahrgang hat auch mal Teile des Stadions in Köln gemietet. Aber richtig faszinierend sind eher die kleinen Sachen: Wenn man mit viel Kreativität den eigenen Schulraum umgestaltet und dann ein Fest macht, das für alle Jahrgänge toll ist.

Viele Lehrer werden dagegen froh darüber sein, dass es diesmal etwas ruhiger zugeht.

Vor zwei, drei Jahren gab es Eskalationen in Köln, wo die Schulen sich untereinander bekämpft haben. Das hat sich mittlerweile aber sehr beruhigt. Abi-Streiche sind eher harmloser geworden, ein großes Schulfest. Was sicherlich auch damit zusammenhängt, dass die Schulen strikte Regeln erlassen haben. Es ist ein Phänomen der letzten Jahre, dass die Abiturientinnen und Abiturienten schon im Voraus einen Vertrag unterschreiben müssen, dass sie eine gewisse Grenze nicht überschreiten.

Warum sind Abi-Bräuche überhaupt so wichtig für Schulabgänger?

Das Abitur ist eine klassische Übergangsphase, weil ein Lebensabschnitt, der zwölf, dreizehn Jahre lang die Schülerinnen und Schüler geprägt hat, von einem auf den anderen Tag zu Ende geht. Solche Übergänge sind immer begleitet von Ritualen, die einem den Umgang damit erleichtern. Beerdigungen sind ein vergleichbares Beispiel – da hat man einen ganz genauen, festen Ablauf. Ähnlich ist es bei den Abi-Bräuchen: Man erlebt ein letztes Mal diese emotionale Gemeinschaft. Deswegen ist es so wichtig, zusammen auf der Bühne zu stehen. Zudem kann man für einen Tag die Welt auf den Kopf stellen. Zum Schluss wird so eine starke Stufenidentität aufgebaut. Das Zweite ist das Abschiednehmenkönnen: Dass man miteinander den Abschied gestaltet und nicht alleine gelassen wird. Das ist ganz wichtig, um auch im späteren Leben Übergänge meistern zu können. Denn danach ist alles anders. Dann geht jeder seinen eigenen Weg. [...]

Fuente: Süddeutsche Zeitung (2021)*

HELEN

Mirarlo significa charlar con un amigo, ver fotos. Eso está bien. Se convierte en un problema cuando lo necesitas.
Eulalia Alemany, pedagoga

Josef

En estos tiempos, «abrir un privado» equivale a llamar al timbre de casa de tu mejor amigo.
Guillermo Abril, periodista

Falta de sueño, menor número de quedadas con amigos, menos citas, menos sexo, ausencia de diálogo con la familia, mayor sensación de soledad.
Jean, M. Twenge, psicóloga

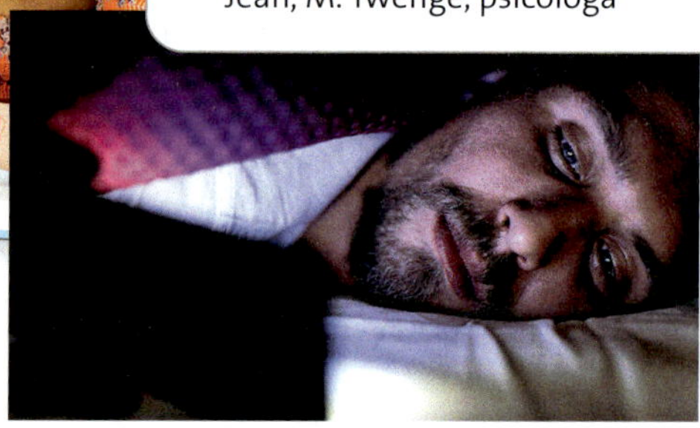

Busca

POSTS

Lucía
5 min

Hemos puesto en manos de nuestros hijos una herramienta hiperpotente. Ahora hay que enseñar a utilizarla.
Eulalia Alemany, pedagoga

El móvil, se podría decir, es como la calle del siglo pasado.
Guillermo Abril, periodista

Radio guarida

Raquel Robles es profesora en un taller de radio en un centro juvenil de Móstoles, un municipio del sur de Madrid. [...] Un sábado de abril aceptan recibirme en su programa semanal para hablar de móviles. [...] La Guarida, así se llama el centro juvenil, se encuentra en un edificio [...] junto a las vías del tren. En la pared de entrada al estudio cuelga un cartel a rotulador: «El amor es como el wifi. Todos quieren tenerlo, pero nadie conoce la clave». En torno a la mesa, los chavales hablan a micrófono abierto:

2 abrir un privado einen Privatchat erstellen **4 el timbre** die (Tür-)Klingel **13 la falta de sueño** der Schlafmangel **14 la quedada** das Treffen **15 la ausencia de diálogo** der mangelnde Austausch **20 la herramienta hiperpotente** das sehr machtvolle Werkzeug **24 se podría decir** man könnte sagen **28 la guarida** der Unterschlupf **30 el municipio** die Gemeinde **34 la vía de tren** die Eisenbahnschienen **36 el rotulador** der Filzstift

Lucía: No sé si os pasa, pero como que uno se pone con el móvil para buscar cosas en Internet al estudiar, el significado de palabras, cosas así, y termina en YouTube.
Samia: Estás en la calculadora resolviendo algo, y te llega un mensaje de WhatsApp; dejas la calculadora y te pasas al WhatsApp.
Lucía: Y luego se te olvida lo que estás haciendo.
El programa sigue y Melisa cuenta que sus padres se lo requisan a diario. «Me lo dejan el fin de semana y ya desfogo». Desfogar significa que puede pasar seis horas seguidas con él. Ve o hace musical.lys, se mete en Snapchat, lee relatos en Wattpad, donde los usuarios suben sus propias historias. De hecho, ha llegado a la radio y se le ha muerto la batería. Lástima, porque quería leer una de las poesías que a veces anota en el móvil, cuando no le quedan datos, y va en el autobús sin wifi. También lo usa para enterarse «de lo que pasa». [...] Y usa también [...] un aula virtual donde los profesores del instituto suben sus lecciones. [...]
Poco después, Lucía dice con timidez: «Mis padres no me lo prohíben. Más bien soy yo la que me lo prohíbo, porque muchas veces me quedo ahí como muy enganchada ...». Samia añade: «Si te quitan el móvil es como que te falta algo. Pero te ayuda a dormir mejor, porque no te acuestas con él, tantas horas, eso daña los ojos, y estudias mejor». Mario: «Lo complicado es jugar a juegos de mesa con dos personas con el móvil, y no miro a nadie». Melisa: «Es verdad. Soy culpable. He estado mirando musical.lys». Samia, de nuevo: «En mi instituto, los de 16 años están enchufados en el recreo, y no lo dejan hasta que

suena el timbre. Creo que deberían aprovechar para jugar». [...] Y Samia: «Hay que tener cuidado. Si subes una foto medio desnuda o en toalla, todos esos seguidores te van a empezar a comentar y pueden hacer captura, y mandarla a otra red social».
Por cosas así, Pablo Llama, psicoterapeuta del programa de adolescentes de Proyecto Hombre, con experiencia tratando el uso abusivo de la tecnología, considera peligroso hablar de *nativos digitales*. «Porque presuponemos que están preparados. Y nada más lejos de la realidad. Manejan la tecnología, pero están desnudos en el mundo digital». [...]
La socióloga de la Universidad del País Vasco, Maialen Garmendia, dice que, en cualquier caso, a menudo se exagera todo lo que tiene que ver con los jóvenes: «Se habla de dependencia de los adolescentes. ¿Y qué pasa con los adultos?». Solo hace falta echar un vistazo en el metro, en la oficina, en los parques, en cualquier cena de cualquier hogar.

Fuente: El País (2018)*

39 como que *aquí* me parece que **43 resolver (una ecuación)** (eine Gleichung) lösen **48 requisar algo** etw. wegnehmen **50 Musical.ly, Snapchat** beliebte soziale Netzwerke in Spanien **63 añadir algo** etw. hinzufügen **66 dañar los ojos** schädlich für die Augen sein **71 enchufado/-a** *aquí* enganchado/-a al móvil **72 suena el timbre** es klingelt **74 (estar) en toalla** ein Handtuch umhaben **76 la captura** der Screenshot **81 presuponer algo** etw. annehmen **83 desnudo/-a** nackt

Comprensión y comentario

1 Acercarse al texto: Elige uno de los mensajes o *posts* y explícalo con tus palabras.

2 a Apunta en qué situaciones escolares y privadas Lucía, Samia y Melisa utilizan sus móviles.

b Nombra las desventajas y los peligros del uso de Internet según el texto.

3 Explica el significado y comenta la cita «Manejan la tecnología, pero están desnudos en el mundo digital».
► Escribir un comentario personal, p. 170

La lengua en contexto

4 a Sinónimos y antónimos: Encuentra los sinónimos (=) o antónimos (≠) de las siguientes palabras y expresiones en los posts al principio del texto (ll. 1–27).

sinónimos (=)	antónimos (≠)
hoy en día	cerrar un mensaje
dormir pocas horas	es lo contrario a
no hablar con la familia	cuando no te hace falta
sentirse más solo	muchas más reuniones con amigos
quiere decir	un aparato que no sirve para absolutamente nada
cien años	próximo

b Busca en el diccionario sinónimos (=) o antónimos (≠) para las siguientes palabras o expresiones empleadas en el texto (ll. 60–90). ▸ Utilizar un diccionario, p. 181

prohibir algo (≠) dañar los ojos (=) lo complicado (≠) culpable (≠)
de nuevo (=) hay que + *inf.* (=) mandar algo (=) considerar (=)
a menudo (≠) dependencia (≠)

c Parafrasea cinco expresiones o palabras de a y b. Tu compañera adivina cuál es.

5 a Expresiones fijas: Encuentra las parejas.

poner llamar abrir echar
estar (2x) hacer tener
quedarse jugar

enganchado/-a captura un vistazo
en manos de alguien al timbre un privado enchufado/-a
falta cuidado a juegos de mesa

b Elige cinco expresiones y formula ejemplos para alguien que no entienda las expresiones.

6 Repasar el imperativo afirmativo y negativo: Elige una de las cuatro situaciones y haz recomendaciones para el uso del móvil como en el ejemplo. ▸ Gramática 9
Ejemplo: ¡Dejad el teléfono en el bolso y no lo pongáis en la mesa! (tú a tus padres)

Tú a tus padres
Tu padre/madre a ti
Una profesora a un adulto
Un experto a los padres

dejar el teléfono en la mochila / en el bolso y no *ponerlo* en la mesa
darse un tiempo máximo de uso por día y no *revisar* mensajes cada hora
hacer más deporte y no *quedarse* con el móvil en la mano
no *llevarse* el teléfono a la cama y *apagarlo* por las noches
disfrutar más del momento y no *sacar* fotos de todo
leer más en papel y no *leer* tanto en el teléfono

Comprensión auditiva y expresión escrita

7 a Escucha el primer minuto de la conversación y completa las frases.
▸ Comprensión detallada, p. 163

↗ p. 130

El programa se llama [...].
El tema que quieren discutir es [...]
Hay [...] personas participando.

b Escucha la conversación y contesta o completa las frases. ↗ p. 130

1. ¿Qué son los participantes (profesor/a, *influencer*...)?
2. El «me gusta» lo entendemos como [...].
3. Sin embargo, el «me gusta» también puede [...].

8 En el portal «Entre amigos» escribes un comentario (aprox. 200 palabras) dando tu opinión y consejos sobre dar y recibir *likes*. ► Vocabulario temático, p. 40 ► Escribir un comentario personal, p. 170

Competencia digital

9 a Lee los consejos de una campaña para proteger tu privacidad en Internet. Después relaciona: ¿A qué consejo corresponden las siguientes frases? Sobran dos.

1. No compartas tus contraseñas con amigos.
2. Entra en las opciones de tu navegador y bloquea las *cookies* de las páginas que visitas.
3. Infórmate bien de las opciones de privacidad de tu navegador y tus *apps*.
4. Usa el modo seguro o protegido de tu navegador para no dejar tus datos.
5. Baja solamente los programas que sí necesitas en tu *smartphone* o en tu portátil.
6. No dejes abiertas tus sesiones en los navegadores.
7. Desactiva la opción de recibir anuncios personalizados o de publicidad en tu móvil o tableta.
8. Cambia tus contraseñas cada seis meses y utiliza números, letras y símbolos.

b ¿Tienes más recomendaciones prácticas para tu clase? Compártelas.
Además de los siguientes recursos, puedes usar el imperativo afirmativo y negativo: ► Vocabulario temático, p. 40

Tienes que ...	Hay que ...	Lo mejor es ...	¿Por qué no ...?	Puedes ...

¿Voluntarios?

Chunhuhub, Quintana Roo

No somos héroes ni locos. Solo personas normales. Mi historia no va del gran trabajo que he realizado. [...]. ¿Qué es esto entonces? Supongo que un intento de agradecer a todos aquellos que, sin saberlo, me han dado tanto. Me han cambiado. He sido voluntaria, sí. No me han pagado con dinero, pero ¡he ganado tanto!

Soy médica [...].

Quintana Roo. La selva. Un pueblo que el resto de habitantes del estado ni conoce: Chunhuhub (tardé una semana en poder pronunciarlo). [...] Aún no son las 8 de la mañana, ya hay 40 grados y tengo 15 nuevas picaduras. El madrugón, el desayuno ligero y camino en jeep por la selva no nos quitan las energías. Después de limpiar el lugar donde recibiremos pacientes ese día, la escuela del pueblo, empieza el trabajo. Muchos colaboran: voluntarios locales, traductores de maya, estudiantes, médicos, enfermeras... Decenas de pacientes y pocos recursos. [...] Tanto por hacer y tantas limitaciones. No parece que puedas cambiar nada. Es abrumador. Pero... Aún recuerdo las lágrimas de alegría de María Luisa cuando, [...], tras años de sordera pudo por fin volver a escuchar a sus hijos [...]. A los cinco minutos nos trajo unos ricos tamales [...] La que me hizo llorar a mí fue su vecina que se marchó de la consulta por sus creencias. No creía que su fiebre se debía a una grave infección. Ni siquiera nos dejó explorarla. También me acuerdo de una mujer [...] que no tenía dinero para pagar unos análisis [...]. Había usado todos sus ahorros para pagar la escuela de sus hijos. Ese día me di cuenta de lo injusto que es el mundo.

A Regina, otra paciente, la conocí cuando yo era aún estudiante. Después, como médica, la atendí. Decía haberse fijado en cómo escuchaba y trataba a otros pacientes. Es lo más bonito que me han dicho nunca. [...]

Guadalajara, Jalisco

Mismo país. Otro escenario. Jalisco. Uno de los hospitales más grandes de América Latina. [...] Allí aprendí lo que no viene en los libros: el gran valor terapéutico y humano que tiene una simple sonrisa, un apretón de manos...

Ramón tiene 50 años y no llega a los 50 kilos. SIDA multirresistente entre otras cosas. Recuerdo su alegría y su sonrisa de cada mañana aunque a veces no podía sacarle sangre al primer intento. [...] Me acuerdo de cómo se emocionaba simplemente con un apretón de manos sin guantes, o cuando le preguntaba cómo se encontraba si le veía por la calle.

Jorge tiene mi edad, 23. Le diagnosticaron SIDA. En mis 10 minutos de descanso fui a hablar con él. Me habló de sus viajes y de sus proyectos de futuro. Cuando le reingresamos un mes después era él quien se preocupaba por mí... «Doctora, ¿ya ha comido usted?», «Lleva todo el día y toda la noche trabajando, váyase a descansar». [...]

2 el/la loco/-a der/die Verrückte **10 Quintana Roo** *mexikanischer Bundesstaat an der Karibikküste* **12 la picadura** der Insektenstich **12 el madrugón** *ugs.* das frühe Aufstehen **15 el/la enfermero/-a** der/die Krankenpfleger/in **15 la limitación** die Beschränkung **16 abrumador** belastend **16 la lágrima de alegría** die Freudenträne **17 la sordera** die Gehörlosigkeit **18 el tamal** *traditionelles mexikanisches Gericht aus Mais* **19 las creencias** der Glaube **19 explorar** (ärztlich) untersuchen **23 nunca** *hier* jemals **24 Jalisco** *mexikanischer Bundesstaat an der Pazifikküste* **30 el apretón de manos** der Händedruck **32 SIDA multirresistente** das multiresistente AIDS **35 sacar sangre** Blut abnehmen **37 los guantes** die Handschuhe **39 reingresar a alguien** jdn erneut ins Krankenhaus einweisen

A Julio César me costó tres semanas hacerle sonreír. No parecía tener razones para estar contento. Su casa, la calle, sus cortos 28 años y su largo historial médico le apoyaban. El día que sonrió fue el mejor regalo. Momentos como este son los que dan sentido a las 35 horas que llevas sin dormir. Es la recompensa, lo que te da fuerzas para seguir cuando te enfrentas a situaciones no tan bonitas. [...]
Recapacitando no sé si el nombre voluntariado es el adecuado. Me siento en deuda con los «ayudados». También con los equipos que me han aceptado como colaboradora y que tanto me han enseñado.

Fuente: Universidad de Cantabria, Santander (2014)*

42 el historial médico die Krankengeschichte **43 la recompensa** die Belohnung **45 recapacitar sobre algo** über etwas nachdenken

Comprensión, análisis y comentario

1 **En este testimonio, una voluntaria cuenta de sus experiencias laborales como médica en Latinoamérica. Busca en el texto palabras relacionadas a su profesión. Organízalas.**

2 **Apunta la siguiente información sobre la autora y su voluntariado, luego presenta tus apuntes.**

1. Lugares de trabajo
2. Lo que hizo concretamente durante su voluntariado
3. Lo que opina de su voluntariado

3 a **Interpreta las afirmaciones de la autora.**

1. «No somos héroes ni locos.» (l. 2)
2. «No me han pagado con dinero, pero ¡he ganado tanto!» (l. 7)
3. «Me siento en deuda con los ‹ayudados›.» (l. 45)

b **Explica por qué la autora ha puesto el título de su testimonio entre signos de interrogación: «¿Voluntarios?».**

4 **Da tu opinión y explica por qué (no) harías un voluntariado como el de la autora.** ↗ p. 130

Comprensión auditiva y expresión oral

5 a **Antes de escuchar: ¿Qué dirías tú?, ¿cuáles son los puntos fuertes de la voluntaria del texto? Justifica tus ideas con referencias al texto.** ↗ p. 131
Ejemplo: Está claro que es una persona comunicativa porque tiene facilidad para hablar con los pacientes.

empática fuerte responsable
comprometida comunicativa
abierta competitiva profesional
creativa

escuchar a los otros conocer otras culturas
hablar con los pacientes hablar otras lenguas
trabajar varias horas seguidas
dormir poco trabajar donde sea

b **Escucha y compara con los resultados de 5a.**
¿Qué puntos fuertes menciona? ¿Qué dice de sus puntos débiles?

c **Vuelve a escuchar e indica por qué crees que es una situación formal o informal.**

6 **Te estás preparando para una entrevista de voluntariado por videollamada. Piensa en tus puntos fuertes y preséntalos en una charla de un minuto.** ↗ p. 131

La lengua en contexto

7 **Recomendar algo y dar consejos: ¿Qué consejos le darías a un amigo que prepara su entrevista de voluntariado? Formúlalos utilizando el condicional simple según el ejemplo.** ▸ Gramática 7
Ejemplo: no llegar tarde → Yo en tu lugar / Yo que tú no llegaría tarde.

Antes de la entrevista
hacer una lista de mis puntos fuertes
buscar información de la organización
ensayar la entrevista con otra persona
ir al lugar de las prácticas un día antes
no *comer* ajo ni *tomar* café
preparar dos preguntas para tu entrevistador/a
practicar la entrevista delante del espejo
salir a tiempo de casa
buena ropa
[...]

Durante la entrevista
dirigirse de «usted» a tu entrevistador/a
ser activo/-a en la conversación
no solo *escuchar,* sino también *hacer* preguntas
enfatizar los fuertes, no *callar* los puntos débiles
no *usar* lenguaje informal
no *exagerar*
sincero/-a y no *contar* nada falso
[...]

Destrezas: Escribir una carta de presentación y un currículum

8 a **Escribe una carta de presentación para solicitar una plaza de prácticas en un parque nacional español durante las vacaciones de verano.** ▸ Escribir una carta formal, p. 168

1. Apunta tus intereses y tus puntos fuertes según las actividades y los requisitos de la oferta. También menciona si has trabajado antes y dónde.
2. Piensa en una razón para explicar por qué quieres la plaza.
3. Redacta la carta de presentación usando las convenciones de una carta formal.

PRÁCTICAS EN LA NATURALEZA PARA ALUMNOS DE BACHILLERATO INTERNACIONALES

Meta:
aprender sobre el medio ambiente y la naturaleza en parques nacionales apoyando proyectos regionales
Actividades previstas:
- cursos para conocer mejor los parques nacionales
- *plogging* en rutas de senderismo
- reforestación
- observación e identificación de especies

Requisitos:
- buena condición física
- saber trabajar en equipo
- facilidad para comunicarse
- nivel intermedio de español y avanzado de inglés

Las prácticas no se pagan, pero el alojamiento y la comida están incluidos. Las plazas están limitadas.
Para solicitar una plaza, envíanos tu carta de presentación con tu CV a plazavoluntario@example.net

b **Prepara tu currículum.** ▸ Escribir un currículum vitae, p. 169

Expresión oral

9 a **Tú (A) has aprobado la primera selección para el voluntariado ambiental y te presentarás a una entrevista por videollamada con un/a entrevistador/a (B). Prepara y ensaya la entrevista, B empieza.** ► B, p. 131

Entrevistado/-a
Antes de la entrevista:
- Anticipa las posibles preguntas que te harán sobre los requisitos y actividades del voluntariado. Prepara posibles respuestas.
- Prepara una corta presentación sobre tu persona (intereses, experiencias y puntos fuertes).

Durante la entrevista:
- Responde las preguntas de tu entrevistador/a (recuerda usar lenguaje formal).

Después de la entrevista:
- Pide consejos a tu compañero/-a para mejorar.

A

b **Mira el vídeo y simula la entrevista: responde las preguntas del entrevistador.**

Mediación

ES DE **10 a** **Ihre Freundin Pepa (18) aus Barcelona möchte gern ein Jahr als Freiwillige in Deutschland verbringen. Sie ist sich nicht sicher, ob sie die Informationen auf der Homepage des Bundesfreiwilligendienstes richtig verstanden hat. Deshalb hat sie Ihnen den Link geschickt. Nehmen Sie eine Sprachnachricht für Pepa auf und informieren Sie sie über die Voraussetzungen und die notwendigen Schritte für einen Freiwilligendienst.**

freiwilliges soziales jahr
fsj
Freiwilligendienste

Freiwilligendienst in Deutschland

Aus dem Ausland für einen Freiwilligendienst bewerben

Ein Freiwilliges Soziales Jahr (FSJ) hat tatsächlich nur wenige Hürden. Ein Freiwilligendienst steht im Grunde jedem und jeder offen. Dein Schulabschluss und deine Zeugnisse spielen keine Rolle. Egal, ob Hauptschulabschluss, Mittlere Reife, Abitur oder ohne Schulabschluss: Ein Freiwilligendienst ist möglich, sobald du die allgemeine Vollzeit-Schulpflicht erfüllt hast. Das heißt, du hast mindestens neun Jahre die Schule besucht. Daher gibt es auch kein festes Mindestalter. Im Prinzip ist ein FSJ bereits ab 15 Jahren möglich.
Ein Freiwilligendienst in Deutschland **ist auch für Bewerber*innen aus dem Ausland möglich.** Jedoch solltest du mindestens 18 Jahre alt.
Darüber hinaus sind ausreichende Sprachkenntnisse von großer Bedeutung. Denn für einen Freiwilligendienst in Deutschland musst du dich auf Deutsch verständigen können. Daher ist es wünschenswert, wenn du zum Zeitpunkt deiner Bewerbung für ein FSJ über Kenntnisse der deutschen Sprache auf dem Niveau B1 verfügst. Grundsätzlich entscheidet aber die Einsatzstelle, welches Sprachniveau ausreichend ist.
Um ein Freiwilliges Soziales Jahr in Deutschland zu absolvieren, musst du eine Einsatzstelle kontaktieren und dich dort bewerben. Suche im → Stellenfinder eine passende Stelle und bewirb dich direkt bei einer sozialen Einrichtung. Die Einsatzstelle entscheidet dann, ob sie dir einen FSJ-Platz anbieten kann. Die Reisekosten nach Deutschland können wir nicht übernehmen.

Fuente: ich-will-fsj.de/ (2021)*

ES DE

b **Pepa bedankt sich und stellt Ihnen weitere Fragen zu den einzelnen Bereichen. Sie möchte gerne mehr über die Arbeit in den Schulen und mit kleinen Kindern erfahren. Nehmen Sie eine neue Sprachnachricht für Pepa auf und informieren Sie sie darüber.**

Freiwilliges Soziales Jahr – Bereiche

+ Es gibt Rollstuhlfahrer, die im Wald Pilze suchen, Blinde, die in den Bergen klettern und Menschen, die ganz ohne Lesen, Schreiben und Rechnen in der Gastronomie arbeiten. Du wirst bei einem Freiwilligen Sozialen Jahr in einer Einrichtung für Menschen mit Behinderung (oder auch Menschen mit besonderen Fähigkeiten genannt) erstaunt sein, was sie leisten können. Aber manchmal geht es nicht ohne Unterstützung und Hilfe. Deshalb ist dein Einsatz als Freiwillige*r gefragt: im Lebensalltag einer Wohngruppe, im Arbeitsalltag einer Werkstatt, bei der Freizeitgestaltung oder auf Reisen. Die Aufgaben bei einem FSJ in der Behindertenhilfe sind sehr vielfältig.
+ Viele entscheiden sich für ein Freiwilliges Soziales Jahr (FSJ) in einem Krankenhaus oder einer Klinik, weil sie einen medizinischen oder pflegerischen Beruf anstreben. Ein FSJ hilft zu prüfen, ob ein Medizin-Studium oder eine Krankenpflege-Ausbildung passend für dich sind.
Ein weiterer Bonus: viele Ausbildungsstätten rechnen den Freiwilligendienst als Vorpraktikum oder Pflegepraktikum an. Auch für ein zulassungsbeschränktes medizinisches Studium kannst du ein FSJ als Auswahl- oder Bewerbungskriterium anrechnen lassen.
+ Spielen, trösten, schlichten und organisieren sind nur einige der Aufgaben, denen du in einem Freiwilligen Sozialen Jahr (FSJ) in einer Kindereinrichtung nachgehst. Freiwillige in einer Kinderkrippe, Kindertagesstätte oder im Kindergarten gestalten das pädagogische Angebot mit, helfen in der Hauswirtschaft und bei Elternabenden oder Projekten. Im Kindergarten werden Kinder ab dem ersten Lebensjahr betreut und gefördert bis sie in die Grundschule kommen. Durch ein FSJ mit Kindern bekommst du einen Einblick in die kindliche Entwicklung und wie diese unterstützt werden kann.
+ Ein Freiwilliges Soziales Jahr (FSJ) in einer Schule gibt dir die Möglichkeit, den Schulbetrieb von der „anderen Seite“ kennenzulernen. Du bekommst eine Vorstellung davon, was es heißt, als Lehrkraft oder als Schulsozialarbeiter*in tätig zu sein. Außerdem lernst du dich als Autoritätsperson gegenüber Schüler*innen kennen. Du lernst, Schüler*innen im Alltag zu begleiten, bei Problemen zur Seite zu stehen und gegebenenfalls bei Konflikten zu beraten. Du planst ein Lehramts-Studium? Dann ist ein FSJ an einer Schule ideal, um zu prüfen, ob du für den Lehrerberuf geeignet bist.

Fuente: ich-will-fsj.de/ (2021)*

Competencia intercultural

11 a **Dos jóvenes que fueron voluntarios en Latinoamérica hablan con jóvenes interesados en hacer la misma experiencia. Escucha los testimonios y contesta.**

↗ p. 132

1. ¿Qué diferencias mencionan sobre su experiencia como españoles en Latinoamérica?
2. ¿Qué aconsejan a los futuros voluntarios?
3. ¿Qué malentendido tuvo el voluntario y por qué? ¿Cómo lo solucionó?

b **¿Y tú has pasado por algún malentendido como el voluntario de la audición? ¿Tus compañeros de intercambio han pasado por alguno? Cuenta qué pasó.**

c **Nombra tres ventajas o desventajas de vivir, estudiar o trabajar entre dos o varias culturas.**

Mentira

Mis padres son un rollo. Cada noche después de cenar se enzarzan en todo tipo de discusiones sobre temas complicadísimos: los banqueros, la crisis, los Estados Unidos, la seguridad mundial, la delincuencia, la pobreza... Me recuerdan uno de aquellos debates de la tele que duran un montón y que son más aburridos que un concierto de zambomba. En serio que no les entiendo. Entre ellos no suelen discutir por nada, pero son capaces de tirarse horas hablando de estas cosas. Hay que ser rarito.

De la última discusión no hace tanto. En el telediario acababan de emitir unas imágenes donde se veía a un chaval rubio y alto propinando puñetazos en la cara a un pobre chico mientras ambos viajaban en metro. [...]

–De ese pobre chico nunca debe de haberse ocupado nadie [...] –dijo ella.

–¡Anda ya! Un chaval de 17 años sabe muy bien lo que está bien y lo que no, y también sabe lo que se hace.

[...] Bla, bla, bla. Como siempre. Una lata.

Para mamá «ocuparse de mí» –que soy hija única– significa un montón de cosas horribles: no dejarme ir jamás a la escuela con la ropa que me apetece; marearme con mil preguntas cada vez que salgo; quitarme el móvil a las diez de la noche con la excusa de ponerlo a cargar; no dejar que me conecte nunca desde la cama (¡ni siquiera los fines de semana!) o –peor aún– no dejarme tener el ordenador en mi cuarto. Sí, sí, eso es lo peor: tener que hacer los deberes en la cocina solo porque ella quiere «controlar lo que hago» cuando me conecto a Internet y tener que soportar que de vez en cuando se detenga detrás de mí y mire la pantalla encima de mi hombro solo para saber si hago algo que no le gusta. ¡Me pone muy nerviosa!

–¿Qué quieres que haga, con la cantidad de trabajos que me ponen en el insti? –le pregunto, a ver si se da cuenta–. Además, ya soy mayor, mamá, sé muy bien cuáles son los peligros de Internet.

Pero nada, mi madre no es de las que se dejan convencer fácilmente. Es como si no se fiara de mí. ¡Ni siquiera me deja tener Internet en el móvil! ¡Es increíble! Papá me mira apretando los dientes y como dándome la razón, pero él tampoco sabe qué hacer para convencer a mamá. Ninguno de los dos lo sabemos.

Una vez mi padre dijo:

–No es que mamá no se fíe de ti, Xenia. Es que en Internet existen peligros que ahora no puedes entender y que nos dan miedo. A ambos.

–Sé muy bien qué peligros hay en Internet. Ya no soy una niña pequeña.

Papá meneaba la cabeza.

–Dentro de unos años entenderás nuestro modo de actuar –añadió.

3 enzarzarse discutir con alguien **4 los banqueros** die Banker **5 la seguridad mundial** die weltweite Sicherheitslage **7 más aburrido que un concierto de zambomba** sterbenslangweilig **10 tirarse** *ugs.* verbringen **12 no hacer tanto** noch gar nicht so lange her sein **14 propinar puñetazos a alguien** jdn mit der Faust schlagen **22 una lata** *ugs.* ätzend **25 apetecer** gustar **25 marear a alguien** *ugs.* jdm auf die Nerven gehen **26 quitar algo** etw. wegnehmen **34 detenerse** innehalten **43 como si (+ imp. subjuntivo)** als ob **43 fiarse de alguien** jdm vertrauen **45 apretar los dientes** die Zähne zusammenbeißen **55 menear la cabeza** den Kopf schütteln **56 el modo de actuar** die Handlungsweise

–Creo que no os entenderé nunca –susurré yo, y papá se rio.

Con papá es fácil reírse. Eso es lo que más me gusta de él. Puedo hablarle de todo, porque nunca se pone nervioso como mamá y porque nunca me trata como si tuviera diez años. No me importa hacerle confidencias a mi padre. Aquella noche, por ejemplo, casi le cuento lo de Marcelo. Me moría de ganas de hacerlo, de decirle cómo todo estaba cambiando de repente y cómo me sentía. Feliz, extraña, distinta. Hacía días que no pensaba en nada más.

Si se lo hubiera dicho, seguro que no me habría echado ningún discursito de esos típicos de padres y madres. Pero él se lo habría contado a mamá, y eso sí era un problema. Papá y mamá siempre se lo cuentan todo. Por suerte, supe callar a tiempo.

Fuente: Mentira, Care Santos (2015)*

58 susurrar flüstern **63 hacer confidencias** contar secretos **69 hubiera dicho** ich hätte gesagt **69 no me habría echado ningún discurso** er hätte mir keine Standpauke gehalten **71 habría contado** er hätte erzählt

Comprensión y análisis

1 **Acercarse al texto:** ¿Dónde conoces nuevos amigos y qué compartes con ellos?

2 a Indica quién es la narradora y sobre qué o quién cuenta. ▸ Textos narrativos, p. 174

b Apunta las normas de la casa que molestan a Xenia.

3 Presenta a Xenia.

¿Qué sabes de ella? ¿Cómo se siente? | ¿Cómo se lleva con sus padres? | ¿Cuál es su secreto?

4 a Identifica las frases con las que Xenia retrata:

1. a su madre
2. a su padre
3. a ambos

b Explica cómo Xenia ve a sus padres.

5 a Con lo que sabes del primer capítulo (pp. 37–38), formula hipótesis:

1. ¿Qué mentira habrá?
2. ¿Quién mentirá a quién?
3. ¿Por qué la narradora afirma que «supo callar por suerte»?

b Lee la contraportada del libro y comprueba tus hipótesis.

Xenia lucha por sacar las mejores notas, impulsada por la ilusión de entrar en Medicina, pero últimamente su rendimiento está bajando. Y es que Xenia se ha enamorado, aunque no de un chico de su entorno, sino de un fantasma, de una voz surgida de Internet con la que comparte su pasión por la lectura. Como Xenia es decidida y su amor virtual se niega a una cita, se propone sorprenderlo, de modo que inicia sus averiguaciones con los pocos datos de que dispone. Y todo resulta ser falso, una mentira, ni la foto ni el nombre son reales. ¿Quién es en realidad su alma gemela? Arrepentida por el abandono de sus estudios confiesa todo a sus padres, segura de haber sido víctima de algún desaprensivo. Pero pronto un paquete inesperado va a revelarle la identidad del muchacho con el que compartió sus más íntimas emociones. Proviene de la cárcel de menores y contiene una historia que va a helarte la sangre.

Fuente: Mentira, Care Santos (2015)

3 el rendimiento die Leistung **9 la averiguación** die Untersuchung **17 la cárcel de menores** die Jugendstrafanstalt

Expresión oral

6 a **Da tu opinión sobre las normas de la casa criticadas por Xenia.**

Me parece exagerado/absurdo/lógico que [...]
Me cuesta entender que [...]
Comprendo perfectamente que [...]
No tiene mucho sentido que [...]
| + *subj.*

b **Formula reglas o normas que te parecen (más) adecuadas.**

Expresión escrita

7 **Ponte en el lugar de la madre. Imagina que estás con tu hija Xenia en la cocina.**
Redacta un texto (aprox. 120 palabras) que revele tus preocupaciones en cuanto a los peligros de Internet.

Ojalá + *subj.* Seguro que [...] Necesito saber/ver/averiguar qué [...]
No soporto (la idea de) que [...] + *subj.* Tengo que [...] / Voy a [...] / No puedo [...]
¿Por qué no [...]? ¿Y qué pasará si [...]? Las redes son peligrosísimas, yo en su lugar [...]

8 **En su dormitorio, los padres de Xenia discuten si permiten a Xenia usar más Internet. Con lo que sabes de los personajes, escribe un diálogo.** ► Vocabulario temático, p. 40 ► Escribir textos creativos, p. 169

Por un lado, ya no es una niña... por el otro lado... A diferencia del mundo virtual, sus amigos reales...
Es verdad que es responsable... pero... Comparada con sus amigas, ella... Si usa Internet en su habitación, ...

La lengua en contexto

9 **Lenguaje coloquial: Lee las opiniones que han dejado algunos lectores en un portal de literatura juvenil sobre la novela «Mentira». Después encuentra para cada expresión coloquial su significado.**

alguien me ayuda me pasé horas trabajo la molesto no me gustó son pesados con ella
es fenomenal le voy a preguntar mucho

Mentira, de Care Santos

4,5/5 Opiniones de otros lectores

***** Lo recomiendo. Una vez que empiezas, no puedes parar de leer. **Me tiré horas** leyéndolo. Engancha. Lo que me sorprendió: al principio los padres de Xenia cómo **le dan la lata**, pero al final, son bastante majos, ¿no?
**** **Curro** en una biblioteca y me encontré este libro hace poco. Te hace pensar. Me encantó la frase «Un chaval de 17 años sabe muy bien lo que está bien y lo que no, y también sabe lo que se hace».
*** El libro me gustó. Tiene dos partes: vemos el lado de Xenia y después el lado del chico. La parte de la chica me pareció aburrida. La parte del chico **es la leche**.
* Bla, bla, bla. Un rollo patatero. **No me moló nada.**
*** Mi mejor amiga es como la protagonista Xenia. Creo que ya no **la voy a marear con mis preguntas**. Prefiero regalarle este libro. Desde que conoció a su novio por Internet, **le doy la brasa**.
***** Lo quiero regalar en catalán, **¿alguien me echa un cable?** ¿Dónde lo puedo comprar en otra lengua?

Estudios y trabajo

La mayoría Una minoría La mitad	de los jóvenes españoles	va al colegio/instituto. (no) tiene un trabajo (fijo). está en paro. tiene un título universitario / de técnico profesional.

estudiar *matricularse* en *graduarse* en	una carrera Derecho Informática Psicología Ingeniería Economía [...]	*trabajar*	en una empresa (propia) en el extranjero en una oficina con ancianos/jóvenes en una escuela como médico/-a

ser *hacerse*	autónomo/-a abogado/-a profesor/a ingeniero/-a voluntario/-a becario/-a técnico/-a profesional monitor/a de campamento [...]	*hacer*	una Formación Profesional un intercambio un voluntariado unas prácticas (profesionales) una estancia (en el extranjero)	*solicitar* *conseguir*	un trabajo una plaza un puesto una beca unas prácticas

Las redes sociales

escribir *publicar* *compartir* *subir/bajar* *(re)enviar* *colgar* *reaccionar a* *comentar* *copiar*	un documento una entrada una foto (de perfil) un vídeo un correo una noticia un *post* [...]	privado/-a falso/-a falseado/-a[1] público/-a anónimo/-a	en de con por	un blog Internet una red social una plataforma una *app* un mensaje (privado) un *post* un directo [...]

acosar *ignorar* *seguir* *bloquear* *denunciar*[2]	a	un contacto un/a amigo/-a una comunidad virtual	*permitir* *prohibir*	una interacción el contacto el acceso a un perfil / la información el ciberacoso
comunicarse *discutir*	con			

1 **falseado/-a** gefälscht
2 **denunciar** melden

Vuestra clase hace un tablero virtual con información práctica para becarios de vuestra escuela hermanada.

Algunos alumnos de vuestra escuela hermanada en España participarán como becarios en el programa «Prácticas en el extranjero». Durante sus prácticas necesitarán información útil para aprovechar su estancia.
Vuestra clase ha decidido crear un tablero digital informativo para ayudarlos.

Preparar el tablero digital

– Elige uno de los anuncios con tu equipo.

Schnupperpraktikanten in der
Bäckerei gesucht
- Unser langjähriger Familienbetrieb sucht dich. Wir brauchen dich beim Verkauf, in der Backstube und zur Unterstützung bei unserem **Backworkshop für Jugendliche.**
- (Dauer: 3–5 Wochen)

Kombiprogramm
in unserer Tierarztpraxis
Du liebst Tiere und möchtest deine Deutschkenntnisse vertiefen?

Vormittags besuchst du einen Sprachkurs und nachmittags unterstützt du uns in der Praxis. (Mindestdauer: 1 Monat)

BARRIEREFREIES MUSIZIEREN

Hast du Lust, Jugendliche mit Behinderung beim **Musikschulunterricht** zu begleiten? Du wirst im Vorfeld fachlich geschult und durch deine Einsatzschule geführt. Baue so deine Sozialkompetenz weiter aus und verdiene dir ein Taschengeld dazu. (Dauer: 5–6 Wochen)

– Elige uno de los cuatro temas que ofrecerá el tablero digital sobre el anuncio que habéis elegido.
Apunta primero qué aspectos pueden ser importantes y prácticos para los becarios españoles.

programa de bienvenida	la rutina como becario/-a
tiempo libre y ocio	preguntas frecuentes

– Haz un primer borrador en español estructurando en subtemas la información. Si es necesario, usa un diccionario bilingüe.

Programa de bienvenida
–¿Qué información general necesitan los becarios?

La rutina como becario/-a
–¿Qué les espera a los becarios?

Tiempo libre y ocio
–Transporte, museos…

Preguntas frecuentes
–…

Realizar y evaluar el tablero digital

– Con tu equipo crea un tablero digital.
– Crea la entrada para presentar tu tema y estructúrala usando tu borrador.
– Tu equipo evalúa y te hace correcciones o comentarios con ayuda de la ficha de evaluación. ►
Después intercambias papeles con ellos. ► Organizar el proceso de escritura, p. 166 ► Evitar errores, p. 183

Una persona revisa:	**Otra persona el contenido:**
✔ Ortografía, acentos y ñ	✔ Estructura lógica
✔ Gramática	✔ Contenido útil y/o actual
✔ Símbolos (¡!, ¿?, «»)	✔ Información clara

– Corrige tu tema con ayuda de los comentarios de tu equipo.
– Finalmente, antes de compartir el tablero digital, revisa con tu equipo los aspectos técnicos. ► Producir y presentar, p. 179

México, país entre culturas

«Soy Teresa
de aquí
de California y
también de
allá de Chiapas
ni chicana ni latina
me siento
transnacional
en casa hablo
tzotzil,
español e inglés»

1 Poema visual de Teresa

2 Una panadería en Santa Ana (EE. UU.)

3 Mujer tzotzil, San Juan Chamula (México)

Comprensión audiovisual

1 Formula hipótesis sobre el título del dosier basándote en las fotos. ¿Qué crees que es un «país entre culturas»?

2 a **Antes de ver el vídeo:** Formula hipótesis sobre Teresa, la entrevistada, a partir de las palabras de su poema visual.

¿De dónde viene? ¿Qué idiomas habla? ¿Cuál es su país de origen? ¿Dónde vive? ¿Cómo se siente?

En este dosier vas a aprender a

- expresar sentimientos y opiniones en pasado
- analizar la intención del autor en textos informativos
- expresar suposiciones y consecuencias posibles
- caracterizar a un personaje

4 La frontera entre Tijuana (México) y San Diego (EE.UU.)

6 Altar del Día de Muertos en lengua maya

5 Arte urbano en las calles de Oaxaca (México)

b **Mira el vídeo, apunta lo que cuenta Teresa sobre su vida y su familia y comprueba tus hipótesis.**

c **Vuelve a mirar el vídeo y completa la información sobre Teresa.** ↗ p. 132

1. Teresa aprendió de niña una lengua indígena porque sus padres...
2. No se identifica como chicana, latina o migrante porque...
3. Viaja todos los años a ver a sus primos y a su abuela y por eso...
4. Cuando tuvo su primer novio, sufrió mucho por los viajes, pero ahora...
5. Su padre no viajaba con la familia a Chiapas porque...

3 **Explica con tus palabras qué significa para Teresa ser una persona «transnacional».**

Competencia intercultural

4 a Mira el mapa de EE. UU. y describe cómo se reparte la población hispanohablante. ▶ Estadísticas y gráficos, p. 178

La mayoría de los hispanohablantes...
Los estados con mayor número de hispanohablantes son...

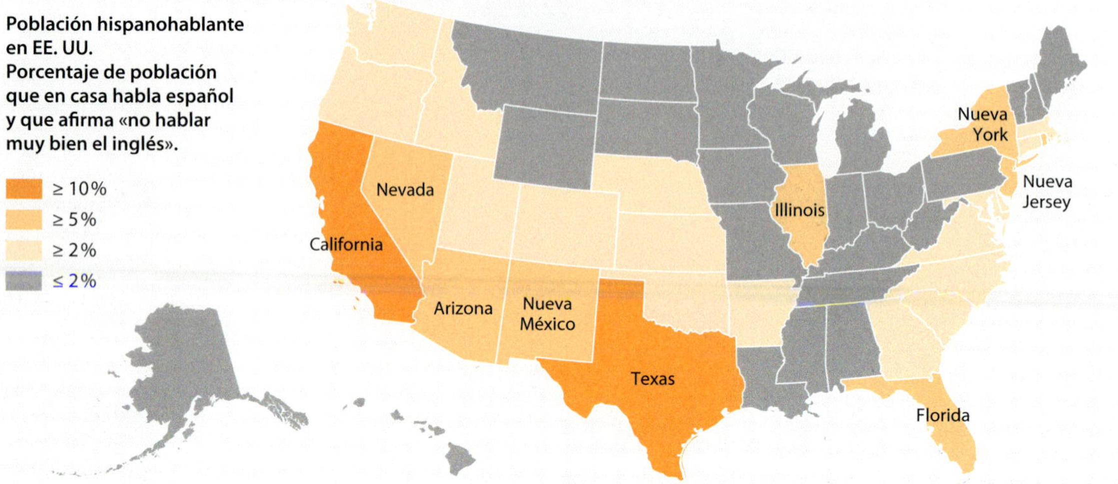

Fuente: American Community Survey, Census Bureau (2017)

b Comenta los efectos que puede tener la población hispanohablante sobre la lengua y la cultura.

5 a Escucha la primera parte de la entrevista con Verónica, una mujer hispana que nació en EE. UU. Indica dónde y con quién hablaba inglés y español.

b Escucha la segunda parte de la entrevista y apunta lo que dice Verónica sobre el espanglish y sus características.

c Verónica menciona los siguientes ejemplos de espanglish: ¿Qué significan?

coger el jaigüei | hacer el incontax | pasar el vacuum clin | el friser | parquear al frente del bildin | te llamo para atrás | ser súper nais

6 Mira la caricatura y explica qué significa la expresión «el rufo está liqueando». ↗ p. 133

Mediación

7 a Die Eltern Ihres Schulfreundes Felix werden für zwei Jahre in Puebla, Mexiko arbeiten, Felix wird dort zur Schule gehen, aber er spricht kein Spanisch. Sie beide begegnen Victoria, einer mexikanischen Austauschschülerin. Felix nutzt die Gelegenheit, eine Menge Fragen zu stellen. Bevor Sie mit dem Dolmetschen beginnen, sammeln Sie mögliche Fragen von Felix und formulieren Sie sie auf Spanisch. ▶ Vocabulario temático, p. 66

ser joven en el extranjero | actividades de tiempo libre | la vida en México

b Schauen Sie sich die Szene im Video an und dolmetschen Sie zwischen Victoria und Felix.
▶ Hacer de intérprete, p. 173

8 Die mexikanische Austauschschülerin Victoria möchte wissen, ob es auch in Deutschland Personen wie Teresa (S. 43) gibt. Schreiben Sie Victoria eine E-Mail (ca. 200 Wörter) und schildern Sie ihm anhand des Artikels, wie Hatice Akyün es erlebt, mehrsprachig und in zwei Kulturen aufwachsen.

► Atender a las diferencias culturales, p. 173

Deutsch ist meine Kopfsprache, Türkisch meine Herzsprache

Hatice Akyün ist Journalistin und Schriftstellerin und lebt in Berlin. 1972 zog sie im Alter von drei Jahren mit ihrer Familie von Anatolien nach Duisburg. Hier erzählt uns die Autorin, wie sie es erlebt hat, mehrsprachig und mit zwei Kulturen aufzuwachsen.

von Julia Oberthür

Frau Akyün, Sie beherrschen die türkische und die deutsche Sprache perfekt. Worin liegen für Sie die großen Unterschiede der beiden Sprachen?
Das kommt darauf an, in welchem Land ich gerade bin und welche Leute ich um mich herum habe. Ich fühle mich generell als „Und-Identität": Ich bin Türkin und Deutsche. Unsere Generation ist nicht mehr auf eine Herkunft festgelegt. Meine Wurzeln liegen in der Türkei, ich bin türkisch erzogen worden. Aber ich bin in einer deutschen Gesellschaft aufgewachsen. Ich ziehe diese Trennlinie zwischen Deutsch und Türkisch nicht. Ohne die türkische Sprache könnte ich meine Geschichten, die ich auf Deutsch aufschreibe, gar nicht erzählen. Ich fühle in manchen Situationen türkisch, kann es aber nur in der deutschen Sprache erklären. Deutsch ist meine Kopfsprache. Türkisch meine Herzsprache.

Sie waren noch sehr jung, als Sie mit Ihrer Familie nach Deutschland kamen. Wie haben Sie damals Deutsch gelernt? Was hat Ihnen dabei geholfen?
Deutsch habe ich auf den Straßen von Duisburg-Marxloh gelernt. Ich kann mich nur daran erinnern, dass mein Vater immer sagte: „Geh raus, spiel mit den deutschen Kindern." Er sagte es auf Türkisch, zu Hause sprachen wir nichts anderes. Mein erstes deutsches Wort, an das ich mich erinnere, ist „Rotzlöffel". Als ich einmal im Garten unserer Nachbarin Stachelbeeren klaute, sah sie mich und rief aus dem Fenster: „Du Rotzlöffel!" Ich wusste nicht, was das bedeutete.
Es war ganz sicher der Bücherbus, der mir dabei geholfen hat. Der hielt immer donnerstags. Bis dahin kannte ich nur Schulbücher, ein richtiges Buch mit Geschichten hatte ich noch nie in der Hand. Bei uns zu Hause stand nur der Koran auf dem kleinen Holzregal, daneben ein Abreißkalender mit den Gebetszeiten. Jede Woche ging ich nun zur Haltestelle und nahm so viele Bücher mit, wie ich tragen konnte.
Früher wohnten in unserer Straße Bergarbeiter wie mein Vater, es waren Türken, Polen, Italiener, aber vor allem deutsche Kumpel, mit deren Kindern wir auf der Straße spielten, und durch die ich überhaupt Deutsch gelernt habe. Das sehe ich heute auf den Straßen nicht, dass Kinder zusammen spielen. Ich glaube, dass es kein kulturelles, sondern ein soziales Problem ist, wenn Eltern nicht genügend Wert darauf legen, dass ihre Kinder vor der Einschulung die deutsche Sprache lernen. In der Schule ist es meistens schon zu spät und sie können aufgrund der fehlenden Sprache nicht dem Unterrichtsstoff folgen.

Inwieweit hat es Ihren Lebensweg beeinflusst, mehrsprachig aufzuwachsen?
Ich saß nie zwischen zwei Stühlen, steckte nicht zwischen zwei Kulturen fest und schon gar nicht fühlte ich mich zerrissen oder auf der Suche nach meiner Identität. Für mich bedeuten zwei Lebenswelten eine doppelte Chance. Anderen Ursprungs zu sein, ist für mich faszinierend. Wer zwei Kulturen in sich vereint, zwei Sprachen spricht, exotisch aussieht und einen Lebenslauf mit Ecken und Kanten hat, kann viele Geschichten erzählen. Als Deutsche mit türkischer Herkunft oder Türkin mit deutschen Eigenschaften bin ich in der Lage, all die Sitten und Unsitten meiner türkischen und deutschen Landsleute zu beobachten und sie liebevoll oder auch mit spitzer Zunge zu kommentieren. So bin ich mal die deutsche, mal die türkische Botschafterin.

Fuente: Blog Stiftung Haus der kleinen Forscher (2020)*

México y América Central

México está situado en América del Norte. No obstante, por su historia y cultura, también forma parte de América Central. Con esta región comparte tradiciones que tienen su origen en las grandes civilizaciones precolombinas: la civilización azteca, que estaba en el centro del actual México, y la civilización maya, situada tanto en el sur del país, así como en Guatemala, Belice y el norte de Honduras.

Ni la conquista española, ni las independencias nacionales han terminado con estas tradiciones que siguen existiendo hoy. En la región maya, en general, los habitantes son bilingües, es decir, hablan español y por lo menos una de las 30 lenguas mayas que todavía están vivas. Casi cinco millones de personas hablan estas lenguas. Otros aspectos que las personas comparten en todo el territorio son la ropa y la comida típica de origen maya, que se prepara con maíz, frijol y cacao.

El sureste de México y los países de América Central siguen siendo una región en la que miles de personas cruzan las fronteras cada día, trabajan, conviven y comparten lenguas y raíces culturales.

Ruinas mayas en Palenque, México

México y EE. UU.

México y EE. UU. comparten una frontera que tiene más de 3000 kilómetros de largo. Muchos la ven solo como un muro que separa a los países. Sin embargo, es, en verdad, una gran zona de intercambio entre cuatro estados estadounidenses y seis estados mexicanos, en los que viven unos 90 millones de personas. De hecho, esta es la frontera más transitada del mundo. Cada día, miles de inmigrantes intentan cruzarla de manera ilegal y alrededor de un millón de personas lo hacen legalmente en las dos direcciones: hay gente que trabaja en EE. UU. y vive en México; hay familias que viven entre los dos países; por eso, sobre todo en esta región, es común encontrar huellas culturales de los dos países como la lengua, las tradiciones, las fiestas populares, la música. En esta región, así cómo en Florida, Georgia y Nueva York, se ha popularizado también el espanglish, una manera de hablar en la que se mezclan tanto palabras y gramática del español como del inglés. En EE. UU., el número de personas que proviene del mundo hispanohablante es cada vez más grande. En la actualidad, de los casi 60 millones de hispanos o latinos que viven en EE. UU. más de la mitad es de origen mexicano. Por otra parte, de los nueve millones de estadounidenses que viven en el extranjero, un millón y medio están en México.

Economía y migración

Para los países de América Central, México es un país muy atractivo por ser vecino de EE. UU., pero también por su fuerza económica. México exporta muchos productos: máquinas, partes de coches, petróleo, frutas, verduras y textiles. Además, es uno de los países en el mundo que recibe más remesas, es decir, el dinero que envían al país los mexicanos que viven en el extranjero. Hoy en día es la cuarta economía más fuerte en todo el continente americano, después de EE. UU., Canadá y Brasil. Por eso, miles de personas que huyen de la pobreza, de la violencia del narcotráfico y de las pandillas juveniles (las maras) en sus países de origen, buscan allí mejorar su vida. La mayoría de los emigrantes encuentra trabajo, pero muchas veces con sueldos muy bajos y malas condiciones laborales como pasa en las maquilas, especialmente en las fábricas de ropa.

1 **Comprender el vocabulario: Busca en el texto las expresiones marcadas para hablar sobre México que corresponden a las siguientes definiciones.**

1. las culturas que existían antes de los españoles
2. la época en la que los españoles invadieron el «Nuevo Mundo»
3. una persona que habla y crece con dos idiomas
4. lenguas indígenas que se hablan en el sur de México y en el norte de América Central
5. el acto de pasar de un país a otro
6. personas de América Latina que viven en EE. UU.
7. el dinero que la gente envía a sus países de origen para ayudar a sus familias
8. grupos de jóvenes
9. lo que gana alguien por trabajar en una empresa
10. fábricas que hacen o juntan partes de productos

2 a **Deducir el vocabulario: Deduce el significado de las siguientes expresiones del texto con ayuda de palabras que conoces del alemán, del inglés u otros idiomas.** ► Deducir vocabulario, p. 180

separar a los países (l. 24) la zona de intercambio (l. 24) es la más transitada (l. 26) el inmigrante (l. 26)
ese idioma se ha popularizado (l. 31) es un país muy atractivo (l. 38)
huir de la pobreza (l. 43) la violencia de algunos grupos (l. 43) mejorar las condiciones laborales (l. 45)

b **Ampliar el vocabulario: Busca para cada expresión de 2a, por lo menos, una palabra de la misma familia.**
► Utilizar un diccionario, p. 181
Ejemplo: separar → la separación

3 a **Sinónimos: Busca en el texto los sinónimos de las palabras subrayadas para describir un país y su cultura.**

encontrarse en América del Norte (l. 2) pertenecer a América Central (l. 2)
compartir costumbres (l. 3) los ciudadanos hablan dos lenguas (l. 10)
miles de personas coexisten (l. 21) ser de países hispanohablantes (l. 33)
vender al extranjero muchos productos (l. 39)

b **Completa las frases sobre la relación entre México, América Central y EE. UU. con los sinónimos de 3a que están en el texto.**

1. La zona maya [...] en la frontera entre México y América Central.
2. México, EE. UU. y Canadá [...] América del Norte.
3. México y América Central comparten muchas [...], entre ellas, la ropa y la comida.
4. En EE. UU. también muchos [...]: hablan inglés y otra lengua.
5. En la frontera [...] muchas personas que [...] mundo hispanohablante.
6. En México y en América Central hay muchas fábricas que [...] todo lo que hacen a EE. UU.

4 **Activar el vocabulario: Completa la presentación sobre el norte de América Central con las palabras marcadas del texto.**

Los países del norte de América Central [...] una región muy diversa. Primero, allí vivía una de las dos [...] más grandes del territorio: los mayas. Luego llegó Hernán Cortés con sus soldados y empezó [...]. Con el tiempo, las culturas se mezclaron y, hasta hoy, muchos de sus habitantes son [...], es decir, hablan español y una lengua indígena. Lamentablemente, en muchos países existen las maras y hay mucha [...]. Además, muchas personas tienen muy poco dinero y por eso, [...] hacia México o EE. UU. Sueñan con [...] y ganar más dinero, es decir, tener mejores [...] y así poder enviar cada mes [...] a sus familias. A los que logran [...] a EE. UU. los llaman también [...]. Esto es porque estos migrantes provienen del [...] y sus países de origen [...] América Latina.

Las maquilas: fábricas de sueños rotos

Maquilas es el nombre de las fábricas de costura y plantas de ensamblaje que están situadas en «zonas francas» en América Latina y en el Caribe. Algunas de ellas, además de coser o ensamblar, también se dedican a empaquetar productos. Estas fábricas dependen de empresas multinacionales y producen solo para el extranjero. Alrededor de un 80 % de las maquilas de América Central se dedica actualmente al sector textil y exporta sus productos a EE. UU.
Las primeras maquilas se establecieron en el norte de México en 1965. Desde entonces su número no ha dejado de crecer, sobre todo en países de América Central como Nicaragua, Guatemala, El Salvador y Honduras. Hoy, unos dos millones de personas trabajan en las maquilas en México, mientras que en América Central son unas 400 000. Más del 50% de estas personas son mujeres jóvenes, de entre 18 y 35 años, que no han terminado la escuela y que, además, son madres.

↗ p. 50, 6a, 6b

Si después de leer quieres saber más, escucha aquí una entrevista con Estela y Maribel.

Estela (30) de El Salvador

«Trabajo en la maquila desde los 15 años. Cuando terminé la educación básica, para ayudar en casa, mi tía me llevó a la fábrica donde ella trabajaba. Estaban ofreciendo capacitaciones para aprender a coser y aunque todavía no empezaba el bachillerato, me aceptaron. Desde entonces he trabajado en cuatro fábricas distintas, siempre haciendo ropa. Ahora me toca poner el cierre a las chaquetas que hacemos. Tengo que coser unas 500 por día. Me parece un trabajo muy repetitivo y desde hace un año tengo fuertes dolores en la espalda. Pero si me enfermo, no me pagan, así que sigo trabajando. Estoy muy cansada. A veces tengo que trabajar los sábados y muchas veces tengo que hacer horas extra, porque si no logro la meta del día, tampoco me pagan. ¡Imagínese! Cuando salgo de mi casa, mi niña todavía duerme y cuando llego en la noche, ya está en la cama. ¡Y no nos podemos quejar, porque nos despiden! La empresa dice que es el compromiso que espera de sus trabajadoras y que siempre hay gente que busca trabajo en la maquila.
Pero desde hace dos años tenemos un sindicato y estamos luchando para que cambien poco a poco las cosas. Es necesario que nos paguen las horas extras y los sueldos caídos cuando estamos enfermas.

2 la fábrica (de costura) die (Näh-)Fabrik **3 la planta de ensamblaje** das Montagewerk **3 la zona franca** die Freihandelszone **5 coser** nähen **5 ensamblar** zusammenfügen **6 empaquetar** verpacken **24 la educación básica** *lat. am.* in El Salvador 1. bis 9. Kl. **26 la capacitación** *hier* die Fortbildung **29 el cierre** *lat. am.* der Reißverschluss **31 repetitivo** sich wiederholend **36 despedir** *hier* entlassen **36 el compromiso** das Engagement **38 el sindicato** die Gewerkschaft **39 el sueldo caído** *ugs.* der Lohnausfall

Maribel (27) emigró de Honduras a México

«Yo pensaba cruzar a EE. UU., pero emigrar con mis dos niños fue muy difícil. Primero me quedé unos meses en el sur de México, en la frontera con Guatemala. Conseguí trabajo en un restaurante, pero tenía turno en las noches y no podía cuidar a mis niños. Cuando llegó un grupo de migrantes, seguí con ellos hacia el norte, pero ya no quería ir a EE. UU. Muchos me contaron que es imposible llegar allí sin papeles y tuve mucho miedo de cruzar por el desierto. En México me ofrecieron una visa humanitaria y así es como me quedé aquí a trabajar. Escuché entonces que en las maquilas de Ciudad Juárez estaban buscando gente. Me toca el primer turno, es decir, entre las siete de la mañana y las cinco de la tarde. Lo primero que hago en la fábrica es ponerme en la línea y ver qué es lo que nos dice el supervisor. A veces ensamblamos partes de máquinas, a veces empaquetamos diferentes materiales. Aunque solo hacemos una cosa específica, hay que concentrarse mucho. Me gusta, porque tengo trabajo, tengo nuevas amigas y la oportunidad de empezar mi vida otra vez. Me pagan mejor que en Honduras, porque allí mi sueldo era de unas 5000 Lempiras (aprox. 170 euros). Aquí me pagan un poco más, pero recién estoy empezando y siento que mis niños y yo tenemos más oportunidades para salir adelante.

¿Y tú, qué opinas? Escribe aquí tu comentario o comparte tu mensaje de voz.

44 el turno *hier* die Schicht **53 la línea (de ensamblaje)** *hier* das Fließband **54 el supervisor** der Aufseher

Comprensión, análisis y comentario

1 Acercarse al texto: **Formula hipótesis sobre el tema del texto, basándote en el título y en las fotos.**
► Antes de leer, p. 164

2 a **Busca en el texto las siguientes informaciones sobre las maquilas e indica las líneas.** ► Comprensión selectiva, p. 164

¿A qué se dedican? | ¿Dónde están? | ¿Quiénes trabajan en ellas?

b **¿Qué afirmaciones se refieren a Estela y cuáles a Maribel?**
Ordena la información en una tabla e indica las líneas del texto donde aparece. ► Comprensión detallada, p. 164

1. Trabaja diez horas al día.
2. Siente que la explotan[1].
3. Ahora está mejor que antes.
4. Tiene experiencia migratoria.
5. Tiene miedo a perder su trabajo.
6. Tiene mucha experiencia laboral.
7. Trabaja en una fábrica de costura.
8. Le pagan más que en otros trabajos.
9. Siente que tiene más oportunidades.
10. Tiene problemas de salud por el trabajo.
11. Ahora no tiene que trabajar por la noche.
12. Quiere luchar por los derechos de los trabajadores.

1 explotar *hier* ausbeuten

3 **Compara a Estela y Maribel.**

Estela es una mujer de treinta años y viene de El Salvador, mientras que Maribel......

tanto una como la otra...
por un lado, ... por otro lado, ...
mientras que Estela..., Maribel...

Maquilas en el norte de México

4 a **Busca en el texto (pp. 48–49) ejemplos de los siguientes tipos de información.**

► Textos informativos, p. 173

datos | opiniones | ejemplos

b **Expón cómo las partes del texto (pp. 48–49) presentan la información sobre las maquilas con ayuda de los ejemplos de 4a.**

La	primera segunda tercera	parte presenta	datos. opiniones. ejemplos.	En las líneas...	el autor Estela Maribel	dice que... afirma que... cuenta que...

5 **Comenta el título del reportaje (pp.48–49): «Las maquilas: fábricas de sueños rotos». ¿Te parece adecuado? ¿Resume toda la información del reportaje? ¿Por qué (no)?**

En mi opinión, Yo diría que Me parece que	el título	(no) es adecuado (no) está bien puesto despierta ideas negativas/positivas	porque	lo relaciono con... destaca el tema de... presenta solo...

Comprensión auditiva

6 a **Indica los dos temas que menciona Maribel y los dos que menciona Estela en sus entrevistas.**

► Comprensión selectiva, p. 163

emigrar | volverse jefa | luchar por mejores condiciones | experiencias positivas en el trabajo | violencia en el trabajo | futuro de sus hijos

b **Vuelve a escuchar las entrevistas y corrige todas las afirmaciones.** ► Comprensión detallada, p. 163

1. El trabajo en la maquila le permite a Estela pagar solamente el alquiler.
2. Estela exige que les paguen mejores sueldos.
3. Estela invita a los jefes para que hablen con el sindicato.
4. Maribel ha podido aprender mucho y crecer como persona.
5. Especialmente por la pobreza, Honduras no es una opción para trabajar.
6. La hija de Maribel estudia en El Paso.

La lengua en contexto

7 a **Familia de palabras: Busca en el texto (pp. 48–49) palabras de la misma familia para los siguientes sustantivos e indica la línea en la que están.**

el/la empresario/-a | la producción | la exportación | el crecimiento | la repetición | la enfermedad | el cansancio | la queja | la lucha | la necesidad | el ofrecimiento | la concentración

b **Describe en cinco frases el trabajo en las maquilas con sustantivos de 7a.**

8 Repasar el presente de subjuntivo: **Cuenta qué piensan Estela y Maribel sobre su trabajo.** ► Gramática 10

Estela Maribel	espera tiene miedo de no cree no piensa	que	sus hijos *crecer* en medio de mucha violencia. la empresa no le *pagar* su sueldo si cae enferma. las trabajadoras en El Salvador *tener* más oportunidades. en las fábricas *haber* que hacer tantas horas extra. sus compañeras no *poder* ver a sus hijos por la jornada larga. la empresa *esperar* un gran compromiso de sus trabajadoras. la empresa *despedir* a las trabajadoras si se quejan. las trabajadoras no *recibir* su sueldo si no consiguen la meta. los sueldos en México *ser* mejores que en Honduras. el trabajo en la maquila *parecer* fácil o aburrido. la gente no *saber* de las condiciones laborales en las maquilas.
A Estela A Maribel	(no) le gusta (no) le molesta (no) le preocupa le parece bien / mal le cuesta entender		

9 Expresar opiniones: **Dos estudiantes acaban de escuchar la entrevista con Estela y Maribel y conversan sobre las maquilas. Elige la expresión adecuada y completa el diálogo.** ► Gramática 10

1. **Paula:** A mí [...] la gente siga trabajando en las maquilas, porque los sueldos son muy bajos, ¿no crees?
2. **Miguel:** Pues no lo sé, [...] para algunas personas son buenos: pueden comprar cosas, tienen capacitaciones... Bueno, es lo que me parece.
3. **Paula:** Pero Miguel, hay muchos informes negativos sobre las maquilas. [...] explotan[1] a las trabajadoras. No hay dudas.
4. **Miguel:** [...] todos hagamos algo por las trabajadoras. ¡Es importantísimo! Pero a mí también [...] la gente vea solo lo malo. ¡Hay que ver también lo bueno!
5. **Paula:** [...] apoyes a las maquilas, porque solo pones atención a los aspectos positivos. Considera también los aspectos negativos, [...] vas a cambiar tu opinión.
6. **Miguel:** Yo no apoyo a las maquilas, aunque también [...] la situación cambie rápido. Soy realista.
7. **Paula:** Yo solo quiero que el mundo ayude a las trabajadoras. [...] mejoren pronto su situación.

me fastidia que dudo que es esencial que ojalá que es lógico que me sorprende que	+ *subj.*
estoy seguro/-a de que es evidente que tengo la impresión de que	+ *ind.*

1 **explotar** *hier* ausbeuten

Expresión oral

10 **Comenta la situación laboral de Estela y Maribel en las redes sociales de la revista (pp. 48–49) en la que se publicó el reportaje con un vídeo o un mensaje de voz.** ► Vocabulario temático, p. 66

Yo diría que la situación laboral de Estela y Maribel es...

Creo que [...] Pienso que [...] En mi opinión [...]
Me parece bien/mal que [...] + *subj.*
Me cuesta entender que [...] + *subj.*
Me llama la atención que [...] + *subj.* Me sorprende que [...] + *subj.*

Expresión escrita

11 **La revista te invita a compartir tu opinión sobre el reportaje (pp. 48–49).
Discute en un *post* (aprox. 150 palabras) si el mensaje del texto es positivo o negativo y justifica tu opinión con ejemplos.** ► Organizar el proceso de escritura, p. 166

p. 133

En un autobús convertido en escuela

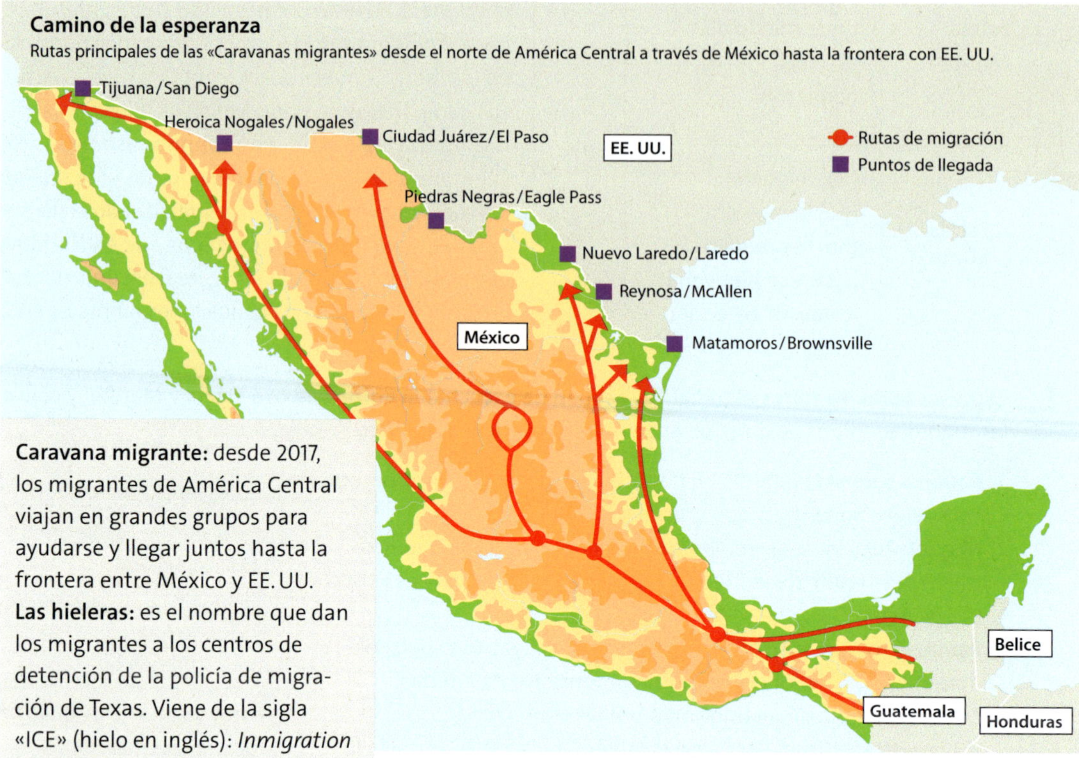

Caravana migrante: desde 2017, los migrantes de América Central viajan en grandes grupos para ayudarse y llegar juntos hasta la frontera entre México y EE. UU.
Las hieleras: es el nombre que dan los migrantes a los centros de detención de la policía de migración de Texas. Viene de la sigla «ICE» (hielo en inglés): *Inmigration and Customs Enforcement.*

Fuente: Atlas der Migration (2019)

TIJUANA — Es viernes por la mañana. Y como en otras escuelas, los niños recortan, dibujan, leen en voz alta, gritan, se empujan, juegan con sus nuevos amigos. Mientras tanto, la maestra acomoda las mesas y da instrucciones en el interior de un camión de pasajeros convertido en un salón de clases. [...]

Esta no es una escuela tradicional con estudiantes tradicionales. La escuela móvil forma parte del proyecto *Yes We Can Mobile Schools* de la organización *Yes We Can World Foundation*, una fundación no lucrativa que se formó para apoyar a los niños migrantes que se encuentran atrapados en la frontera norte de México en espera de que las autoridades norteamericanas acepten o nieguen sus solicitudes de asilo. [...]

Y es que aquí todos, niños y adultos, tienen una historia que contar.

Como Estefanía Rebellón, la joven actriz colombiana que a fines de diciembre de 2018 viajó a Tijuana para conocer la situación de los niños de la caravana migrante y que al regresar sintió que su vida había dado un giro de 180 grados, en menos de un mes formó la organización *Yes We Can World Foundation* y le dio forma a esta escuela móvil.

O como la niña guatemalteca de 5 años que se abraza de un enorme oso de peluche para contar, con lujo de detalles su experiencia de estar en el centro de detención para migrantes, conocido como la hielera; del frío que se siente cuando te mandan a dormir con una cobija de aluminio y el dolorcito que sintió en el pecho cuando la separaron de su mamá. Es la historia de los niños migrantes que de un día para otro lo han perdido todo. [...]

Cuando Rebellón regresó de su visita a Tijuana, sintió que su vida tenía que dar un giro. Con el apoyo de Kyle Schmidt, su novio, crearon la organización no

3 recortar schneiden **5 acomodar** *hier* anordnen **11 la fundación no lucrativa** die gemeinnützige Stiftung **13 atrapado/-a** gefangen **15 la solicitud de asilo** der Asylantrag **23 dar un giro de 180 grados** eine 180-Grad-Wende machen **27 el oso de peluche** der Teddybär **31 la cobija de aluminio** die Rettungsdecke **32 el pecho** die Brust

lucrativa *Yes We Can World Foundation*, para construir un salón de clases rodante, que llevara educación y otorgara un lugar seguro a los niños que esperan que sus solicitudes de asilo sean aceptadas o rechazadas por las autoridades de Estados Unidos. Una vez que adquirieron el primer autobús para iniciar el proyecto de la escuela móvil, se dieron a la tarea de transformarlo en una verdadera aula. [...]
La escuela empezó a funcionar en toda su capacidad en julio de 2019 y cuenta con un promedio de 45 niños de entre 5 y 15 años de edad. Pero la necesidad es tanta que de inmediato instalaron carpas móviles en el patio y abrieron espacios para adolescentes de entre 13 y 18 años.
Cada uno de los estudiantes recibe, gracias a los donativos de grupos como *This Is About Humanity*, una mochila nueva con lápices, plumas, colores y cuadernos. También reciben uniformes y zapatos. Los almuerzos escolares los provee la organización *World Central Kitchen* a través de un convenio con *Yes We Can World Foundation*. [...]
La escuela, por supuesto, es mucho más que un sitio en el que los niños pueden aprender, es también un sitio donde pueden sentirse seguros, dice la maestra Sandra Rodríguez. «Llegan deprimidos, con la angustia de no saber qué va a pasar, con la incertidumbre de saber si van a poder cruzar a Estados Unidos o tendrán que regresar a sus lugares de origen». [...] Y es que a pesar de sus pocos años, estos niños lo han sufrido todo. Algunos han caminado meses para llegar hasta aquí. Otros han visto la muerte y la violencia de cerca. Algunos han perdido a familiares a manos de las pandillas y la delincuencia organizada. Todos se han tenido que adaptar una y otra y otra vez a las condiciones cambiantes de su vida. [...]
El autobús de pasajeros que hoy se ha convertido en una escuela, requirió del trabajo de decenas de personas que trabajaron día y noche durante 30 días, y

«Aquí los niños se sienten seguros.»

más de 500 donantes que a través de las redes sociales aportaron el dinero.
«La gente nos apoya y confía en nosotros porque les mostramos inmediatamente el gran impacto que estamos logrando en las vidas de estos niños migrantes y porque les mostramos en qué se gasta exactamente el dinero que donan», dice Rebellón.
Pero como la necesidad es grande, *Yes We Can World Foundation* ya está trabajando para ampliar su proyecto de escuelas móviles a Ciudad Juárez. «Estamos listos para dar el siguiente paso», dice Rebellón mientras dirige a un grupo de voluntarios de Los Ángeles que han llegado para armar un campo de juegos, para construir una cerca, y abrir nuevos espacios para estudiantes.

Fuente: Alejandro Maciel, Los Angeles Times (2019)*

39 el salón de clases rodante der mobile Klassenraum **43 adquirir** *aquí* comprar **48 la necesidad** *hier* der Bedarf **49 la carpa** das Zelt **52 el donativo** die Spende **54 la pluma (fuente)** der Füllfederhalter **56 el almuerzo** das Mittagsessen **57 el convenio** die Vereinbarung **62 la angustia** el miedo **63 la incertidumbre** die Ungewissheit **68 la muerte** der Tod **70 la delincuencia organizada** die Bandenkriminalität **75 requerir** necesitar **78 aportar** *aquí* dar **79 confiar en alg.** jdm vertrauen **89 armar** *aquí* construir **90 la cerca** der Zaun

Comprensión, análisis y comentario

1 **Acercarse al texto:** Presenta qué muestra el mapa en la página 52.

2 Apunta la información más importante sobre el proyecto «Yes We Can Mobile Schools» (pp. 52–53) y preséntalo en clase. ► Comprensión detallada, p. 164

¿quiénes? ¿dónde? ¿desde cuándo?

¿para quién? ¿para qué? ¿cómo?

3 ¿Te gustaría trabajar en este proyecto? Justifica tu opinión.

Vista del centro de Tijuana, México

Destrezas: Analizar la intención del autor en textos informativos

4 Analiza la intención principal que tiene el autor con este artículo (pp. 52–53). ► Textos informativos, p. 173

a Busca en el texto (al menos) un ejemplo para cada uno de estos recursos que el autor utiliza en el artículo.

datos objetivos citas de expertos

descripciones con detalles testimonios

b ¿Qué efecto en los lectores quiere lograr el autor con estos recursos?

La frontera entre México y EE. UU.

El autor utiliza [...] para Con [...], el autor quiere Utilizando [...], el autor intenta	informar convencer[1] emocionar[2]	por ejemplo... cuando en el texto...

1 **convencer** überzeugen
2 **emocionar** bewegen

c ¿Cuál es la intención principal del autor del artículo? Argumenta con los recursos que el autor utiliza en el texto y justifica con ejemplos.

Expresión escrita

5 Un lector comenta en Internet el proyecto de las escuelas en autobús (pp. 52–53). Reacciona a su comentario dando tu opinión (aprox. 150 palabras). ► Vocabulario temático, p. 66 ► Escribir un comentario personal, p. 170

Javier: Para mí, este proyecto no presenta una solución al problema. Al final, los niños tendrán que volver a sus países de origen y enfrentarse otra vez a la dura realidad.

Javier, (no) estoy de acuerdo contigo porque...

Me parece que (no) [...] Tengo la impresión de que [...] Dudo que [...] + *subj.*
Me da rabia que [...] + *subj.* Me duele que [...] + *subj.*
Me pone triste que [...] + *subj.*

La lengua en contexto

6 **Cambiar de registro: Reescribe las partes subrayadas de las siguientes frases utilizando expresiones más formales del texto (pp. 52–53) sin cambiar su significado.**

1. Muchos inmigrantes se encuentran en la frontera esperando asilo. (ll. 8–16)
2. Después de visitar Tijuana, la vida de Estefanía Rebellón ha cambiado muchísimo. (ll. 19–25)
3. Los inmigrantes lo pierden todo muy de repente. (ll. 26–34)
4. Estefanía y Kyle empezaron con la tarea de convertir el autobús rápidamente. (ll. 35–45)
5. De momento, la escuela sobre ruedas tiene un promedio de 45 niños. (ll. 46–51)
6. Pudieron cumplir con las metas del proyecto porque recibieron los donativos. (ll. 52–58)
7. Muchos migrantes sufren violencia por parte de las pandillas. (ll. 66–72)
8. Los niños se han tenido que adaptar muchas veces a su situación. (ll. 66–72)

7 **Repasar el pretérito indefinido: Cuenta cómo fue el primer día de las nuevas profesoras, Elena y Juliana, en el proyecto de las escuelas móviles.** ▸ Gramática 4

Ese día, Elena y Juliana…

1. *levantarse* muy temprano
2. *tomar* un café
3. *hacer* una lista
4. *ir* al supermercado
5. *tener* una buena idea
6. *querer* probar una tarea
7. *sentirse* nerviosas
8. pero *estar* geniales
9. *traer* lápices de colores
10. *poner* papeles en el suelo
11. al final *poder* descansar
12. *dormir* muy bien

8 **Repasar y practicar expresiones con subjuntivo en presente y pasado: Juliana cuenta cómo llegó Elena al proyecto de las escuelas móviles. Completa lo que cuenta con las siguientes expresiones.** ▸ Gramática 10 y 12

es necesario que | es normal que | le cuesta entender que | nos encanta que

no me sorprendió que | le dio mucha pena que | le ha parecido fundamental que | era importante que

1. Cuando llamé a Elena, […] no supiera del proyecto de las escuelas móviles.
2. […] en el sur de México haya poca información sobre los proyectos en la frontera norte.
3. Invité a Elena a participar, porque para mí […] vinieran profesores con experiencia.
4. A Elena […] los niños aprendieran jugando.
5. Cuando Elena llegó a Tijuana, […] los niños en la frontera estuvieran solos.
6. A Elena […] algunas personas digan que los migrantes no necesitan ayuda.
7. Para Elena […] todos entendamos que los migrantes quieren mejorar sus condiciones de vida.
8. Tanto a Elena como a mí […] los niños se sientan en casa aquí en Tijuana.

9 **Expresar sentimientos y opiniones en pasado: Cuenta lo que Elena sintió al ver a los niños atrapados en la frontera. Utiliza el imperfecto de subjuntivo.** ▸ Gramática 12

Le sorprendió Le dio mucha pena Le pareció fatal Le impresionó No pudo creer	que	tanta gente *tener* que migrar por la pobreza en sus países. *separar* a los niños de sus familias. niños tan pequeños *estar* solos en Tijuana. la violencia en algunos países *ser* tan fuerte. muchos *vivir* con miedo en sus países de origen. tantas personas no *conseguir* cruzar la frontera. no *haber* suficiente comida y educación para los niños. los migrantes *seguir* atrapados en la frontera. nosotros *saber* de estos problemas y no *poder* hacer mucho. algunos países *hacer* tan poco por sus habitantes.

10 Expresar sentimientos y opiniones en presente y en pasado: **Un grupo de amigos cuenta de sus experiencias en México y América Central. Completa sus comentarios con los verbos en** presente **o** imperfecto de subjuntivo**.**

▸ Gramática 10 y 12

Luisa: Me pareció genial que tanta gente en la frontera (*hablar*) inglés y español y que en los dos lados (*compartir*) costumbres y tradiciones. Me encanta que (*existir*) personas que (*saber*) hablar dos o más lenguas y que (*querer*) enseñarlas a los niños.

Ernesto: Cuando llegué a Tijuana me impresionó que allí (*haber*) tantos niños atrapados esperando el visado. Espero que las organizaciones humanitarias los (*ayudar*) y que no (*tener que*) volver a sus países de origen.

Marcelo: Antes no creía que los problemas (*ser*) tan grandes. Ahora me doy cuenta y me da mucha pena que tanta gente en América Central (*vivir*) en la pobreza y que la corrupción y el narcotráfico (*seguir*) siendo problemas tan graves. Dudo que la situación (*ir*) a mejorar pronto.

Nadia: Al principio no podía creer que las pandillas (*tener*) tanto poder en Honduras y El Salvador. Cuando estuve allí, me sorprendió que la policía no (*poder*) hacer nada en contra de la violencia. Por eso me gusta mucho que (*haber*) proyectos que (*ofrecen*) alternativas a los niños y a los jóvenes.

María: Hace unos años era importante que la gente en América Central (*encontrar*) trabajo. Ahora es fundamental que (*recibir*) buenos sueldos. Me fastidia que en la actualidad tanta gente (*trabajar*) en condiciones tan malas. Espero que todos (*hacer*) algo en el futuro.

Expresión oral

11 **Tu compañero/-a de intercambio de México (B) trabajó unos meses en el proyecto de las escuelas móviles en Tijuana. A ti (A) también te gustaría participar en proyectos similares. Presenta la escena, tú (A) empiezas.**

▸ B, p. 133 ▸ Diálogos o juegos de rol, p. 165

Tú
- Pregunta por sus impresiones y sus opiniones sobre las escuelas móviles en Tijuana.
- Comenta lo que te sorprende o te llama la atención de sus experiencias.
- Cuenta por qué te gustaría participar en proyectos similares.

A

Mediación

ES DE **12** **Sie haben folgenden Artikel über US-Amerikaner/innen gelesen, die nach Mexiko ausgewandert sind. Schreiben Sie für einen spanischsprachigen Blog für Mexikaner/innen in den USA einen Blogeintrag (ca. 200 Wörter) und erklären Sie, welche Gründe US-Bürger/innen haben, in Mexiko zu leben und welche positiven und negativen Erfahrungen sie gemacht haben.** ▸ Expresar el contenido en el otro idioma, p. 173

Immer mehr US-Amerikaner zieht es nach Mexiko

Von Andreas Knobloch 02.03.2020

Das US State Department schätzt, dass 1,5 Millionen US-Amerikaner in Mexiko leben – doppelt so viele wie noch vor zehn Jahren. Zuletzt waren es immer mehr junge Leute. Viele reisen mit einem Touristenvisum ein und bleiben dann. So wie Kathleen Roberton. Das Unternehmen in Washington D.C., für das sie arbeitete, machte im Sommer 2015 dicht. Da sie keine Familie an der Ostküste hatte, entschied die 42-Jährige aus Spokane im Bundesstaat Washington, eine Auszeit in Mexiko zu nehmen.

„Es war der richtige Schritt“

Begeistert von der Gastfreundschaft und der Großzügigkeit der Leute ließ sie schließlich ihren Rückflug verfallen. Als ein halbes Jahr später ihr früherer Chef anrief und sie in die wieder geöffnete Firma zurückholen wollte, lehnte sie ab. Heute lebt sie den Großteil des Jahres in Mexiko-Stadt und arbeitet von dort aus für ein Highschool-Programm in den USA. „Es war der richtige Schritt“, sagt sie.

Auch Lea Ghandour, als Tochter libanesischer Eltern in New York aufgewachsen, wollte eigentlich nur ein Wochenende in Mexiko-Stadt verbringen. Beinahe zwei Jahre ist das nun her. Die 40-Jährige koordiniert von ihrem Laptop aus Projekte in den USA. Zunächst hatte sie sich bemüht, in Mexiko Arbeit zu finden. „[...] Als ich herausfand, was Mexikaner im Schnitt verdienen, beschloss ich, lieber als Freiberuflerin zu arbeiten.“ Obwohl sie weit weniger verdient als in New York, habe sie eine bessere Lebensqualität. Arbeit sei eben nicht alles, sagt Ghandour.

Die Kathedrale auf dem „Zócalo“ in Mexiko-Stadt

Roderick Conrad dagegen erlebt Mexiko in gewisser Weise als Befreiung. „In den USA muss ich mich immer auch als schwarze Person betrachten, vor allem gegenüber der Polizei. Hier nicht; in vielerlei Hinsicht ist es besser hier.“ Er schwärmt vom kulturellen Angebot und den Leuten. „Innerhalb eines Monats habe ich mich zuhause gefühlt“, so Conrad. [...]

Ähnlich sieht es auch Kathleen Roberton. Zwar sei ihre Miete in Mexiko-Stadt nicht billig, aber hier bekomme sie ein geräumiges Apartment für den Preis eines Zimmers in D.C. Und für Lebensmittel gebe sie viel, viel weniger aus. [...]

Wie Mexiko US-Migranten bevorzugt

Auch wenn die mexikanische Regierung Migranten aus Zentralamerika kontrolliert und abschiebt, verfolgt sie gegenüber US-amerikanischen Einwanderern einen eher laxen Ansatz – unabhängig davon, ob sie legal im Land sind oder nicht. „Wir haben sie nie unter Druck gesetzt, ihre Dokumente in Ordnung zu bringen“, sagte Mexikos Außenminister Marcelo Ebrard im vergangenen Jahr gegenüber der Washington Post. Der „Touristenstatus“ führt aber zu Schwierigkeiten im Alltag. „Ich habe zum Beispiel keine Krankenversicherung“, erklärt Roberton. „Das bereitet mir schon Sorge. Auch kann ich keine Wohnung auf meinen Namen anmieten oder ein Bankkonto eröffnen.“ Zum Glück habe sie Freunde, die ihr mit dem Behördenkram helfen. Telefon, aber auch die Miete, zahlt sie in bar.

Nicole Pierpont hat diese Probleme nicht. Als Tochter eines mexikanischen Vaters und einer salvadorianischen Mutter hat sie neben ihrem US-Pass auch einen mexikanischen. In Kalifornien geboren, verbrachte sie einen Großteil ihrer Jugend in Costa Rica. „Als ich zurück in die USA kam, war das ein Kulturschock. Ich fühlte mich als Außenseiterin.“ In Kalifornien habe sie dann zum Teil drei Jobs gleichzeitig gehabt, um ihre Miete zahlen zu können. Als sie ein Stellenangebot in Los Cabos, Baja California, erhielt, überlegte sie nicht lange und ging in die Heimat ihres Vaters.

„Es beginnt, ein sehr wichtiges kulturelles Phänomen zu werden“

Wenn man die Tausende von Mexikanischstämmigen wie Pierpont berücksichtigt, ist der Zustrom von Migranten aus den Vereinigten Staaten nach Mexiko wahrscheinlich größer als der von Mexikanern in die Vereinigten Staaten. „Es beginnt, ein sehr wichtiges kulturelles Phänomen zu werden. Ähnlich der mexikanischen Community in den USA“, sagt Mexikos Außenminister Marcelo Ebrard. Während die USA in Einwanderungsfragen tief gespalten sind, sind US-Amerikaner in Mexiko weitestgehend willkommen. [...]

Fuente: www.dw.com (2020)*

Hip hop y rap en lenguas indígenas

Miles de niños y jóvenes de Guatemala, Honduras, El Salvador y México abandonan cada año sus familias para viajar de manera ilegal hacia el norte. Huyen de las pandillas, del narcotráfico y de la pobreza, pero el viaje por México hasta EE. UU. también es largo y peligroso.

En los últimos años han surgido en estos países artistas y grupos de música hip hop y rap que intentan presentar alternativas a la migración o a la violencia a través de la música. Para conectar con los jóvenes, estos cantantes usan el castellano y las lenguas indígenas y en sus canciones hablan de sus raíces mayas, de sus lugares de origen y también de sus experiencias en otros países. En primer lugar, la música es para ellos la expresión más potente y más viva de la identidad cultural. Por lo mismo, muchos de ellos usan la música y organizan también actividades para apoyar a los jóvenes y prevenirlos de las drogas y de la violencia.

Encontrar su camino

En la Península de Yucatán, al sur de México, han nacido proyectos como «RescatArte», de Limber Ciau Cano y Javier Caamal Tun, dos artistas que además de componer y cantar hip hop y reggae en español y maya yucateco, apoyan a las nuevas generaciones para que los más jóvenes puedan encontrar su camino. Los dos saben que si ellos mismos no tuvieran la música, sus vidas serían muy diferentes, y así lo cuentan en una entrevista: «Nosotros crecimos en un ambiente antisocial, como la mayoría de todos los jóvenes que están en busca de una identidad, pero encontramos una alternativa en la música, primero por expresar nuestras ideas, lo que vivíamos, y después decidimos empezar a crear contenido que hable de nuestra cultura reforzado con nuestra lengua materna.»

Su idea es compartir experiencias y prevenir riesgos, orientar a los jóvenes con ejemplos de vida, motivarlos con temas históricos y culturales para finalmente darles herramientas para que ellos mismos puedan escribir y grabar su propia música.

Cosmovisión maya

También los músicos del grupo de hip hop «Balam Ajpu» empezaron un proyecto musical y educativo similar en Guatemala. Ellos escriben sus canciones en español y en lenguas mayas para transmitir la sabiduría de su cultura y revivir el pasado. Pero si pudieran, escribirían también en muchas más lenguas. En sus canciones utilizan instrumentos precolombinos, principalmente flautas y tambores, y hablan del carácter sagrado de la naturaleza, de la tierra y sus espíritus, del equilibrio entre las personas, el universo y su tradición, intentando conectar todas las regiones que en Guatemala y en México formaban el antiguo territorio maya.

Si estos músicos no rescataran las tradiciones antiguas y las lenguas precolombinas para sus canciones, muchos jóvenes de hoy no las conocerían. Por esto mismo han formado también «Caza Ajaw»,

2 abandonar verlassen **5 surgir** auftauchen **11 prevenir de** *hier* warnen vor **19 el ambiente** *hier* die Umgebung **22 reforzado/-a** verstärkt **23 el riesgo** el peligro **24 la herramienta** das Werkzeug **26 la cosmovisión** die Weltanschauung **27 Balam Ajpu** *Maya-Sprache «Jaguar Krieger», steht für einander ergänzende männliche und weibliche Energie* **29 transmitir** vermitteln **29 la sabiduría** die Weisheit **32 flautas y tambores** Flöten und Trommeln **34 el equilibrio** das Gleichgewicht **37 rescatar** retten

una escuela de hip hop y cultura indígena en la comunidad del Lago Atitlán, donde logran integrar a los chicos y chicas a través de la música con valores propios de la cosmovisión maya y que son tan importantes como el bienestar personal, el medio ambiente, la diversidad y la tolerancia.

Mixteco en California

Cuando Miguel Villegas, conocido en la escena musical como Una Isu, llegó a los seis años a EE. UU., solo sabía hablar mixteco. En California creció con otros jóvenes en un barrio, rodeado de canciones en inglés y en español y allí nació su amor por el rap. Al igual que los músicos de Guatemala y Yucatán, su motivación principal para hacer hip hop trilingüe es inspirar a otros jóvenes como él, con raíces indígenas, pero también con experiencias migrantes e internacionales, hablando positivamente tanto de su lengua, su cultura como de su región de origen. Como migrante oaxaqueño en EE. UU., Miguel entiende y apoya claramente a los migrantes centroamericanos que quieren llegar a México o a EE. UU. buscando una vida mejor. Si nosotros fuéramos soñadores como él, lo entenderíamos, dijo en una entrevista: «porque todos los hondureños, los salvadoreños y todos los demás soñadores estamos en la misma lucha. Nada más que esta división de países es lo que crea tanta diferencia entre nosotros.»

46 mixteco mixtekisch, indigene Sprache in Mexiko (Oaxaca) **49 crecer rodeado de algo** umgeben von etw. aufwachsen
57 el/la soñador/a del inglés *Dreamer*, nombre que se les da a los/las migrantes que buscan una mejor vida en EE. UU.
58 la división die Teilung

Comprensión y comentario

1 **Acercarse al texto:** Piensa en la música actual y presenta a los grupos o cantantes de hip hop o rap que conoces.

¿De dónde son?	¿De qué tratan sus canciones?	¿En qué idioma cantan?

2 a Apunta las características de los músicos de hip hop que se mencionan en el texto. ▶ Comprensión selectiva, p. 164

¿Quiénes son?	¿Dónde actúan?	¿En qué idiomas cantan?	¿Con qué objetivo?

b Resume lo que llegas a saber de los grupos y proyectos presentados en el texto. ▶ Escribir un resumen, p. 170

3 Explica qué quiere decir Una Isu con esta opinión: «Nada más que esta división de países es lo que crea tanta diferencia entre nosotros» (l. 58).

Expresión oral

4 a ¿Qué es lo más importante para ti cuando escuchas música: la melodía, el ritmo, la letra? Explica por qué.

b Comenta la afirmación del reportaje «La música es para ellos la expresión más potente y más viva de la identidad cultural» (ll. 9–10). ▶ Vocabulario temático, p. 66 ▶ Presentar un tema, p. 164

↗ p. 133

La lengua en contexto

5 **Verbos reflexivos y con preposiciones: Completa las frases con el verbo que corresponde.**

1. La escuela «Caza Ajaw» [...] Guatemala.
2. Los chicos [...] un profesor de hip hop allí.
3. Gracias a la música [...] mi camino.

encontrar (algo) *encontrarse* en (un lugar) *encontrarse* con (alguien)

4. Elena [...] un puesto de trabajo como profesora de música.
5. El arte [...] alternativas para los jóvenes.
6. «Chicos, os [...] Elena, nuestra nueva profesora».

presentar (algo) *presentar* a (alguien) *presentarse* a (algo)

7. Los músicos [...] un ritmo especial.
8. La profesora de música ya [...] la sala.
9. Tenemos la misma meta y por eso [...].

estar en busca de (algo) *estar* en la misma lucha *estar* en (un lugar)

10. Ciudad de México es muy grande, por eso yo no [...] bien.
11. La profesora [...] los alumnos sobre el futuro profesional.

orientar a (alguien) *orientarse* (un lugar)

6 **Repasar el condicional simple: Una amiga española quiere dedicarse a la música después de terminar el instituto. ¿Qué consejos le das?** ► Gramática 7

Ejemplo:

Yo en tu lugar / Yo que tú / Si yo fuera tú, | tomaría clases de canto y baile.

1. *aprender* a tocar el piano y la guitarra.
2. *hacer* una formación profesional en sonido.
3. *abrirse* a diferentes ritmos y tipos de música.
4. *concentrarse* en terminar bien la secundaria.
5. *ahorrar* dinero por si el proyecto no funciona.
6. *ofrecer* conciertos gratis en institutos.
7. *subir* mis canciones a las redes sociales.
8. *poner* atención a los mensajes de mis canciones.
9. *tener* cuidado al elegir a mi banda.
10. *decidir* siempre con el corazón.

7 **Practicar la comparación: Dale consejos a tu amiga para que su carrera musical sea siempre exitosa. Utiliza como si + imperfecto de subjuntivo.** ► Gramática 12

Ejemplo: Toca tu música como si tocaras para tus amigos.

1. Sal a cantar siempre 2. Disfruta de la música 3. Canta tus canciones 4. Empieza cada concierto 5. Escribe tus letras 6. Vive cada día 7. Deja que tus pies sigan el ritmo	como si	*ser* la primera vez. *tener* quince años. *cantarlas* solo para ti. tú y el público *conocerse*. *decir* (tú) siempre la verdad. el mañana no *existir*. *bailar* solos.

8 **Expresar suposiciones en presente:**
Un joven artista chicano se pregunta cómo podría rescatar sus raíces culturales. Completa sus frases como en el ejemplo.
► Gramática 19

Ejemplo: Si yo aprendiera a cantar hip hop, podría expresar mis sentimientos con música.

1. Si (*visitar*/yo) más a mis abuelos en Yucatán, seguro que (*hablar*) mejor su lengua.
2. (*Vivir*) más mis tradiciones si (*tener*/yo) más amigos con raíces indígenas.
3. Si mis hermanas no (*escuchar*) «Balam Ajpu», (*conocer*) muy poco la cultura maya.
4. Quizás (*desaparecer*) las lenguas indígenas si estos grupos no (*ser*) tan comprometidos.
5. Más jóvenes (*conocer*) las culturas indígenas si todos (*seguir*/nosotros) estos proyectos.
6. Si (*existir*) proyectos como estos en California, (*haber*) mucha gente interesada en participar.
7. Si no (*haber*) ejemplos a seguir, (*ser*) muy difícil para mí encontrar mi camino.
8. ¿(*Aprender*/tú) una lengua indígena si te (*decir*/yo) que es muy fácil?

9 **Expresar suposiciones en pasado: Los familiares de los migrantes se preguntan qué habría pasado si sus familias se hubieran quedado en México. Completa como en el ejemplo.** ► Gramática 19

Ejemplo: Si mi familia no hubiera emigrado a EE. UU., habríamos vivido juntos aquí en Yucatán.

1. Si ellos se (*quedar*) aquí, mi hijo (*aprender*) más maya, pero menos inglés.
2. Mi nieta (*aprender*) más sobre la cosmovisión maya si (*crecer*) rodeada de la naturaleza.
3. Si mi prima no (*participar*) en un proyecto de hip hop en EE. UU., no (*rescatar*) su cultura con la música.
4. Nuestra familia no (*ser*) tan grande y diversa si todos (*vivir*) juntos aquí.
5. Si tú, mi hija, no (*escribir*) tantas cartas, yo no (*conocer*) tan bien a mis nietos.
6. Yo (*viajar*) menos a los EE. UU. si (*tener*) a mis hijos más cerca.

Expresión escrita

10 **Escribe una entrada en el blog de Una Isu (aprox. 150 palabras) y evalúa la importancia de estos proyectos musicales para jóvenes en contextos multiculturales.** ► Vocabulario temático, p. 66

► Organizar el proceso de escritura, p. 166

p. 134

Competencia digital

11 a **Mira el póster e indica dónde se encuentra la siguiente información.**

¿Qué evento es? ¿Por qué razón se organiza?
¿Cuándo y dónde tiene lugar? ¿Quiénes se presentan?

b **Comenta si el diseño del póster facilita o dificulta entender el mensaje. Explica por qué.** p. 134

Ejemplo: El diseño del póster facilita/dificulta entender el mensaje porque...

el color de [...]	los dibujos	los tipos de letra
el fondo	(no) *destacar*	(no) *dejar* ver

12 a **Elige a uno de los artistas y busca información en Internet.**

► Buscar información, p. 179

¿Quién es? ¿De dónde viene?
¿En qué lengua(s) canta? ¿Cómo es su música?

b **Crea un póster y presenta al / a la artista y su música.** ► Crear un póster y una presentación, p. 179

Pizza mexicana

I

Sandra avanza por el aeropuerto y siente que su corazón late muy rápido. Se quita el abrigo y se convence de que su malestar es solo una mezcla de emociones: nostalgia por el departamento que, apenas esa mañana, dejó en un suburbio de San Diego, y ansia de volver a su casa mexicana.
La perspectiva de que pronto verá a su familia le da fuerzas para luchar contra la pesadez y el mareo que la agobian después del vuelo.
Sandra piensa en Mercedes, su compañera de cuarto en San Diego. La imagina leyendo una revista mientras come una pizza mexicana. Reconoce que a ella también han llegado a gustarle. Eso le recuerda que su hermana Aurelia prometió cocinarle sus platillos favoritos mientras dure su estancia en la Ciudad de México. «Welcome, Bienvenido, Bienvenu.»

II

Después de media hora, Sandra logra encontrar su maleta y los paquetes con regalos: una batidora de doce velocidades, un cuchillo eléctrico, dos bolsas de piel sintética, un ventilador inalámbrico y la faja que le pidió Aurelia a condición de que le permitiera pagársela.
Sandra imagina que en algún momento, antes o después de la cena, discutirá con Aurelia para que no insista en devolverle el precio de la faja: «¿Cómo piensas que voy a cobrártela? ¡Somos hermanas!» Después entregará los otros regalos y al fin dirá: «Me hubiera gustado traerles más cosas, pero…»
Sandra ve al empleado de la aduana discutir con un viejito. Un joven de acento norteño suelta una carcajada: «Hay cada gente. Si saben que no pueden pasar chorizos, ¿para qué los traen? En México hay de todo y más sabroso.»
Hace catorce años, cuando salió a Tijuana, toda su familia vino a despedirla al aeropuerto. El escándalo que armaron fue enorme: Aurelia lloró, su cuñado Raziel cantó y sus sobrinos entonaron una porra.
Ansiosa, va hacia la salida. Se abre la puerta que separa a los viajeros de la gente que los recoge y ve a su hermana agitando los brazos. Espera que lleguen otros miembros de la familia pero solo ve a su cuñado Raziel con la mano en alto y le sonríe.
Sandra abraza a su hermana y le pregunta: «¿Vinieron solo ustedes dos?»
«Las gemelas entraron de eventuales en Wal Mart y Diego fue a ver si lo contratan en Office Depot, pero al rato van para la casa.» Toma el abrigo que Sandra lleva en el brazo: «¡Qué bonito! ¿Es de pieles?»
«No, pero es muy lavable», responde Sandra con orgullo.

3 su corazón late ihr Herz schlägt **4 quitarse algo** etw. ausziehen **4 convencerse de algo** sich von etw. überzeugen **7 el suburbio** die Vorstadt **8 el ansia** *f. hier* die Aufregung **10 la pesadez** *hier* die Erschöpfung **10 el mareo** die Übelkeit **11 agobiar** bedrücken **22 la batidora** der Mixer **24 la piel sintética** *hier* das Kunstleder **24 el ventilador inalámbrico** der drahtlose Ventilator **24 la faja** das Korsett **30 cobrar a alg.** Geld von jdm für etw. nehmen **33 el/la empleado/-a de la aduana** der/die Zollbeamte/-in **34 soltar una carcajada** reírse muy fuerte **37 sabroso** lecker **41 entonar una porra** ein Jubellied anstimmen **49 los/las gemelos/-as** die Zwillinge **49 el/la eventual** der/die Zeitarbeiter/in

III

Raziel maneja. Aurelia va a su lado. Sandra ocupa el asiento trasero y mira por la ventanilla: «¿Dónde estamos?»

«Cerquita del Peñón. ¿A poco ya no reconoces, cuñada?», pregunta Raziel mientras acciona el botón del ventilador inalámbrico. «Te pongo aire suavecito.»

Sandra mira el ventilador. Es idéntico al que compró para Raziel en San Diego. «Bueno, así tendrá dos», piensa y sigue mirando por la ventanilla.

«Ah sí, es el Peñón. Lo que pasa es que cuando me fui no estaba tan oscuro y había más arbolitos y menos casas.»

«No vayas a salirnos con que ya no te gusta México», protesta Aurelia.

«Pero si me encanta. No sabes las ganas que tenía de regresar y verlos. ¿Le dijiste a Pancho que llegaba?»

«No. Desde que se casó, para él no hay más familia que la de su mujer. Como tienen dinerito...»

«Dile la verdad», corrige Raziel. «Le pedí que me ayudara a conseguir trabajo en la tintorería de su suegro. Creo que eso lo molestó, porque dejó de hablarnos.»

«¿No estabas muy bien en el gimnasio, Raziel?», pregunta Sandra, sorprendida.

«Estaba, pero ya no. A los baños va poca gente y al gimnasio menos. Los clientes de toda la vida se fueron al *gym* porque allí hay aparatos más modernos. Don Epifanio cualquier día cierra el negocio y entonces sí a ver cómo le hago, porque a mi edad...»

«Pero ni creas que voy a permitir que le ruegues otra vez a Pancho. Y lo que es yo, no pienso volver a hablarle.» Aurelia se dirige a Sandra: «Pero tú sí llámale y dile que estás en México.»

«Solo por dos semanas.» Sandra recupera el entusiasmo: «Quiero ir a tantas partes: primero a la Villa, al panteón a ver a mis papacitos y después, aunque no me lo crean, al jardín de San Isidro. ¿Te acuerdas que íbamos mucho, Aurelia?»

«Uy, qué te cuento: arrancaron los árboles, quitaron las bancas y todo para hacer una megaplaza. Las gemelas le dicen *mall*. Está bonito y hay de todo. El otro día me compré una batidora de doce velocidades y un cuchillo eléctrico, todo por setecientos pesos. Estuvo bien, ¿no? Si quieres, te llevo.»

«¡Cómo se te ocurre!», exclama Raziel. «De esas tiendas debe haber miles en San Diego. ¿Tú que quieres, Sandra? ¿Tienes hambre?»

«Sí, la comida del avión estaba imposible. No la probé.»

«Qué bueno, porque pedí unas pizzas mexicanas. Tienen su chilito y todo, pero ni creas que pica como antes.»

Sandra piensa en Mercedes: ¿qué diría si supiera que las dos, una en San Diego y la otra en México, están comiendo lo mismo?

Fuente: Cristina Pacheco, Mar de Historias (2003)*

56 manejar conducir **57 el asiento trasero** der Rücksitz **76 la tintorería** die Reinigung **86 rogar** (an)flehen **91 la Villa (de Guadalupe)** barrio histórico situado al norte de la Ciudad de México **92 el panteón** *hier* der Friedhof **95 arrancar** herausreißen **101 ¡Cómo se te ocurre!** Wie kommst du denn darauf?

Comprensión, análisis y comentario

1 **Acercarse al texto:** Después de pasar mucho tiempo en el extranjero, vuelves a ver a tu familia en el aeropuerto: ¿Cómo esperas que te reciban? ¿Qué les llevas de regalo y por qué?

2 Elige de qué tipo de texto se trata e indica por qué.

una entrada de blog | un artículo de periódico | un reportaje | una columna de opinión | una obra de teatro | un relato

3 a Apunta todos los personajes del texto y nombra la relación que tienen con Sandra. ► Comprensión detallada, p. 164

b Resume lo que ha cambiado en México para Sandra según el texto. ► Escribir un resumen, p. 170

Destrezas: Caracterizar a un personaje

4 **Caracteriza a Sandra (pp. 62–63).** ► Caracterizar a un personaje, p. 171

a **Apunta la información que cada parte del texto (I-III) da sobre Sandra.**

¿Quién es? ¿Dónde está? ¿Qué hace? ¿En qué piensa?

b **¿Cómo crees que se siente Sandra a lo largo de su viaje? Da ejemplos.**

egoísta generosa[1] graciosa
alegre nerviosa orgullosa triste
moderna rebelde guapa tímida tranquila
elegante joven pasada de moda vieja
fuerte avergonzada[2] rara decepcionada[3]

1 generosa großzügig
2 avergonzada beschämt
3 decepcionada enttäuscht

c **¿Cómo es el personaje de Sandra? Basándote en tus apuntes, describe su aspecto físico, su comportamiento y su personalidad.**

Paseo de La Reforma, Ciudad de México

5 **Comenta la opinión del joven en la aduana (pp. 62–63): «En México hay de todo y más sabroso» (ll. 36–37).**

En mi opinión,	el joven afirma esto en el relato	
Pienso que	la frase del joven ya da una idea de lo que sigue	porque [...]
Me parece que	es un ejemplo de lo que le pasa a Sandra	

Expresión escrita

6 **Escribe un texto (aprox. 120 palabras) desde la perspectiva de Sandra (pp. 62–63) que muestre sus sentimientos mientras va en el coche con Raziel y Aurelia.** ► Escribir textos creativos, p. 169
Puedes empezar así:
Raziel conduce y Aurelia va a su lado. Yo estoy sentada detrás de ellos, miro por la ventana y veo...

ver *sentir(se)* *creer* *esperar* *querer* *sorprender(se)*
parecer *imaginar* *pensar* *darse* cuenta

Competencia intercultural

7 **Descubrir el español de México: Sandra cuenta de su vida en San Diego. Encuentra los mexicanismos del texto (pp. 62–63) que corresponden a las expresiones subrayadas.**

1. En San Diego vivo en un piso compartido, es pequeño y moderno.
2. Vivir con Mercedes está bien, aunque preferiría tener una habitación sola.
3. En San Diego todavía no tengo platos favoritos y echo de menos la comida mexicana.
4. Lo bueno de vivir con otras personas es que no estoy sola y pronto llega alguien.
5. No sé dónde conducen peor, si en las calles de San Diego o de Ciudad de México.
6. ¿De verdad no te gusta la comida picante?, pues a mí el chile picante me encanta.
7. Yo todavía no he ahorrado mucho, pero algunas amigas aquí sí que son ricas.
8. En San Diego no celebramos el Día de Muertos en el cementerio, en México, muchos sí lo hacen.
9. La ciudad está llena de centros comerciales y restaurantes, pero en Ciudad de México es igual.

Comprensión auditiva

8 a **Antes de escuchar:** Describe la situación que muestra el cuadro de Elena Climent. ▶ Imágenes, p. 175 p. 134

Nación (2010) – Elena Climent

Elena Climent nació en 1955 en Ciudad de México. En 1988 se mudó a Nueva York, donde vivió y exhibió sus pinturas por muchos años. Actualmente vive en Cuernavaca, México.

b Escucha dos veces la primera mitad de la entrevista con Elena Climent y contesta las preguntas. ▶ Comprensión selectiva, p. 163 p. 135

1. Además de la pintura medieval[1], ¿qué otro medio visual la inspiró y por qué?
2. ¿Qué está mostrando el cuadro según Elena Climent?
3. ¿Qué elementos destaca del cuadro? Nombra cuatro.

1 medieval mittelalterlich

c Escucha la segunda mitad de la entrevista y completa las afirmaciones de Elena Climent. ▶ Comprensión detallada, p. 163 p. 135

1. Desde México los [norte]americanos se ven...
2. Desde EE. UU., ven a México...
3. En EE. UU., mis cuadros se volvieron...
4. Al principio en EE. UU., México era...
5. Al final de mis años en EE. UU., el español era...
6. Cuando te mueves entre países se van...

9 **Imagina a la persona a quien pertenece el escritorio en el cuadro de Elena Climent y preséntala.**

¿De dónde es? | ¿En qué trabaja? | ¿Qué aficiones tiene? | ¿Dónde vive? | ¿Cómo es?

Identidad y cultura

ser	mexicano/-a chiapaneco/-a transnacional bi-/multicultural bi-/plurilingüe [...]

sentirse	bien en casa fuera de lugar (in)feliz / raro/-a como si (no) fuera... parte de la comunidad [...]

conocer *mantener* *conservar* *recuperar* no *olvidar* *rescatar*	la cultura la tradición las raíces la lengua la familia

moverse *transitar*	entre dos mundos / dos culturas de América Central a EE. UU. por la frontera

vivir *crecer* *trabajar*	en	una zona	franca de intercambio de tránsito
		dos/tres/[...]	lenguas culturas lugares

La cultura El arte La música La pintura La educación	inspira orienta ayuda apoya da herramientas	a	los jóvenes los migrantes los soñadores las personas	para	encontrar su camino. conectar con otros. integrarse. crear un mundo mejor. compartir experiencias. tener nuevas perspectivas.

La migración

abandonar a su familia *migrar* *cruzar* la frontera *huir* *dejar* su país / casa *mudarse*	por	la violencia la delincuencia la pobreza el abandono la vulnerabilidad	
	para	buscar tener encontrar	trabajo/empleo educación/estudios libertad alternativas una vida mejor mejores condiciones de vida asilo

El país La migración La maquila El proyecto	ofrece	buenos/malos sueldos. buenas/malas condiciones laborales. desafíos. oportunidades. cambios. riqueza. seguridad.

Vuestro curso participa en el proyecto artístico y cultural de habla castellana **«El arte entre culturas»**.

Este proyecto se dedica a presentar la diversidad que hay, hoy en día, en todos los ámbitos de la vida (en la escuela, en pandillas o familias multiculturales, en la música, etc.).
Los que participan en el proyecto presentan un texto personal corto en forma de poema visual o canción (por ejemplo, rap o hip-hop).
Puedes escribir un texto propio o en lugar de una persona o un personaje presentados en este dosier (por ejemplo, Verónica, Hatice, Sandra o Elena).

En
mi jardín
hay un árbol.
Aquí nació y creció
verde, fuerte y grande.
Sus ramas llegan al cielo,
hasta la casa del vecino,
más allá de la calle.
Quieren ir siempre
más allá.
Ese
árbol
soy
yo.
Mis raíces invisibles
toman también
agua del cielo
y de la tierra.

La tarea es creativa.
Si necesitas un modelo para poder imaginártelo mejor, vuelve a mirar la aportación de Teresa al proyecto (p. 42).
Las aportaciones se recogen en la página web del proyecto y se les pide a los autores que presenten y expliquen su poema o canción en una entrevista en formato de podcast o vídeo.

Realizar el poema visual o la canción

- Toma apuntes sobre tus intereses y sobre las cosas con las que te identificas:
  - rasgos de la identidad propia del autor / de la autora (familia, lenguas, gustos, rasgos de carácter, etc.)
  - lo que le importa especialmente
  - una característica, vivencia o experiencia personal que represente o muestre la idea de diversidad.
- Escribe el texto. Luego intercámbialo con un/una compañero/-a, corregid los errores y haced propuestas para mejorar los textos. ► **Escritura colaborativa, p. 180**

Presentar y evaluar

- Preparad una entrevista sobre vuestros poemas o canciones y grabadla para integrarla como podcast o vídeo a la página web del proyecto. ► **Crear un *podcast* y un vídeo, p. 180**
- Presentad los resultados en clase o compartidlos de forma virtual.
- Evaluad los resultados con ayuda de la ficha de evaluación. ►

Ciudades modernas

1 Bogotá • unos 8,5 millones de habitantes* • unos 5000 parques

2 Barcelona • unos 1,5 millones de habitantes • más de 20 000 estudiantes internacionales

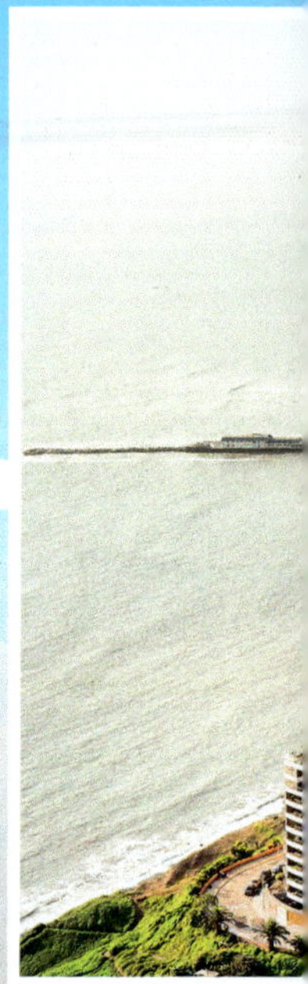

3 Lima • unos 11 millones de habitantes* • más de 5000 restaurantes • surf en las playas de la ciudad

4 Medellín • unos 4 millones de habitantes* • 24 ° de temperatura media todo el año

5 Madrid • más de 3 millones de habitantes • unos 40 cines y más de 50 museos

6 Buenos Aires • unos 17,5 millones de habitantes* • unas 25 librerías por cada 100 000 habitantes • unos 80 festivales de cine y música al año

Expresión oral

1 a Indica dónde se encuentran las ciudades de las fotos y lo que sabes o te enteras sobre ellas. ▸ Mapas, p. 212

b Imagina que vives en una de las ciudades y cuenta cómo es tu día a día, cómo te mueves por la ciudad y dónde quedas con tus amigos.

- justificar y defender tu opinión
- hablar de impresiones y expresar deseos
- describir procesos

7 Santiago de Chile • unos 8 millones de habitantes* • El parque Metropolitano de Santiago es el más grande de Latinoamérica • centro de esquí a una hora

8 Ciudad de México • unos 22 millones de habitantes* • una superficie como la de 3800 canchas de fútbol • es Patrimonio Mundial de la UNESCO[1]

9 Pontevedra • unos 80 000 habitantes • el 70 % de los habitantes anda a pie o en bicicleta

* en el área metropolitana 1 el Patrimonio Mundial de la UNESCO das UNESCO-Welterbe

Competencia digital

MK **2 a** Quieres hacer un curso de español en Madrid y tu escuela de idiomas se encuentra cerca de la Gran Vía, una de las calles más importantes de la ciudad. Busca la avenida en un mapa digital (callejero y/o satélite) y describe dónde se encuentra.

b Explora la zona de la Gran Vía con la función «vista de calle» y presenta tus impresiones de esta avenida: ¿Qué edificios, tiendas, cafés hay allí?

c Una amiga de Toledo quiere visitarte. Elige un lugar de 2b para quedar con ella y escríbele un e-mail (aprox. 150 palabras) explicándole en qué sitio quedaréis y cómo llegar desde la estación de metro más cercana.

Comprensión audiovisual

3 a Antes de ver el vídeo: **Mira sin sonido los primeros 25 segundos del vídeo sobre la Gran Vía. Cuenta a tus compañeros qué ves y qué te impresiona.**

En el vídeo observo/
descubro un reloj, un título...

Me impresiona que + *subj.* Me sorprende que + *subj.* Me llama la atención que + *subj.*	una calle *tener*... desde temprano *haber*... coches y personas *compartir*... ...

b Las personas en las fotos pasan por la Gran Vía. Formula hipótesis sobre lo que hacen allí.

Tengo la impresión de que...
Supongo que...
Me parece que...

Sheila

Amanda

Juan Pablo

José Francisco

c Mira el vídeo con sonido y comprueba tus hipótesis. ¿Qué hacen allí estas personas?

d Vuelve a mirar el vídeo e indica qué dice cada persona sobre la Gran Vía. Sobran tres frases.

José María · Concepción · Maribel · Juan · Óscar · Ismael · Francisco · Marcos · José y Emilio

1. Hay una buena red de transporte público.
2. Hay más respeto con las bicis.
3. El tránsito a veces es un caos.
4. Hay mucha contaminación.
5. Puedes pasear y hacer deporte.
6. Es una zona muy segura.
7. Es un buen lugar para trabajar.
8. Hay mucha fiesta todo el día.
9. Hay una vida cultural interesante.
10. Hay diversidad de gente.
11. Puedes leer historias en las caras de la gente.
12. Hay gente interesante para sacar fotos.

Comprensión y análisis

El conformista

Cuando era joven quería vivir en una ciudad grande.
Cuando perdí la juventud quería vivir en una ciudad pequeña.
Ahora quiero vivir.

Fuente: Ángel González, Prosemas o menos (1984)

4 a Indica el tema del poema y justifica tu elección con ejemplos. ▶ Textos líricos, p. 175

la alegría de vivir | el amor por las ciudades | los cambios con el tiempo | los deseos que no cambian

b Interpreta cómo se siente ahora el yo lírico con ayuda del poema y del título. ▶ Textos líricos, p. 175

El yo lírico	se siente parece se muestra	tranquilo en paz contento ...	ya que	se conecta con destaca	su presente... su deseo... lo esencial... lo más importante...

5 Escribe tu propio poema con el mismo estilo. ▶ Escribir textos creativos, p. 169

Cuando era pequeño/-a... *Ahora...* *Cuando sea mayor...*

Destrezas: Preparar y realizar una discusión

6 Una clase de vuestro instituto hermanado en Madrid quiere saber lo que pensáis sobre la vida en las grandes ciudades. En grupos de tres o cuatro personas discutid qué significaría para vosotros vivir en el centro de una gran ciudad.

a Clasifica las expresiones según su uso para prepararte para discutir.

1 opinar | 2 expresar acuerdo | 3 expresar desacuerdo | 4 dar un ejemplo | 5 parafrasear

Quiero ilustrar mi opinión con un ejemplo. Dicho de otra manera... Mira, a ver si me explico... Me gustaría dar un ejemplo concreto. Desde mi punto de vista... Estoy convencido/-a de que... Sí, tienes razón. Es exactamente mi punto de vista. Yo pienso justo lo contrario. Perdona, pero esto no lo veo así. A ver si me entiendes... En otras palabras... ¡Por supuesto!

b ¿Sería atractivo vivir en una gran ciudad? ¿Por qué (no)? Preparad la discusión e intentad convenceros mutuamente. ▶ La discusión, p. 165

1. Buscad argumentos a favor y en contra de vivir en una gran ciudad y apuntadlos.
2. Elegid los argumentos que más os convenzan y pensad en ejemplos para ilustrar vuestros argumentos.
3. Preparad el vocabulario y las expresiones de **6a** para presentar vuestra opinión y dar ejemplos.
4. Pensad en los posibles argumentos de tus compañeros y utilizad al menos una expresión de **6a** por categoría para reaccionar.

El crecimiento urbano mundial

Ciudades modernas: ¿Más espacio para coches o para peatones?

En los dos últimos siglos la población mundial se ha multiplicado por siete, con un crecimiento enorme de zonas urbanas. El número de personas que vive en ciudades ya ha superado a la población rural. La ONU estima que, en 2050, esta cifra podría llegar al 70–75 %. Sin embargo, también se observa la tendencia de gente que prefiere volver a la vida en el campo.
En Asia, África y América este crecimiento tan rápido ha provocado la formación de «megaciudades» que superan los 10 millones de habitantes. Algunos ejemplos de megaciudades latinoamericanas son Ciudad de México, São Paulo, Buenos Aires y Lima.

El desarrollo urbano en América Latina

En general, las ciudades latinoamericanas ofrecen mejores condiciones de vida que las zonas rurales: el acceso a los servicios básicos, como la atención médica, la energía, el agua o el transporte es mejor que en el campo. También la esperanza de vida, la oferta de empleo, el nivel educativo y la diversidad cultural son mayores en las zonas urbanas. Por esta razón, muchas personas del campo migran a la ciudad buscando un futuro mejor. Sin embargo, el crecimiento urbano es, a menudo, rápido y masivo, por lo que las megaciudades suelen tener atascos, contaminación o servicios básicos insuficientes. Las megaciudades latinoamericanas son, además, espacios de fuertes contrastes sociales, donde conviven barrios residenciales de lujo, viviendas de trabajadores y la pobreza más absoluta de las chabolas. Hoy las grandes ciudades latinoamericanas se enfrentan a enormes desafíos: planificar y controlar el crecimiento urbano para mejorar la calidad de vida de todos sus habitantes.

La vida urbana en Europa

Aunque en Europa existen capitales con varios millones de habitantes, la mayoría de la población vive en ciudades de menos de 300 000 personas. También en España encontramos una gran cantidad de ciudades con menos de 100 000 habitantes y con muy buena calidad de vida, como Pontevedra. Sin embargo, y frente a grandes ciudades como Madrid o Barcelona, el fenómeno de la «España vaciada» en las zonas rurales sigue siendo actual.

Madrid, un ejemplo urbano

Madrid, con más de tres millones de habitantes, no solo es la capital de España, sino que es el centro de la vida política, económica, cultural y artística del país. Durante las últimas décadas, Madrid ha crecido porque cada vez más barrios de los alrededores son ahora parte de la ciudad. Precisamente la conexión de estos barrios con el centro es uno de los grandes desafíos de la capital española.
Otro de ellos es una movilidad más verde, es decir desarrollar sistemas de transporte eficientes y modelos urbanos ambientalmente sostenibles. Por ejemplo, por la Gran Vía, una de las calles más importantes del centro, pasan cada día unos 50 000 coches y cada sábado unas 90 000 personas, según datos del ayuntamiento.
Desde hace años existen planes para dar más espacio a los peatones y limitar el tráfico en el centro.
Tanto para Madrid como para todas las ciudades, el desafío para el futuro será dar más importancia a los habitantes, no a los coches.

1 **Comprender el vocabulario:** **Relaciona las definiciones con las palabras compuestas para hablar sobre ciudades con ayuda de las marcas en el texto.**

definición	componente 1	+ componente 2
1. Número total de personas que viven en el planeta.	el crecimiento	educativo
2. Área metropolitana con más de diez millones de habitantes.	la población	ciudad
3. Aumento del número de personas que vive en ciudades.	la zona	residencial
4. Parte de la ciudad con viviendas de calidad.	la mega	mundial
5. Tiempo medio de vida de una persona.	la esperanza	de vida (2x)
6. Grado de formación logrado por una persona.	el nivel	urbano
7. Lo opuesto a zona rural.	el barrio	urbana
8. Conjunto de condiciones que hacen la vida tranquila, segura y acogedora.	la calidad	

2 **Definiciones:** **Define las siguientes parejas del campo léxico «ciudades» con tus propias palabras.**

a. la ciudad (l. 3) – el campo (l. 5)
b. la zona urbana (l. 3) – la zona rural (l. 10)
c. el barrio residencial (l. 17) – la chabola (l. 18)
d. el habitante (l. 19) – la población (l. 3)

3 a **Ampliar el vocabulario con un diccionario digital:** **Busca los siguientes términos en un diccionario en línea, por ejemplo, el Diccionario de la lengua española de la RAE (Real Academia Española), y completa la familia de palabras de cada uno como en el ejemplo.**

~~transporte~~ *m.*	urbano/-a	acceso *m.*	atasco *m.*
contaminación *f.*	movilidad *f.*	sostenible	espacio *m.*

Ejemplo: el transporte [*sust.*] – transportar [*v.*] – transportable [*adj.*]

transport x **buscar**
transportable
transportador
transportar
transporte

b **En España y Latinoamérica muchos habitantes luchan por ciudades más justas. Completa los mensajes de los pósteres con las palabras de la caja en 3a y con ayuda de las marcas en el texto.**

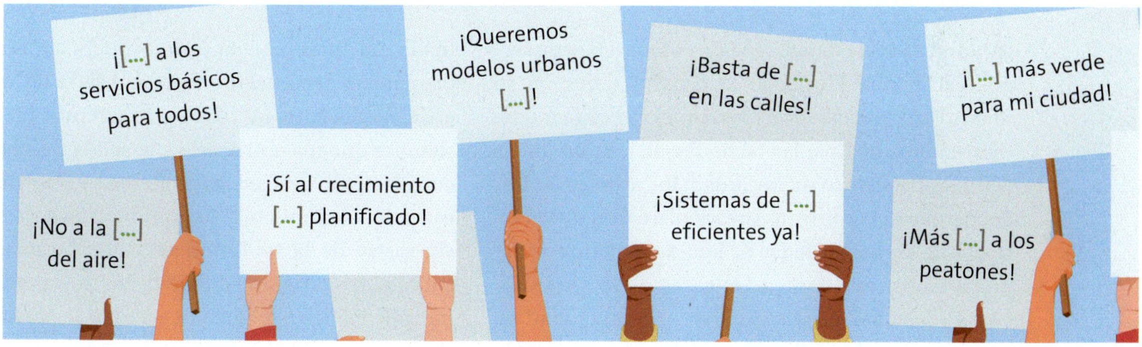

4 **Activar el vocabulario:** **Describe los desafíos de las grandes ciudades utilizando las palabras marcadas en el texto.**

Una ciudad que [...] se llama megaciudad. El crecimiento urbano es a menudo [...] en las megaciudades. Resulta difícil garantizar a la población el acceso a [...], como la atención médica, la energía, el agua y el transporte. Muchas veces en las megaciudades conviven el lujo y la pobreza, es decir son [...]. La mayoría de los pobres viven en [...], viviendas muy básicas en barrios que están lejos del centro, mientras que los ricos viven en [...] rodeados de muros. En este contexto, tanto las megaciudades latinoamericanas como muchas otras ciudades en el mundo hoy [...] grandes desafíos: [...] el crecimiento urbano para [...] calidad de vida de sus habitantes, desarrollar [...] eficientes, como autobuses o metros, que garanticen la [...] de los barrios con el centro, dar más espacio a los [...], [...] el tráfico en el centro y reducir la [...] del aire y del agua.

Madrid *blues*

Edu llega a la capital española para estudiar en la universidad. Al tiempo conoce a una estudiante de intercambio, Eliza, cuya forma de ver Madrid le mostrará una nueva cara de la ciudad.

El parque del Retiro, Madrid

«Madrid es una ciudad llena de colores en primavera», exclamaba Eliza con la cámara réflex en su mano. Fotografiaba los tonos azules del cielo a diferentes horas del día; las fachadas de ladrillo de los edificios del centro de la ciudad; los árboles en flor del parque del Retiro, las mesas plateadas de las terrazas de los bares, llenas de bebidas y platos de comida; la expresividad en las caras de la gente, los besos y los abrazos al saludarse. «En mi ciudad no hay árboles en las calles y los edificios son tan altos que las personas no hacen sombra al caminar. Los tejados son planos, no hay tejas y la gente no se besa en público». Era Madrid a través de los ojos de Eliza. Detalles de la ciudad en los que yo nunca me habría fijado. Ya fuese por su innato pudor americano o bien por su personal teoría de la belleza de los besos en la mejilla entre las parejas, es así como me recibía siempre que iba a buscarla a la salida de sus clases, con un tierno beso en los mofletes. «Es tan divertida esa palabra, ¡moflete!», la pronunciaba a su manera, sin rastro de la te. Entonces realizaba una crítica sobre el feo y rígido edificio de su universidad. «Es inexplicable que se puedan estudiar las bellas artes en un lugar así». Y nos íbamos a comer algo. La mayoría de las veces, un bocadillo de calamares, sentados en el empedrado de la plaza Mayor, con dos botes fríos de refresco y un montón de servilletas de papel. «¡No sé cómo te puede gustar con limón!», me

5 **exclamar** ausrufen 7 **la fachada (de ladrillo)** die (Backstein-)Fassade 9 **plateado/-a** silberfarben 11 **la expresividad** die Ausdruckskraft 15 **la teja** der Dachziegel 18 **ya fuese por … o bien por …** sei es wegen … oder wegen … 18 **el innato pudor** die angeborene Scham 19 **la belleza** die Schönheit 22 **tierno/-a** zart 22 **el beso (en la mejilla)** der Kuss (auf die Wange) 22 **el moflete** die Pausbacke 24 **el rastro** die Spur 25 **feo/-a** hässlich 25 **rígido/-a** steif 28 **el calamar** der Tintenfisch 29 **el empedrado** das Kopfsteinpflaster 29 **el bote** die Dose

decía con la boca llena de pan. La primera vez que los probó, pensó que eran aros de cebolla. Cosas de yanquis. Otras veces íbamos a merendar a un bar donde solo servían cereales con leche de colores. Tenían toda una pared con cientos de cajas de cereales americanos importados a escoger. «*It makes me feel like home!*», decía con añoranza patria. Y después me explicaba por qué debía elegir los apetitosos cereales con *marshmallows*, en lugar de los aburridos cereales con sabor a frutas. «¡Cómo puedes decir que son iguales!», se llevaba las manos a la cabeza. Yo lo que no entendía era cómo podía merendar, incluso desayunar, cereales con gominolas. Con los estómagos saciados, improvisábamos el resto de la tarde. Mirábamos la cartelera llena de películas antiguas en versión original con subtítulos del cine Doré. Yo nunca conocía ninguna de las películas en cartel, así que era Eliza la que decidía si merecía la pena entrar. «Solo por lo bonito que es ese cine por dentro, ya merece la pena», decía en cualquier caso. Le gustaban los libros de arte, con grandes ilustraciones.

A veces, nos sentábamos en los sofás de colores del Palacio de Correos y me explicaba tal pintura o tal otra escultura.

Algunas tardes, después de estudiar, aprovechábamos las últimas horas de acceso gratuito a los distintos museos del triángulo del arte de Madrid. Eliza podía estar horas contemplando cada uno de los cuadros allí expuestos.

Fuente: Eduardo de la Cruz, Madrid *blues* (2019)*

33 el aro de cebolla der Zwiebelring **34 merendar** vespern **36 cientos (de cajas)** Hunderte (von Kartons) **38 la añoranza patria** das Heimweh **44 la gominola** das Gummibärchen **45 saciado/-a** gesättigt **46 la cartelera** das Kinoprogramm **48 en cartel** im Kino laufend **59 los museos del triángulo del arte** das „Kunstdreieck" der großen Museen in Madrid **60 contemplar algo / a alguien** etw./jdn betrachten

Comprensión y análisis

1 **Acercarse al texto: Cuenta en qué cosas te fijas normalmente cuando visitas una ciudad desconocida. ¿Qué fotos sueles sacar?**

2 **Indica qué seis lugares de Madrid visitan Edu y Eliza y qué hacen allí (ll. 18–61).**

3 **Expón con citas dónde se muestra la fascinación de Eliza por Madrid. Indica las líneas del texto en cada caso.**

Eliza observa que... Eliza se da cuenta de que... Eliza nota que...
Eliza descubre que... A Eliza le sorprende que... + *subj.*
A Eliza le llama la atención que... + *subj.* A Eliza le hace mucha ilusión que... + *subj.*
A Eliza le encanta que... + *subj.*

4 a **Indica qué tipo de narrador es Edu (primera/tercera persona). Da ejemplos con pasajes del texto.**
► Textos narrativos, p. 174

b **El narrador cuenta los acontecimientos de forma subjetiva. Busca en el texto ejemplos para la perspectiva narrativa e indica las líneas.** ► Textos narrativos, p. 174

En la/s línea/s [...]	el narrador	describe muestra presenta cuenta	las observaciones... las impresiones... los sentimientos... ...
		reflexiona sobre su mundo ...	

facultativo

c Explica el efecto que tiene la perspectiva del narrador en el lector con ayuda de 4a y b.

Se vive la historia a través de los ojos de [...], por lo tanto...
El lector solo conoce los pensamientos de [...], por ello...
Solo se sabe la opinión de [...], por eso... El lector (no) conoce el punto de vista [...], así es que...

La lengua en contexto

5 Hablar de impresiones: Presenta Madrid a través de los ojos de Eliza. Utiliza la forma adecuada de cuyo.
▶ Gramática 2

Madrid es una ciudad	cuyo cuya cuyos cuyas	colores brillan en primavera. tonos azules del cielo cambian según la hora del día. edificios del centro tienen fachadas de ladrillo. parque del Retiro florece en primavera. terrazas están llenas de gente. habitantes tienen caras expresivas. gente se abraza y se besa. bares a veces ofrecen desayunos americanos. cine Doré muestra películas en versión original. museos ofrecen acceso gratuito por las tardes. palacio de Correos tiene sofás de colores y pinturas.

6 a Repasar los pronombres relativos: Eliza le cuenta a Edu sobre los cines de Madrid. Completa lo que dice con la forma adecuada del pronombre relativo correspondiente. ▶ Gramática 2

que el/la/los/las que donde quien/es lo que

El cine Doré, Madrid

En los últimos años han cerrado muchos cines antiguos en Madrid. Estos lugares, [...] antes eran importantes centros culturales, ahora se convierten en hoteles, centros comerciales o pisos exclusivos. Esto es algo [...] nos produce nostalgia a todos [...] amamos el cine. Muchos cines se han convertido en teatros musicales en la Gran Vía [...] siempre ha sido una calle famosa por sus centros culturales. [...] se conoce como el «Broadway madrileño» es esta zona de teatros. Sin embargo, Madrid es una ciudad [...] todavía hay muchos cines antiguos en [...] puedes disfrutar de un ambiente muy especial. El cine Doré es un ejemplo de *art nouveau* [...] se construyó a principios del siglo pasado. Este cine, en [...] se encuentra una cafetería bastante conocida, es también un punto de encuentro para mucha gente. Además, tiene una pequeña tienda en [...] hay libros sobre la historia del cine. El cine Doré también aparece en dos películas de Pedro Almodóvar, [...] es uno de los directores de cine más famosos de España. El cine Ideal es otra sala de cine antigua en [...] se muestran películas en versión original. Edu, dime [...] tienes ganas de visitar hoy y vamos, ¿vale?

b Practicar el/la cual: Examina dónde podrías utilizar estas formas en 6a. ▶ Gramática 2

Expresión escrita

7 Eliza sube fotos de su paseo por Madrid a un blog para estudiantes de intercambio. Escribe una entrada a través de los ojos de Eliza (aprox. 200 palabras). Describe sus impresiones de la ciudad y comenta las diferencias que nota entre su cultura y la española. Pon un título adecuado. ▶ Organizar el proceso de escritura, p. 166 ↗ p. 136

Los árboles del parque del Retiro

Los rostros y los abrazos de la gente

Las calles y los bares del centro

Los edificios del centro

Los museos y la oferta cultural

Competencia digital

8 a Cuenta cuándo sacas fotos de personas desconocidas. Reflexiona: ¿Qué haces con ellas? ¿Cómo te sientes cuando una persona desconocida te saca una foto a ti?
▶ Manejo de datos personales y ajenos, p. 179

b Quieres utilizar una foto en una presentación. Mira el ejemplo de la derecha e indica qué elementos debes mencionar. ▶ Buscar información, p. 179 ▶ Documentación, p. 180

Fuente: Shutterstock/TravelSH

c Imagina que has sacado esta foto de tus amigos de paseo por Madrid. Explica qué tienes que hacer antes de subirla a tu blog. ▶ Manejo de datos personales y ajenos, p. 179

Lima a través de tres generaciones

Lima

Durante muchos años la capital de Perú fue considerada por muchos turistas solo como una parada necesaria antes de visitar Cuzco y Machu Picchu. Hoy Lima se ha convertido en una megaciudad moderna y en un centro cultural y económico muy importante. Está situada entre el Océano Pacífico y los cerros, en una zona casi desértica, donde apenas llueve en todo el año.

Lima tiene 43 barrios.

Población
aprox. 9,5 millones (urbana)
aprox. 11 millones (metropolitana)

Superficie
aprox. 2700 km²

Barrio de San Isidro, Lima

En mi viaje quería experimentar en primera persona cómo es de verdad la vida en la megaciudad peruana. En Lima tuve la gran suerte de conocer a Juan y a su esposa Khuyana y fueron ellos los que me dieron la oportunidad de descubrir la capital desde la perspectiva de tres generaciones de una familia limeña. Ellos llegaron a la ciudad en 1965, un período en el cual la capital de Perú vivió un gran desarrollo económico e industrial. «Nosotros nacimos y crecimos en un pueblo en la costa, al norte del país, y llegamos a Lima, como muchos otros, buscando empleo, pero también educación y un futuro mejor para nuestros hijos».

Como ellos, durante las siguientes décadas, un millón de campesinos llegó a Lima desde diferentes zonas rurales del país para trabajar en las minas, la construcción o la industria.

Los cerros municipales a las afueras de Lima fueron ocupados así por muchos de estos migrantes, entre ellos Juan y Khuyana. Poco a poco, estos asentamientos se convirtieron en barrios de la ciudad, primero con casas de madera y luego de ladrillo, que fueron construidas por ellos mismos.

En una de ellas, Khuyana nos comenta: «Cuando llegamos aquí, esto era casi un desierto. Al principio no teníamos agua, ni electricidad, ni nada... Nosotros por fin tenemos servicios básicos, pero aquí al lado, la gente vive todavía en casas de madera y tiene que comprar el agua que necesita a los camiones que cada día suben al cerro».

5 la parada necesaria der notwendige Zwischenstopp **10 el cerro** *hier* der Berg **19 limeño/-a** aus Lima **30 municipal** Gemeinde- **32 el asentamiento** die Siedlung **34 la madera** das Holz **41 el camión** *lat. am.* der Tankwagen

Juan, Edgar y Khuyana en 1990

Recordando su origen, Juan afirma que el esfuerzo mereció la pena: «Yo crecí en una familia de pescadores, así que cuando llegamos aquí, empecé a trabajar en la calle con un puesto de pescado. Mi mujer trabajaba como cocinera en casas familiares, pero cuando podía, también me ayudaba a vender».
Hoy, ya jubilados, recuerdan una ciudad que creció de manera rápida y masiva, con servicios básicos insuficientes, algunos tan esenciales como el agua. Según ellos, Lima se enfrenta a un enorme desafío: planear y controlar su crecimiento urbano.

Asentamientos en el cerro de San Cristóbal

Edgar, el hijo mayor de la pareja, creció junto a sus hermanos en la capital y comparte con sus padres el amor por la cocina. Hoy Edgar trabaja como cocinero en una de las mejores cevicherías de la ciudad, en el barrio de Miraflores. «El ceviche es nuestro plato nacional. La cocina peruana es vista por los expertos como una de las mejores del mundo», nos cuenta.
Con Edgar voy al cerro de San Cristóbal, desde donde se pueden ver los asentamientos que todavía crecen en las afueras. Desde el cerro se ve también el esmog sobre el centro. La contaminación del aire en Lima es producida principalmente por el tráfico caótico en sus calles y por la industria.
Edgar vive con su familia en un barrio de clase media: «Para mí sería imposible pagar un alquiler en Miraflores, que en las últimas décadas se ha transformado en el centro comercial de la ciudad y donde las grandes empresas internacionales tienen sus oficinas. Claro, cruzo la ciudad cada día, muchas veces hay atascos y en hora pico se necesitan dos horas para un trayecto de 15 minutos. Aún así, yo estoy muy contento en mi trabajo, vale la pena».
Flor, la hija mayor de Edgar, tiene 19 años y decidió estudiar Fotografía. Ella es la primera persona de la familia con formación universitaria y, aunque todavía vive con sus padres, casi nunca está en casa: «Si no estoy estudiando o trabajando, seguro estoy pintando murales o sacando fotos. Los murales tienen unos 200 m^2 y son pintados por gente de todas las edades con una pintura especial. Cada metro cuadrado de pintura absorbe casi la misma cantidad de esmog que un árbol», nos cuenta.

Flor en el parque de la Amistad, Surco

Es la estudiante quien nos muestra esa cara más moderna de la ciudad, en el barrio de Barranco. Allí también trabaja ella como camarera los sábados para ayudar con los gastos de sus estudios: «La vida en una megaciudad como Lima te permite disfrutar de una oferta cultural variada con muchos eventos y conciertos. Además, en este barrio hay muchas galerías de arte y están los bares más alternativos.»
Para terminar la noche en la capital, Flor nos invita a beber un buen pisco. Además, nos descubre algunos clubes donde se baila música latina hasta que el sol, el mismo que da nombre a la moneda oficial de Perú, aparece en el horizonte.

56 el amor die Liebe **57 la cevichería** das Ceviche-Restaurant **58 el ceviche** Nationalgericht Perus aus rohem Fisch **74 el trayecto** die Strecke **81 el mural** das Wandgemälde **95 el pisco** alkoholisches Nationalgetränk Perus und Chiles

Comprensión, análisis y comentario

1 Acercarse al texto: Elige de qué tipo de texto se trata y explica por qué. ▸ Antes de leer, p. 164

un cuento | un reportaje | una entrevista | un comentario | un extracto de una novela

2 Apunta la información sobre las tres generaciones de la familia y presenta a Juan y Khuyana, Edgar y Flor.

3 a Apunta los aspectos negativos y positivos de la vida en la megaciudad Lima que se mencionan en el texto.

b Describe cómo la ciudad ha cambiado con el paso de los años.

Al principio… A partir de… En los primeros años… Con el tiempo… Luego… Hoy…

4 Lee la cita y escribe en un comentario personal (aprox. 150 palabras) si Juan y Khuyana lograron sus metas en la capital. Justifica tu respuesta con pasajes del texto. ▸ Escribir un comentario personal, p. 170

«Nosotros nacimos y crecimos en un pueblo en la costa, al norte del país, y llegamos a Lima, como muchos otros, buscando empleo, pero también educación y un futuro mejor para nuestros hijos.»

Expresión oral

5 Eres Khuyana (A) y vives en un pueblo. Pronto te mudarás con tu esposo Juan (B) y tus hijos a Lima. Imagina la discusión con Juan en 1965, antes de tomar la decisión de migrar. Presenta la escena y llega a un acuerdo, tú (A) empiezas. ▸ B, p. 136 ▸ Diálogos o juegos de rol, p. 165

Khuyana
- Di por qué no estás contenta en el pueblo y no ves perspectivas para la familia allí.
- Menciona qué ventajas tiene Lima para el trabajo de Juan.
- Explica qué oportunidades tiene la megaciudad para vuestros hijos.

A

La lengua en contexto

6 a Verbos y sustantivos: Encuentra las nueve parejas que están en el texto.

convertirse en, estar situada en, vivir, ofrecer, crecer, sufrir, enfrentarse a, mostrar, permitir disfrutar de

una oferta cultural, un centro económico, una zona, un gran desarrollo, posibilidades de empleo, una cara, la contaminación, un enorme desafío, de manera rápida

b Escribe una breve entrada sobre tu ciudad o pueblo con las expresiones de 6a.

7 a Describir procesos: Un reportero quiere escribir sobre la historia de Lima en su blog y ha tomado apuntes en una línea del tiempo. Escribe frases sobre la historia de la ciudad y utiliza la voz pasiva en presente.
▸ Gramática 17

Ejemplo: **en el siglo XV** Los incas conquistan la región que hoy es Lima.
→ La región que hoy es Lima es conquistada por los incas en el siglo XV. En 1532, Atahualpa…

1532 Francisco Pizarro derrota a Atahualpa.
1821 José de San Martín logra la independencia de Perú.
1930 El gobierno de Lima construye barrios de trabajadores.
a partir de 1960 Migrantes de zonas rurales crean asentamientos en los cerros.
1966 Un terremoto pone en peligro gran parte de la ciudad.
2019 Más de cuatro millones de turistas visitan Lima.

b Reescribe las frases sobre la historia de Lima utilizando la voz pasiva en pasado. ▶ Gramática 17
Ejemplo: La región que hoy es Lima fue conquistada por los incas en el siglo XV. En 1532, Atahualpa...

8 Repasar la pasiva refleja y practicar la voz pasiva: Tu compañera ha apuntado información sobre Lima para la clase de español. Ayúdale a mejorar el estilo y reescribe las frases con ambas formas. ▶ Gramática 17 y 18
Ejemplo: Antonio Rivera trajo los primeros olivos[1] españoles a Lima en 1560.
– Los primeros olivos españoles fueron traídos por Antonio de Rivera a Lima en 1560.
– Los primeros olivos españoles se trajeron a Lima en 1560.

1. Muchos conocen a Lima como «Ciudad de los Reyes».
2. Los turistas encuentran más de 600 monumentos en la capital peruana.
3. La gente escucha quechua, una lengua indígena, en las calles de Lima.
4. Vargas Llosa, el Nobel de Literatura peruano, sitúa la novela «Conversación en la Catedral» en Lima.
5. Según los propios limeños, los turistas comen el mejor ceviche en el barrio Miraflores.

1 **el olivo** der Olivenbaum

Expresión oral

9 a Para tu clase de español vas a presentar diferentes aspectos de Lima bajo el tema «Megaciudad de contrastes». Has encontrado estas estadísticas. ▶ Estadísticas y gráficos, p. 178

↗ p. 137

1. Nombra los temas, las fuentes y las fechas de las estadísticas.
2. Describe la información:
   – Indica qué porcentaje de la población era pobre en los años 2004 y 2020 en Lima y en las zonas rurales.
   – Expón qué palabras positivas son las más/menos usadas por los limeños para describir su ciudad.

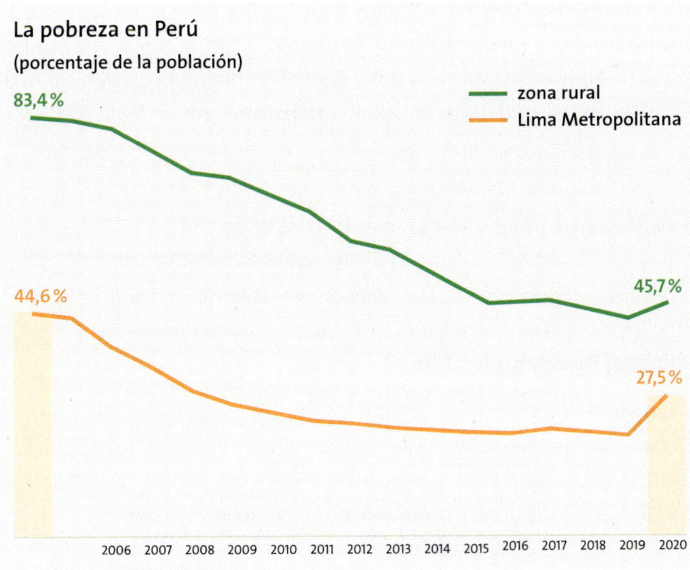

Fuente: Instituto de Estadística e Informática (INEI) (2004–2020)

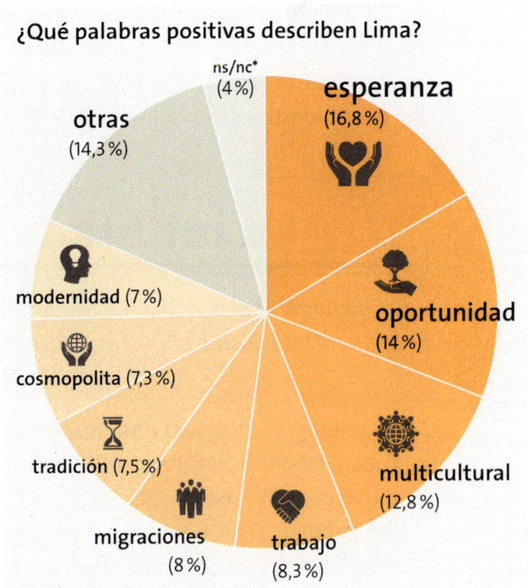

*ns/nc no sabe / no contesta

Fuente: Vox Populi (2017)

b Comenta los resultados de 9a: ¿Qué datos te han sorprendido? Da tu opinión personal.

Comprensión auditiva

10 a Escucha el inicio del reportaje de radio que hacen en Perú sobre los diferentes estilos de vida y completa las frases. ↗ p.137

1. El reportaje se llama [...]
2. Los tres entrevistados son [...]
3. El tema del reportaje es [...]

b Escucha los testimonios del reportaje de radio y contesta las preguntas. ↗ p.138

1. ¿Dónde viven las personas?
2. ¿Cuántos habitantes tienen los lugares?
3. ¿Qué ventajas tiene cada lugar?
4. ¿Qué desventajas se mencionan de Lima?

Destrezas: Escribir un comentario personal (discutir)

11 El blog «Calidad de vida» invita a sus lectores a contestar la pregunta: ¿Vivimos mejor en una ciudad grande? Escribe un comentario (aprox. 200 palabras) y discute las ventajas y desventajas de vivir en una ciudad grande. ► Escribir un comentario personal, pp. 170–171

1. Define tu opinión y apunta dos ventajas y dos desventajas de la vida en una gran ciudad.
2. Prepara un esbozo del texto:
   - La introducción: Cuenta un acontecimiento actual, una noticia, una cita o una experiencia personal y presenta el tema de forma interesante.
   - Los argumentos: Ordena las ventajas y desventajas. Empieza con los argumentos que no respaldan tu opinión y termina con el argumento más convincente. Piensa en ejemplos para ilustrar los argumentos más importantes para ti. ► Vocabulario temático, p. 92
   - La conclusión: Evalúa tus argumentos y saca una conclusión que destaque tu opinión sobre el tema.
3. Escribe el comentario utilizando conectores para unir tus ideas. ► Organizar el proceso de escritura, p. 166

Mediación

12 Im Rahmen des Schulprojektes „Agua es vida" sammeln Sie Informationen zum Thema Wassermangel in verschiedenen Ländern und haben diesen Artikel über Lima in der Zeitung entdeckt. Schreiben Sie Ihrem ehemaligen Austauschschüler Pedro aus Lima eine E-Mail (ca. 200 Wörter) und fragen Sie ihn, ob er zu den im Artikel geschilderten Problemen und Gründen Erläuterungen und Informationen ergänzen kann. ► Mediación, p. 173

Eine Stadt schwimmt im Trockenen

Lima zählt zu den Metropolen der Welt, die ganz wenig Wasser haben, aber ganz viel davon verbrauchen. Das kann nicht ewig gutgehen: Die Quellen der Stadt, weit oben in den Anden, könnten versiegen

Von Michael Bauchmüller, Lima

Eigentlich müsste sich das Flussbett jetzt langsam füllen. Oben in den Bergen beginnt im Dezember die Regenzeit, aber bisher ist noch kaum ein Tropfen gefallen. Der Chillón, einer von Limas zwei Flüssen, ist trocken wie eine Staubpiste. Hoch über dem Fluss thront ein Wasserspeicher, jemand hat in großen Buchstaben draufgeschrieben: „Wasser ist Leben – schützen wir es." Gute Idee.

In Lima ist Wasser Leben für rund neun Millionen Menschen, aber Schutz findet es nicht. Im Schnitt 240 Liter verbraucht jeder *Limeño* am Tag, rund doppelt so viel wie ein Deutscher. Wasser wird illegal abgezweigt, es versickert aus undichten Leitungen, es wird verschwendet. In der Stadt [...] ist Wasser ein knappes Gut. [...]

Im Sommer ist es trocken, im Winter ist es schwül –

Informelles Wachstum – ohne Wasser

und Regen fällt so gut wie nie. Dabei mangelt es im Andenstaat Peru noch nicht einmal an Wasser, nur fließen 70 Prozent allen Wassers auf der Ostseite der Anden ab, Richtung Amazonas. 70 Prozent der Peruaner aber leben an der Pazifikküste, auf der anderen Seite, die meisten in Lima. Sie wohnen in der Wüste und hausen wie im Regenwald. Die Mittelstreifen der Straßen ziert vielerorts ein Rasen so dicht wie auf einem Golfplatz. Am Stadtrand ziehen Bauern Mais und Zwiebeln. [...] Schließlich soll es auch ein bisschen grün sein in der Wüstenstadt Lima. [...]

„Informelles Wachstum“ – das ist eines der großen Probleme Limas. [...] Denn Lima wächst unkontrolliert, eine Stadtplanung gibt es nicht. Quasi über Nacht bilden sich Siedlungen, und weil niemand die Menschen vertreiben will, werden die informellen Siedlungen auf kurz oder lang legalisiert. Nur Wasser gibt es dann noch nicht. [...]

So beziehen fast zwei Millionen Menschen ihr Wasser so wie Danitza Cruz – aus einer Tonne vor der Haustür. Alle paar Tage wird sie aufgefüllt, der Preis dafür ist mitunter zehn Mal so hoch wie für Wasser aus der Leitung. „Wir sind die vergessene Bevölkerung“, sagt Cruz, eine Krankenschwester.

Zu sechst lebt die Familie auf dem Berg. „Und wir zahlen hier oben noch mehr als alle anderen.“ Schließlich hat der Wasserlaster hier den weiteren Weg; je weiter, desto teurer. Auch das gehört zum Nebeneinander von Mangel und Überfluss: Die Ärmsten zahlen am meisten, bekommen aber das schlechtere Wasser.

So wird das Wasser zum Gesundheitsproblem. Aus den Tanklastern kommt selten sauberes Wasser. Die Fässer sind mitunter *secondhand*, ehemalige Öl- oder Chemiefässer. Entwicklungshelfer, darunter auch „Brot für die Welt“, arbeiten mittlerweile daran, Häuser zumindest mit ordentlichen Tanks auszustatten. Andernorts drängen Neubürger die örtliche Verwaltung dazu, Wasserleitungen zu verlegen. [...]

Dort aber, wo das Wasser aus der Leitung kommt, regiert die Verschwendung. Hier gibt es Wasser oft per Flatrate, es ist in der Miete inbegriffen. Anreize zum Sparen gibt es nicht. Mangel und Überfluss liegen oft nur ein paar Kilometer auseinander.

Die Lage droht sich zu verschärfen, für alle. Die Quellen Limas könnten versiegen, weit oben in den Anden. Dort haben Ingenieure in den Sechzigern einen Tunnel geschaffen. Er lenkt Wasser, das eigentlich zum Amazonas fließen würde, zur Hauptstadt um. [...]

Er speist künstlich den Rimac, den anderen Fluss Limas. Nur kommt mittlerweile weniger Wasser unten raus, als oben in den Tunnel reinfließt. Ob der Tunnel beschädigt ist, lässt sich nicht kontrollieren. Denn dafür, völlig undenkbar, müsste die Wasserversorgung unterbrochen werden. Ein zweiter Tunnel ist in Planung. Solange muss Tunnel eins durchhalten. [...]

Fuente: Süddeutsche Zeitung (2014)*

Dos modelos de movilidad en España

Pontevedra, la ciudad que logró vencer a los coches

Con el tráfico permitido solo en un 25 % de la urbe, vecinos y comerciantes han pasado de protestar a pedir más restricciones

Sonia Vizoso

Hace 20 años una ciudad de la esquina noroeste de la Península comenzó a moverse en dirección contraria al resto del planeta. Pontevedra, una urbe gallega de 82.000 habitantes invadida entonces como todas por los coches, el ruido, los humos y la doble fila, impulsó un plan para peatonalizar y limitar el acceso sobre ruedas al centro [...]. Hoy, con el tráfico rodado solo permitido en una cuarta parte de la localidad, los vecinos han pasado de las protestas a pedirle al Ayuntamiento que amplíe las restricciones.

Los pontevedreses han descubierto que es posible escapar de la jungla del asfalto. Los 80.000 vehículos que tomaban a diario el centro urbano a finales de los noventa se han reducido a 7.000 y 1,3 millones de metros cuadrados de calles han sido devueltas a los peatones. El gobierno de Miguel Anxo Fernández Lores, [...] defiende que las peatonalizaciones sin más no funcionan y que deben ir acompañadas de un plan integral para organizar la circulación en toda la urbe. «Aquí primamos solo el tráfico necesario: el acceso a los garajes, la carga y descarga, el transporte público y los servicios individuales de vehículos particulares», explica el regidor.

[...] Lo único que se reserva son unas plazas gratuitas para gestiones rápidas en las que solo se puede permanecer 15 minutos. [...] Y para templar las ansias de correr de los conductores, toda Pontevedra es zona 30, los semáforos se sustituyen por rotondas, los pasos de peatones son elevados y los carriles, más estrechos.

«Somos la única urbe del mundo en la que los peatones cruzan los pasos de cebra sin mirar porque los vehículos siempre paran», suele repetir Verísimo Pazos, vicepresidente de la Federación de Asociacións Veciñais Castelao. Los habitantes de Pontevedra se han dado cuenta de que en una ciudad como la suya la distancia más corta suele ser la que se hace caminando. [...] Según datos del Ayuntamiento, las piernas son el medio de transporte ele-

Aparcamientos fuera del centro histórico

1 vencer algo/ a alg. etw./jdn besiegen **4 la esquina** die Ecke **5 en dirección contraria a** in entgegengesetzter Richtung von **6 la urbe** = la ciudad **8 el ruido** der Lärm **9 peatonalizar algo** etw. zur Fußgängerzone machen **10 sobre ruedas** auf Rädern **10 el tráfico rodado** rollender Verkehr **13 ampliar algo** etw. vergrößern **16 escapar de algo** aus etw. entkommen **16 la jungla de asfalto** der Asphalt-Dschungel **16 el vehículo** das Fahrzeug **19 devolver algo a alg.** jdm etw. zurückgeben **21 defender algo** *hier* die Meinung vertreten **21 la peatonalización** Schaffung von Fußgängerzonen **22 ir acompañado/-a de/por algo** mit etw. einhergehen **24 primar** das Wichtigste sein **27 el/la regidor/a** *hier* der/die Bürgermeister/in **29 la gestión** *hier* die Besorgung **30 para templar las ansias de correr de los conductores** um die Raser auszubremsen **32 el semáforo** die Ampel **32 la rotonda** der Kreisverkehr **33 el paso de peatones** der Fußgängerüberweg **33 el carril** die (Fahr-)Spur

Calles libres de coches en el centro

gido por el 90 % de los vecinos para hacer la compra y el 80 % de los niños para ir a clase.
Desde el gobierno local subrayan que con todas estas medidas el tráfico ha ganado en fluidez y el centro urbano, al contrario que en otras ciudades, crece en población y actividad económica. Miguel Lago es comerciante y vecino del centro y fue uno de los que recibió con escepticismo las restricciones al tráfico hace 20 años. Reside en la calle Benito Corbal, que es «como la Gran Vía en Madrid», y hoy se considera un «privilegiado». «Los clientes van a los establecimientos [comerciales] andando [...]. Un comercio se valora por la cantidad de gente que pasa por delante del negocio a pie. Para nosotros es un problema el comercio electrónico, no la peatonalización».
El Ayuntamiento calcula que las emisiones de CO_2 se han rebajado en Pontevedra un 67 %, que equivale a 500 kilos por habitante y año. [...] Y los vecinos llevan una vida más saludable. «Favorecemos que la gente camine como mínimo entre 7.000 y 10.000 pasos como recomienda la OMS», presume el alcalde, médico de profesión.

Fuente: El País (2018)*

47 la medida die Maßnahme **47 ganar en fluidez** flüssiger werden **51 el escepticismo** die Skepsis **55 el establecimiento** *hier* das Geschäft **56 valorar algo/ a alg.** etw./ jdn wertschätzen **57 el negocio** das Geschäft **60 la emisión** (de CO_2) der (CO_2-)Ausstoß **61 equivaler a algo** etw. entsprechen **65 la Organización Mundial de la Salud (OMS)** die Weltgesundheitsorganisation (WHO) **65 presumir** mit Stolz sagen

¿Y cómo se hace en las grandes ciudades?
El cambio es fundamental: No se trata de mejorar el tráfico, sino de mejorar la calidad de vida: Si los peatones y las bicicletas tienen más espacio, los coches y los autobuses, que normalmente causan ruido y atascos, tienen que circular por calles a las afueras.
La clave para cambiar la vida en las ciudades es que en cada barrio los habitantes tengan acceso a todos los servicios básicos. Es decir, si en un barrio se puede vivir, trabajar, hacer las compras, ir al médico, ir al colegio y participar en eventos culturales, es suficiente moverse a pie o en bicicleta y no hace falta ir en coche o tomar un autobús.

El modelo de movilidad en Barcelona

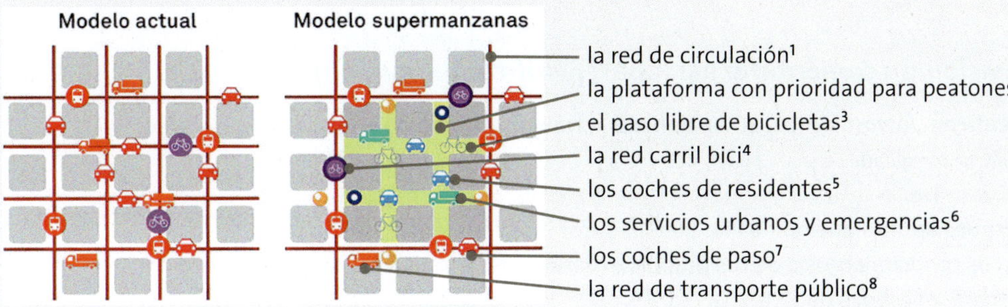

Fuente: Ayuntamiento de Barcelona (2015), CC BY 4.0

1 la red de circulación das Verkehrsnetz **2 la plataforma con prioridad para peatones** der Bereich mit Vorrang für Fußgänger **3 el paso libre de bicicletas** die freie Durchfahrt für Fahrräder **4 la red carril bici** das Radwegenetz **5 los coches de residentes** die Autos der Anwohner **6 los servicios urbanos y emergencias** Stadtwerke und Notfallverkehr **7 los coches de paso** die Autos im Durchgangsverkehr **8 la red de transporte público** das öffentliche Nahverkehrsnetz

Comprensión y análisis

1 a **Acercarse al texto:** **Lee el título del texto (p. 84) y formula hipótesis utilizando el futuro compuesto: ¿Qué habrá hecho Pontevedra para vencer a los coches?** ► Gramática 6

~~dar prioridad a los peatones~~
crear más carriles para bicicletas
construir aparcamientos en las afueras
convertir el centro en zona peatonal
eliminar la circulación innecesaria
reducir el tráfico por el centro
ofrecer transporte público gratuito
mejorar la red de transporte público

b **Lee el texto para comprobar las hipótesis de 1a: ¿Qué ha hecho la ciudad de Pontevedra? Indica las líneas del texto en las que aparece la información.**

2 **Describe los efectos de los cambios realizados en Pontevedra.**

3 **Con ayuda del texto «¿Y cómo se hace en las grandes ciudades?» (p. 85), presenta el gráfico de las «supermanzanas» en Barcelona.** ► Estadísticas y gráficos, p. 178

4 **Analiza cómo la autora, Sonia Vizoso, presenta el cambio en Pontevedra.** ► Textos informativos, p. 173

1. Mira el título del artículo y explica la información que transmite.
   Ejemplo: Con el título la periodista quiere informar que...
2. Explica la metáfora de «la jungla de asfalto» (l. 16).
   Ejemplo: Con la metáfora la autora intenta | llamar nuestra atención sobre... / sorprender con... / describir con...
3. Busca algunas citas directas y explica su función en el artículo.
   Ejemplo: Utilizando citas directas la periodista quiere | describir el modelo... / subrayar las ventajas de...

Destrezas: Escribir un comentario personal (justificar tu opinión)

5 **Comenta en un *post* (aprox. 200 palabras) la transformación de Pontevedra y sus efectos.**
► Escribir un comentario personal, pp. 170–171

1. Vuelve a leer el artículo y apunta los efectos de la transformación.
2. Después apunta qué opinas tú: Puedes sacar los argumentos del texto, de tus conocimientos o de tus propias experiencias. ► Vocabulario temático, p. 92
3. Prepara un esbozo de tu texto:
   - La introducción: Empieza tu texto haciendo referencia directa a la tarea.
   - Los argumentos: Elige dos o tres argumentos que apoyen tu opinión. Piensa en ejemplos para ilustrar tus argumentos.
   - La conclusión: Saca la conclusión y resume tu opinión.
4. Escribe el comentario utilizando conectores para unir tus ideas. ► Organizar el proceso de escritura, p. 166

La lengua en contexto

6 **Expresar deseos:** **Hace algunos años, el ayuntamiento de Pontevedra organizó el concurso «¿En qué ciudad te gustaría vivir?» ¿Qué dijeron los habitantes? Utiliza el presente de subjuntivo.** ▸ Gramática 10
Ejemplo: Me gustaría vivir en un barrio en el que haya poco ruido.

(No)	Me gustaría vivir en una ciudad Deseo vivir en un barrio Prefiero vivir en un entorno ...	que en la que/cual en el que/cual donde	*tener* pocos espacios verdes. *reducirse* el tráfico por el centro. los peatones *tener* prioridad. la gente *moverse* en bici. los niños *ir* andando al colegio. las distancias *ser* cortas. moverse *resultar* fácil. *haber* contaminación del aire. *dar* prioridad a los coches. los niños *tener* sitio para jugar...

7 **Repasar el futuro simple y practicar el futuro compuesto:** **¿Cómo serán las ciudades en el futuro? ¿Qué habrá cambiado en 20 años? Formula hipótesis.** ▸ Gramática 5 y 6

Ejemplo: nuestras calles *estar* más limpias – *sustituir* [nosotros] el plástico
→ En el futuro nuestras calles estarán más limpias. Es que en 20 años habremos sustituido el plástico.

1. *producir* [nosotros] menos basura – el reciclaje *mejorar* mucho
2. la red de autobuses *ser* verde – las ciudades *sustituir* los autobuses actuales por los eléctricos
3. el sistema de transporte *ser* inteligente – las ciudades *desarrollar* un sistema de desplazamiento sin conductores
4. la contaminación del aire *reducirse* – los coches y la industria *encontrar* soluciones verdes
5. las ciudades *ofrecer* wifi por todas partes, incluso en las calles – los cables de Internet *desaparecer*
6. el uso de energía solar *aumentar* – las ciudades *lograr* ofrecer energía verde a sus ciudadanos

Expresión oral

8 a **Campo léxico:** **Busca sustantivos y verbos del campo léxico «movilidad» en el artículo de El País (pp. 84–85) y en el texto «¿Y cómo se hace en las grandes ciudades?» (p. 85). Clasifica el vocabulario según las siguientes formas de desplazarse.**

el peatón	el ciclista	el pasajero	el conductor

b En la semana del medio ambiente de tu instituto, tú presentas el gráfico «¿Cuál es la jerarquía de la movilidad urbana?» de *Greenpeace* en la clase de español. Describe cuántos niveles tiene y las imágenes que hay en cada uno utilizando las palabras del gráfico y de 8a. ▶ Estadísticas y gráficos, p. 178

> El gráfico de *Greenpeace* tiene en total [...] niveles.
> En el primer/segundo/tercer/cuarto nivel se encuentra/n [...]
> El último nivel es para [...]

c Explica el significado de los colores de cada nivel utilizando las palabras del gráfico.
▶ Estadísticas y gráficos, p. 178
Ejemplo: El color verde significa que se prioriza caminar porque...
p. 138

d Presenta tu opinión: ¿Sería posible transferir esta «jerarquía de la movilidad urbana» que propone *Greenpeace* a tu ciudad o tu región? Expón los efectos que tendría el cambio y qué desafíos habría.
▶ Vocabulario temático, p. 92
p. 139

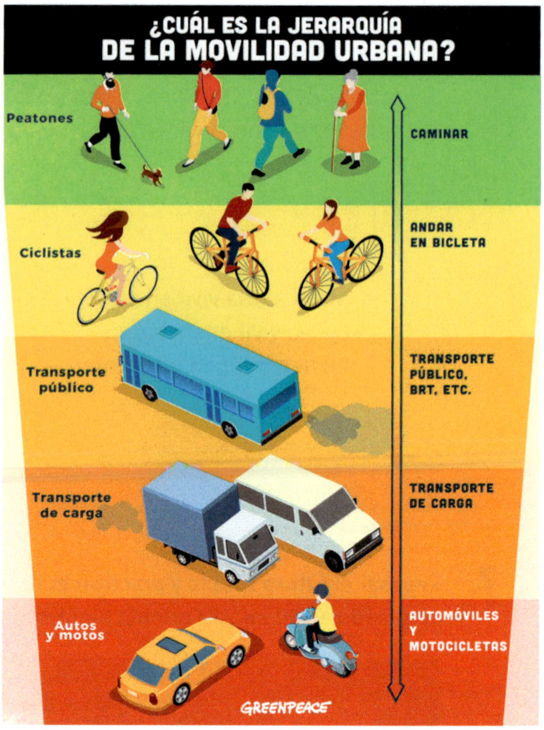

Fuente: Greenpeace (2019)

Mediación

9 Sie tauschen sich oft mit Claudia, Ihrer Austauschpartnerin aus Madrid über Umweltprobleme in Ihrem Alltag aus. Im Deutschlandfunk haben Sie den Podcast „15-Minuten-Stadt" entdeckt. Stellen Sie Claudia, die in ihrem Stadtviertel besonders unter hohem Verkehrsaufkommen leidet, in einer Sprachnachricht das Konzept der 15-Minuten-Stadt vor und benennen Sie die Vorteile. ▶ Mediación, p. 173 ▶ Parafrasear palabras, p. 181

Comprensión auditiva

10 a **Antes de escuchar:** Observa el cartel de la campaña «A pie al cole» y apunta al menos una hipótesis por imagen: ¿cuándo se reciben 1, 4, 7 y 10 puntos? ▶ Antes de escuchar, p. 163

b Escucha la entrevista y comprueba tus hipótesis de 10a: ¿en qué casos se reciben 1, 4, 7 y 10 puntos?

c Vuelve a escuchar la entrevista y contesta las preguntas.
p. 139

1. ¿Quiénes participan en el concurso?
2. El concurso dura [...]
3. ¿Quién ganará?
4. El premio será [...]

Mi ciudad en 100 palabras

¿Qué es un microcuento?
El microrrelato, microcuento o minificción es un texto muy corto que cuenta una historia mínima, pero importante. Generalmente un microcuento tiene entre 5 y 250 palabras.

¿Qué es «En 100 palabras»?
Es un concurso[1] anual de microcuentos que fue creado por la Fundación Plagio en 2001 en Santiago de Chile. El concurso invita a todos –pequeños y grandes– a escribir sobre la vida en su ciudad en un máximo de 100 palabras. El concurso existe en varios países del mundo, especialmente en el continente americano.

1 **el concurso** der Wettbewerb

La casa al hombro

Es martes. Ya casi son las 5 de la mañana. Medellín aún duerme, pero él sabe que debe despertar. No quiere ser un estorbo. Mientras pasan los minutos se apresura a recoger sus cosas; las empaca como puede en una mochila y se echa su casa al hombro. Le da una última mirada al portón donde pasó la noche y, agradecido, lentamente, lo abandona para –con la claridad del día– ir haciéndose invisible.

Fuente: Javier Vásquez, 36 años, Medellín en 100 palabras (2019)*

Contrastes

María, de ocho años, llega a la cocina buscando a su mamá; entonces recuerda que ella sale antes de aclarar el alba y se desplaza a la otra ciudad, la bonita, donde trabaja en una mansión. María se sirve aguapanela y se va a la escuela; espera que hoy no asista la muchacha que le pega. Piensa en Victoria, la señorita de tres años, que, en esos momentos, su mamá debe estar llevando a la ruta, puesto que la Señora también sale temprano a su oficina en su nave. Así, se entrelazan historias en esta ciudad de contrastes.

Fuente: Gloria Inés Gálvez Osorio, 50 años, Bogotá en 100 palabras (2017)

Hambre

Laida va por la calle séptima, una de las avenidas más frías de Bogotá. Ve una cadena de oro que resplandece con el sol. Una mujer camina elegante por su carril. Su mirada persigue el objeto que hace más profunda su hambre y más largas sus manos. Piensa en la policía y en la cárcel. En lo mal que lo ha pasado en ese lugar. La posibilidad de estar tras las rejas la hace dudar. Se aproxima a la mujer. No es ella quien roba, es el hambre.

Fuente: Andrea Yisell Avendaño Estrada, 15 años, Bogotá en 100 palabras (2017)*

1 **al hombro** *hier* auf dem Rücken 4 **ser un estorbo** im Weg sein 5 **apresurarse** sich beeilen 5 **empacar** einpacken 7 **dar una mirada** einen Blick werfen 7 **el portón** das Tor 8 **agradecido/-a** dankbar 9 **abandonar** verlassen 9 **la claridad del día** das Tageslicht 13 **antes de aclarar el alba** vor Tagesanbruch 15 **la mansión** die Villa 16 **el aguapanela** das Wasser mit Rohrzucker (typisches Getränk in Kolumbien) 17 **pegar** *hier* schlagen 20 **la ruta** *lat. am.* die Bundesstraße 21 **la nave** *hier* schnelles, teures Auto 21 **entrelazarse** sich verflechten 23 **el hambre** *f.* der Hunger 25 **la cadena de oro** die Goldkette 26 **resplandecer** glänzen 27 **el carril** *hier* der Gehsteig 27 **la mirada** der Blick 27 **perseguir** verfolgen 28 **profundo/-a** *hier* heftig 29 **la cárcel** das Gefängnis 31 **estar tras las rejas** hinter Gittern sein 31 **aproximarse a alg.** sich jdm nähern 32 **robar** stehlen

Instrucciones para estudiar en una casa pareada y hacinada

Primero, espera que todos terminen de comer para usar la mesa del comedor y siéntate en una de las sillas –cualquiera que no esté rota–. Luego, intenta poner tus fotocopias en algún lugar donde la luz de la única ampolleta del living-comedor te alcance. Por último, y por cierto lo más importante, ignora el ruido: ignora la televisión encendida a pocos metros, ignora a tu mamá hablando con tu tía, ignora a los niños gritando, ignora el ladrido de los perros, ignora la música de tu vecina y uno que otro balazo.

Fuente: Angélica Ramírez Valdés, 25 años, Santiago en 100 palabras (2018)*

Las cuatro operaciones

Ese domingo, mi papá nos llevó al parque de Bolívar, paseamos un rato y nos compró un helado, como de costumbre. Entonces, un niño, pequeñito, llevando dos cajitas de madera, se aproximó y ofreció: «¡Embolada a peso!». Mi papá asintió, me señaló: –¡Primero ella! El niño, sentado en su cajita, empezó a lustrar mis zapatos. Curiosa, entre embetunada, cepillos y trapo, le pregunté: –¿A qué escuela vas? –A ninguna –me respondió–. Ya aprendí a trabajar, leer, escribir; también las cuatro operaciones; mi papá me enseñó. Además, me dijo que esas eran mis armas para triunfar en la vida.

Fuente: Michelle Goitia Gil, 11 años, Medellín en 100 palabras (2020)*

34 la casa pareada das Doppelhaus **34 hacinado/-a** gedrängt **37 roto/-a** kaputt **39 la ampolleta** die Glühlampe **40 alcanzar** ausreichen **41 el ruido** der Lärm **44 el ladrido de los perros** das Gebell der Hunde **45 el balazo** der Schuss **46 las cuatro operaciones** die vier Grundrechenarten **51 ¡Embolada a peso!** Schuhputzen ein Peso! **51 asentir** nicken **53 lustrar** putzen **54 entre embetunada, cepillos y trapo** zwischen Schuhcreme, Bürsten und Lappen **58 las armas para triunfar en la vida** das Zeug, um im Leben zu bestehen

Comprensión, análisis y comentario

1 a **Lee los microcuentos y elige la foto adecuada para cada uno. Justifica tu elección.**

1

2

3

4
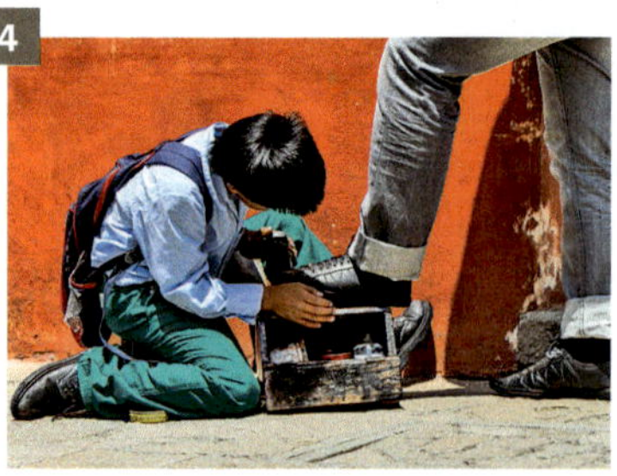
5

b **Indica qué frase resume cada microcuento y justifica tu respuesta con citas del texto. Sobran tres frases.**

1. Una mujer roba porque tiene hambre.
2. Una persona busca trabajo desde hace mucho tiempo.
3. Alguien no tiene un lugar para estudiar.
4. Un hombre duerme en la calle porque no tiene casa.
5. Una niña piensa en su madre que trabaja para una familia rica.
6. Un niño trabaja lustrando zapatos.
7. Una persona vende helados en la calle.
8. Una persona se va a mudar de casa.

2 **Analiza tu microcuento favorito:** ► Textos narrativos, p. 174
1. Indica el tipo de narrador (primera, segunda, tercera persona).
2. Presenta la situación y a los personajes.
3. Analiza la función del título de tu microcuento favorito:

se conecta con palabras clave del microcuento | añade información | destaca el final del microcuento | es una metáfora que se repite en el microcuento

3 **Explica el efecto que tiene tu microcuento favorito en ti.** ↗ p. 139

Me hace reflexionar/pensar sobre... | Me he dado cuenta de que... | He entendido que...

Competencia intercultural

4 a **Comenta los microcuentos: ¿Te parecen interesantes? ¿Por qué (no) recomendarías la lectura?**

b **Opina de qué temas escribiría la gente de tu ciudad o pueblo para un concurso de microcuentos como este.**

c **Compara «tus» temas con los de los microcuentos: ¿En qué (no) se diferencian? ¿A qué se debe esto?**

Tanto en las ciudades de los microcuentos como en mi ciudad, el tema es...
Comparados con los microcuentos, mis temas serían más/menos/igual de...
A diferencia de los microcuentos, yo probablemente escribiría sobre...

Expresión escrita

5 a **Lee los consejos para escribir microcuentos y busca un ejemplo para cada uno en los microcuentos (pp. 89–90) que has leído.**

- ✓ Un microcuento tiene un principio, nudo y final.
- ✓ Normalmente la historia está situada en un solo lugar.
- ✓ El tiempo entre el principio y el final de la historia es muy corto.
- ✓ Los personajes son pocos, normalmente uno o dos.
- ✓ El título se conecta con palabras clave del microcuento o añade información.

b **Escribe tu propio microcuento para el concurso en español «En 100 palabras»:** ► Escribir textos creativos, p. 169
1. Elige un tema original sobre la vida en tu ciudad o pueblo.
2. Determina el lugar y el tiempo.
3. Elige a los personajes.
4. Decide qué tipo de narrador cuenta la historia.
5. Piensa en un título adecuado.

c **Evalúa el microcuento de un/a compañero/-a. Puedes ayudarte con los consejos de 5a.**

La vida urbana

La población	urbana rural mundial	alcanza los [...] miles/millones de personas. supera los [...] millones de habitantes. se multiplica por [...]. crece... / se reduce... / disminuye...

Los habitantes La mayoría de la gente El [...] % de la población [...] de cada [...] personas	*vivir* en *crecer* en *moverse* en	el campo / zonas rurales. la ciudad / zonas urbanas. una megaciudad. el área metropolitana. los alrededores / las afueras (de la ciudad). un asentamiento (informal). un barrio residencial. una chabola. una vivienda (de trabajadores / de lujo).	
	buscar *necesitar*	una mejor calidad de vida / mejores condiciones de vida. empleo. una gran oferta cultural / diversidad cultural.	
		acceso a	los servicios básicos. la educación. la atención médica.

Ciudades y medio ambiente

Las ciudades hoy	se enfrentan al desafío de luchan contra combaten	la basura / los residuos / el plástico / [...] el ruido / el humo / las emisiones / [...] la falta de servicios básicos / agua (potable) / [...] el tráfico caótico / los atascos / [...] la contaminación del aire / agua / suelo / [...] los fuertes contrastes sociales / [...]

Las ciudades del futuro	priorizan (a) dan importancia a	peatones. los ciclistas. andar en bicicleta / [...]	
	protegen respetan conservan	la naturaleza / el medio ambiente / la biodiversidad / [...] la calidad del aire / del agua / [...]	
	desarrollan crean proponen impulsan	programas de reciclaje. un sistema de transporte sustentable / [...]	
		proyectos para	limitar el tráfico. controlar el crecimiento masivo / [...]
		planes para	dar más espacio a los peatones. mejorar la calidad de vida / [...]

Vuestro curso va a participar en una discusión sobre ciudades durante la semana de orientación profesional de vuestro instituto hermanado español.

Discutid entre vosotros y preparad la videollamada: ¿Dónde estudiar o hacer una formación después del bachillerato? ¿En una ciudad pequeña como Pontevedra o en una ciudad grande como Madrid? ¿Cuáles serían las ventajas y las desventajas?

Preparar la discusión

- Busca ocho expresiones que quieres usar en la discusión. ► La discusión, p. 166
- Apunta tus expresiones en tarjetas y apréndelas de memoria.
- Haz una lista con las ventajas/desventajas de vivir y estudiar en una ciudad pequeña/grande.
- Infórmate sobre la oferta universitaria, los gastos de alquiler y transporte en Pontevedra y Madrid.
- Formad grupos de cuatro alumnos. Intercambiad vuestros apuntes y completad la lista de las ventajas y desventajas.

Practicar la discusión en clase

Vais a hacer la discusión en grupos de cuatro (**A**, **B**, **C**, **D**). Dos participan directamente en la discusión, los otros dos son observadores.

- Los dos participantes (**A** y **B**) se sientan cara a cara y ponen sus tarjetas y la lista de argumentos en la mesa.
- **A** empieza la discusión y da un argumento.
- **B** reacciona expresando acuerdo o desacuerdo. Luego da otro argumento.
- Mientras **A** y **B** discuten, el/la primer/a observador/a (**C**) coge de la mesa la tarjeta con la expresión que **A** o **B** ha utilizado. **C** da una señal si no se están utilizando suficientes expresiones.
- El/La segundo/-a observador/a (**D**) mira la lista de argumentos y marca los que ya se han mencionado en la discusión. **D** da una señal si **A** o **B** están olvidando argumentos.

Luego cambiad de papel: Los observadores se convierten en participantes, y los participantes, en observadores.

Practicar y evaluar la discusión por videollamada

MK

- Estableced las reglas de la discusión por videollamada:

  Apaga tu micrófono si no estás hablando.

  Activa tu cámara cuando quieras hablar.

  Levanta tu mano digital antes de hablar.
- Repartid roles:
  - Elegid a una persona que modere, inicie y cierre la videollamada, dé la palabra y controle el tiempo.
  - Elegid a una persona que esté a cargo de responder el chat, compartir los materiales o enlaces necesarios.
  - Elegid a algunas personas que evalúen la discusión con ayuda de la ficha de evaluación. ►
  - Discutid con ayuda de los argumentos y de las expresiones que habéis preparado.

España,
de camino al futuro

España es uno de los países del mundo con más lugares reconocidos como Patrimonio de la Humanidad[1] por la UNESCO.

1

2

Con 3400 kilómetros, tiene la red de trenes de alta velocidad más extensa de Europa.

Comprensión audiovisual

1 a **Antes de ver el vídeo:** Cuenta qué es España para ti.

b Una periodista ha preguntado a ocho españoles por lo que es España para ellos. Mira el reportaje y apunta lo que dice cada persona. ► Comprensión audiovisual, p. 161

el olivicultor[2] | el actor | la estudiante | la marisquera[3]

la diplomática | el hotelero | el anciano[4] | la enfermera

2 el olivicultor der Olivenanbauer **3 la marisquera** die Verkäuferin von Meeresfrüchten **4 el anciano** el hombre viejo

En este dosier vas a aprender a

- contrastar hechos y opiniones
- describir situaciones y procesos
- contar lo que otra persona ha dicho o preguntado

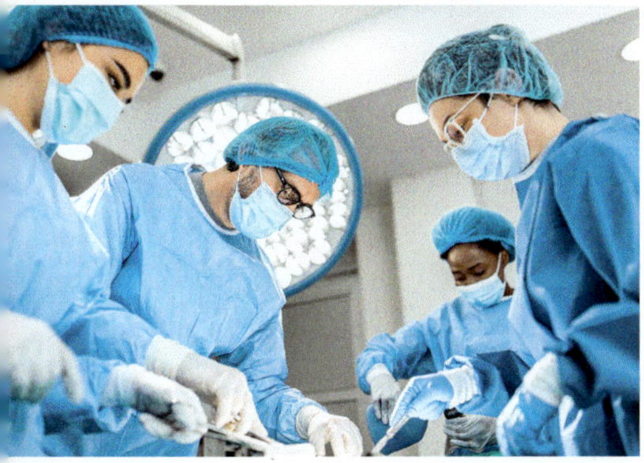

3 Es líder mundial en donación de órganos con una media de 50 donantes por millón de habitantes.

4 En España se suele trabajar 40 horas por semana. Solo un 16 % de la población adulta española puede hacer la siesta.

5 Es el tercer país europeo después de los Países Bajos y Bélgica donde es legal el matrimonio entre personas del mismo sexo.

6 España ocupa el segundo lugar en la lista de países con mayor esperanza de vida[5] (84 años).

7 Casi la mitad de la energía eléctrica de España proviene de fuentes renovables: viento, sol y agua.

1 **el Patrimonio de la Humanidad** das Welterbe 5 **la esperanza de vida** die Lebenserwartung

c Vuelve a mirar el vídeo y comprueba tus ideas de 1b. Di qué (no) te sorprende y por qué.

(No) Me sorprende que Me parece normal/raro que (No) Es lógico que	+ *subj.*

Me sorprende que el actor hable de… .
Pienso que es lógico que los actores… .

Expresión oral

2 Mira las fotos y lee la información sobre España. Cuenta qué te llama la atención y por qué.

↗ p. 139

3 a Elige un tema de las páginas 94–95 y busca información al respecto sobre Alemania. ► Buscar información, p. 179

b Presenta Alemania en comparación con lo que sabes de España. ► Presentar un tema, p. 164
Para mí Alemania es [...]
Mientras que España es famosa por [...], Alemania [...]
Igual que España, Alemania tiene [...]
Me llama la atención que tanto España como Alemania [...]
En el tema de [...] Alemania ocupa un lugar importante. España, en cambio, [...]
Los avances de Alemania en [...] son lentos frente a los de España [...]

Competencia intercultural

4 a Lee estas frases e indica en cada caso si crees que se trata de un hecho[1] o de una opinión. Justifica tu respuesta.

1 **el hecho** die Tatsache

1. A la mayor parte de los españoles les gustan las corridas de toros.
2. **Alemania juega mejor al fútbol que España.**
3. *En España se viaja más en tren que en coche.*
4. Berlín es más grande que Madrid.
5. En España casi siempre hace sol.
6. ***La mayoría de los turistas en Mallorca son alemanes.***
7. Según Eurostat, España recicla un 35 % de su basura.
8. Madrid tiene 3,3 millones de habitantes.

Supongo que la frase número [...] es un hecho / una opinión, porque me parece que...	se basa en presenta expone	datos objetivos, información clara, una fuente externa,	pero tendría que comprobarlo. sin embargo, no estoy tan seguro/-a.
		creencias o gustos, estereotipos o exageraciones[1], experiencias personales,	

1 **la exageración** die Übertreibung

b Compara tus respuestas con tu compañero/-a y discute cómo compruebas si la frase es un hecho o una opinión.

Mediación

5 a Álvaro, Ihr spanischer Austauschpartner, hat diese Wortwolke zum Thema „typisch deutsch" gefunden. Er bittet Sie, ihm drei Begriffe oder Eigenschaften zu erklären, mit denen Sie sich identifizieren, und auch drei, mit denen Sie eher wenig anfangen können. ► Parafrasear palabras, p. 181

b Sie nehmen Álvaro mit zu einem Treffen mit Ihren Freunden. Álvaro kann schon etwas Deutsch, versteht aber nicht alles. Dolmetschen Sie das Gespräch im Video. ► Hacer de intérprete, p. 173 ↗ p. 140

Comprensión audiovisual

6 **Antes de ver el vídeo:** Describe el fotograma del cortometraje «Timecode» y formula hipótesis sobre la película.

– ¿A qué se refiere el título «Timecode»?
– ¿Adónde va la mujer y por qué?
– ¿Qué crees que le pasará?

7 a Mira el vídeo y pon otro título para el cortometraje. Justifica con ejemplos.

b Resume lo que le pasa a la protagonista a lo largo del cortometraje.

8 a Vuelve a ver el vídeo e indica qué planos de la cámara utiliza el cortometraje. ► Películas, p. 177

b Explica cómo el cortometraje muestra los cambios en la protagonista. ► Películas, p. 177 ↗ p. 140

9 Imagina cómo sigue la historia de los protagonistas.

Comprensión y análisis

Porvenir

Te llaman porvenir
porque no vienes nunca.
Te llaman: porvenir,
y esperan que tú llegues
como un animal manso
a comer en su mano.
Pero tú permaneces
más allá de las horas,
agazapado no se sabe dónde.
...Mañana!
Y mañana será otro día tranquilo
un día como hoy, jueves o martes,
cualquier cosa y no eso
que esperamos aún, todavía, siempre.

Ángel González, Sin esperanza con convencimiento (1961)

1 **el porvenir** die Zukunft
6 **manso/-a** zahm
8 **permanecer** (ver)bleiben
10 **agazapado/-a** versteckt

10 Describe la forma del poema «Porvenir» y explica con ejemplos cómo es el tono del poema. ► Textos líricos, p. 175

11 Interpreta qué es el porvenir para el yo lírico.

12 Busca una de las siguientes palabras en un diccionario y escribe un poema siguiendo el modelo de «Porvenir».

aventura | pasatiempo | esperanza

España en el siglo XXI

Hasta los años 70 del siglo XX, España era uno de los países menos desarrollados de Europa. En las últimas décadas se ha modernizado la infraestructura con una velocidad increíble. Así, en el año 2014, solo un 74 % de los hogares tenía acceso a Internet. Hoy esta cifra supera el 95 %. Ya en 1992 se creó la primera línea de trenes AVE (Alta Velocidad Española) entre Sevilla y Madrid. Treinta años después, la red de alta velocidad es la más extensa de Europa.

Sin embargo, sigue existiendo un fuerte desequilibrio geográfico: mientras que Madrid, Cataluña o el País Vasco son las regiones más pobladas e industrializadas del país, existen otras comunidades autónomas, como Extremadura y Castilla, donde están preocupados por la cantidad de pueblos deshabitados. España es uno de los países de la UE que más invierte en energías renovables. En el siglo XXI ha aumentado la producción de energía a partir del viento y del sol. Hoy España es líder mundial en almacenamiento de energía solar.

Solidaridad y el desafío de la igualdad

Entre los países europeos, España destaca por ser una sociedad muy solidaria. Es el país con más donantes de órganos en todo el mundo. Además, por cada mil habitantes hay 35 donantes de sangre – eso es más que el promedio mundial.

España ha logrado grandes éxitos con respecto a la igualdad social y laboral. Mientras que en 2000 solo algo más de un tercio de los trabajadores eran mujeres, veinte años más tarde es casi la mitad. Algo parecido ocurre en la educación: hoy el porcentaje de mujeres con estudios superiores en España es más alto que el de los hombres y es uno de los más altos en Europa. Uno de los avances indiscutibles es que las mujeres ocupan el 45 % de las plazas del Congreso de los Diputados, el parlamento español. Esto es más que en Alemania.

No obstante, el desafío de la igualdad sigue siendo grande. Todavía se observa un desequilibrio en las carreras universitarias: en Ciencias Sociales y de la Salud hay más chicas, mientras que hay más chicos en las Ciencias Naturales e Ingenierías. En el mundo laboral, menos de un 20 % de las mujeres ocupan puestos de dirección. Además, todavía existe desigualdad de sueldos: a las mujeres se les paga, de promedio, casi un 15 % menos que a sus colegas masculinos.

Para hacer frente a estos desafíos, el gobierno español creó en 2008 el Ministerio de Igualdad, cuyo objetivo es luchar contra la discriminación de género e identidad y contra la injusticia. Desde 2020 este Ministerio es responsable también de la diversidad sexual y étnica.

Modernizar sin perder las raíces

Modernizar no quiere decir perder la identidad cultural. España es conocida en todo el mundo por monumentos como la Alhambra o la Sagrada Familia. Como destino turístico se asocia con sol, playa, toros y otros estereotipos. Sin embargo, España es mucho más que eso. No solo por la naturaleza, sino también por su patrimonio cultural con fiestas, costumbres y tradiciones populares.

Mientras algunas de esas tradiciones pierden aficionados, otras se han convertido en atracciones turísticas para gente de todo el mundo, como los Sanfermines en Pamplona.

La Sagrada Familia, Patrimonio de la Humanidad en Barcelona

1 **Comprender el vocabulario: Completa las frases sobre la situación actual de la igualdad de género en España con los sinónimos marcados en el texto.**

1. período de los últimos diez o más años:
   [...] han cambiado muchas cosas en España.
2. poder llegar a:
   Antes, las mujeres no [...] puestos importantes en la política.
3. ser más que:
   En España, casi la mitad de los diputados son mujeres. Esta cifra [...] el porcentaje de diputadas en Alemania.
4. con estudios universitarios:
   Actualmente hay más mujeres que hombres [...] en España.
5. se ve una diferencia:
   Sin embargo, aún [...] a la hora de elegir las carreras universitarias.
6. estar en el lugar donde se toman decisiones:
   Incluso teniendo las mismas cualificaciones, todavía pocas mujeres [...].
7. estar preparado para:
   En 2008 se creó el Ministerio de la Igualdad para [...] los desafíos del futuro.
8. el trato desigual[1]:
   Este Ministerio lucha también contra la [...] de género e identidad.

1 **el trato desigual** die ungleiche Behandlung

2 a Antónimos: Busca entre las palabras marcadas en el texto los antónimos con los prefijos des- o in- de las siguientes palabras y ordénalas en una tabla.

creíble equilibrio habitado discutible igualdad justicia

des-	in-
[...]	[...]

b Completa las definiciones y las frases con los antónimos de 2a.

1. En España hay pueblos donde ya no vive nadie, son pueblos [...].
2. Si algo te sorprende mucho, te parece [...].
3. Cuando algo es del todo claro o cuando estás convencido/-a de ello, es [...].
4. Una persona que es tratada mal por su origen, color o etnia sufre de [...].
5. Cuando hay muchas diferencias entre dos regiones, se habla de [...] geográfico.
6. Si los derechos de una persona están en peligro, se habla de [...].

3 **Activar el vocabulario: Estás preparando una charla de un minuto sobre el tema «Entre tradición e innovación», comparando Alemania y España. Completa las frases utilizando las palabras marcadas en el texto.**

En las últimas décadas España y Alemania han modernizado su [...]: los ciudadanos hoy [...] Internet o los trenes rápidos. En España se llaman AVE; en Alemania, ICE. La [...] española es mucho más [...] que la alemana. Como en España, también en Alemania existe un [...] geográfico, especialmente entre las regiones del este y el oeste. Los dos países piensan en el futuro e [...] energías [...], como el sol o el viento. Así, España y Alemania han logrado avances [...] en aspectos sociales. Sin embargo, todavía existe [...] en el mundo laboral o en los estudios. Por eso, España creó el Ministerio de la Igualdad para [...] la discriminación de [...]. Alemania no solo [...] la industria, sino que también tiene un [...] importante con muchas fiestas populares. Algunas de estas tradiciones incluso [...] como el «Oktoberfest» de Múnich.

¿Por qué nos gustan las fiestas populares?

En España las fiestas populares a lo largo del año forman parte de la vida de la gente. La socióloga española Natalia Garrido Grau ha analizado cómo estas celebraciones han cambiado a lo largo de la historia, considerando también el efecto del turismo en algunas de ellas.
En su estudio, Natalia Garrido destaca el aspecto social de las fiestas: «Cuando celebramos una fiesta con otra gente, nace un sentimiento de colectividad e incluso de identidad. El ambiente de la fiesta nos hace sentir unidos a las otras personas con las que compartimos comida, bebida, música y baile. Esto se observa en cualquier celebración y con personas de todas las edades.»
Además de las fiestas religiosas, como la Navidad, los Reyes Magos o la Semana Santa, existen fechas que se celebran en cualquier pueblo o ciudad de la geografía española, como la llegada del verano con las verbenas de San Juan.
Muchas de las fiestas más populares de España tienen su origen en la festividad de un patrón local y cuentan con una tradición de varios siglos, como el Día de Santiago (25 de julio) o el Día de la Virgen del Pilar (12 de octubre), fecha en la que se celebra la Fiesta Nacional de España.

¡Viva San Fermín!

Los Sanfermines deben su nombre al patrón de Navarra, San Fermín. Son considerados a menudo «la madre de todas las fiestas»: Del 7 al 14 de julio la ciudad de Pamplona vive 24 horas al día celebrando sin pausa. Aquí nos lo cuentan en primera persona sus protagonistas:

Asier (37 años), corredor de Pamplona:

El chupinazo desde el balcón del Ayuntamiento

Para mí, que soy de aquí, las fiestas de San Fermín son la quinta estación del año. Desde niño soy miembro de la peña de mi barrio, igual que mis padres y mis abuelos, y ahora también mis dos hijos. ¿No es bonito ver a cuatro generaciones pasándoselo bien juntas? Desde el primer día, con el chupinazo en el Ayuntamiento –cuando se lanza un cohete y todo empieza–, hasta el momento final en el que cantamos el «Pobre de mí», despidiéndonos hasta el año siguiente, disfrutamos toda la semana. Y lo hacemos cada día, desde el encierro de las ocho de la mañana hasta la madrugada.
Yo corro delante de los toros desde que era un chaval, y espero poder hacerlo todavía durante muchos años más. Aunque no pocos piensan que es un riesgo enorme, no creo que sea tan peligroso. Pero, claro, yo para los encierros me preparo física y mentalmente mientras ciertas personas piensan solo en sacarse un selfi. No saben correr delante del toro y se producen accidentes. ¡Para esto no vale cualquiera!

2 la socióloga die Soziologin **6 el sentimiento de colectividad** das Gemeinschaftsgefühl **19 el corredor** *hier* der Stierläufer **23 la peña** *hier* der Verein **27 el chupinazo** *hier* das Zischen der Rakete **35 la madrugada** die Morgendämmerung **34 el encierro** *hier* der Stierlauf durch die Straßen der Altstadt **36 el chaval** der junge Bursche

Cada día por la tarde hay corridas en la plaza de toros. También forman parte de la tradición, pero lo más importante está en las calles: es espectacular ver como miles de personas vestidas de blanco y rojo bailan, cantan y disfrutan con alegría de la fiesta.

En los encierros, la gente corre delante de los toros

Patricia (43 años), madre de dos niñas en edad escolar:

Cuando yo era joven, también me encantaban estas fiestas y disfrutaba mucho con mis amigos y mi familia, pero creo que en los últimos años hemos ido demasiado lejos. Desde hace unos años mis padres dejan Pamplona y pasan esa semana en el pueblo. Y se lo digo sinceramente, nosotros ya estamos pensando en hacer lo mismo.
Vivimos en el centro de la ciudad y es genial ver los encierros desde el balcón, pero por las noches ningún vecino puede dormir. Llegan miles de jóvenes, también de otros países, y muchas veces beben demasiado.
Cuando salgo de casa por las mañanas con mis niñas, nos encontramos casi siempre con la misma imagen: calles llenas de basura y jóvenes que se han pasado definitivamente de la raya...

Tamara (22 años), estudiante y camarera:

Yo personalmente no comprendo cómo alguien puede disfrutar con el maltrato animal. ¡Es realmente una tortura para los toros! Pero, bueno, sí que es verdad que para la mayoría de la gente que celebra esta fiesta las corridas no son importantes y no piensan en lo que sufren los animales.
Y tampoco me gustaría tener una doble moral. Gracias a estas fiestas, en las que trabajo como camarera en un bar del centro de la ciudad, puedo pagarme una parte de mis estudios. ¡Trabajando en otro lugar todos los fines de semana durante meses, no ganaría tanto dinero como en estos ocho días de fiesta!

Enrique (34 años), padre de familia:

Nosotros vivimos en un pueblo cerca de Pamplona y, como otras familias jóvenes, venimos a los Sanfermines con nuestros hijos pequeños a disfrutar de las atracciones de la feria. Los toros no nos interesan, así que damos un paseo, subimos a la noria o a un tiovivo y luego tomamos algo, mientras los niños comen algún dulce típico. Por la noche miramos los fuegos artificiales y después volvemos a la vida tranquila del pueblo.

Al final, la gente canta el «Pobre de mí»

57 pasarse de la raya über die Stränge schlagen **63 la doble moral** die Doppelmoral **72 la atracción** *hier* das Fahrgeschäft
75 la noria das Riesenrad **75 el tiovivo** das Karussell

Comprensión y comentario

1 Acercarse al texto: Nombra una o dos fiestas típicas de tu región que te gusten y explica por qué.

2 a Cuenta en una o dos frases de qué trata la primera parte del texto (ll. 1–14). ► Comprensión global, p. 164

b Resume lo que piensa la gente de los Sanfermines en Pamplona (ll. 15–80). ► Comprensión selectiva, p. 164

c Describe la fiesta de los Sanfermines en Pamplona. ► Comprensión detallada, p. 164

3 a Explica esta afirmación de la socióloga sobre las fiestas con ejemplos del texto: «Cuando celebramos una fiesta con otra gente, nace un sentimiento de colectividad e incluso de identidad» (ll. 5–6).

b Juzga la afirmación de la socióloga basándote también en tus experiencias.

Comprensión auditiva

Novillero (torero joven) en la plaza de toros de Pamplona

4 a **Escucha el inicio de la conversación entre Ainhoa, Xabi e Iñaki. Indica el tema de la discusión y los sentimientos que expresan los jóvenes.**

Al principio Ainhoa está [...]
Iñaki parece [...]
Xabi, en cambio, se muestra [...]

feliz · convencido/-a · entusiasmado/-a · interesado/-a · seguro/-a · con miedo · enfadado/-a · triste · serio/-a

b **Escucha todo el diálogo y completa con tus palabras el siguiente texto sobre la propuesta de Ainhoa y las reacciones de sus amigos.**
Ainhoa acaba de conseguir [...] para la corrida de toros el viernes y quiere que sus amigos [...].
Mientras que Iñaki tiene claro que [...] porque no [...] las corridas, Xabi todavía no [...] qué hacer.

c **¿Quién lo dice? Indica si los argumentos son de Ainhoa, Iñaki o Xabi.**

1. La corrida de toros es maltrato del animal.
2. La corrida de toros es un espectáculo genial.
3. Es una tradición muy antigua.
4. Las corridas son peligrosas.
5. Cada vez más gente está en contra de las corridas.
6. Los toros bravos viven mejor que otros animales.
7. Todos los animales que comemos se crían para matarlos al final.
8. Le gusta el ambiente en las corridas.

d **A partir del diálogo, explica qué es lo que decidirá Xabi finalmente y qué decidirías tú.**

La lengua en contexto

5 **Expresiones para hablar de fiestas: Marta cuenta cómo celebra Año Nuevo con su familia. Completa las expresiones del texto con los verbos que corresponden.**

lanzar *sentirse* *subirse* a *sacar* *llevar* *mirar* *dar* *compartir* *disfrutar* de

Para mi familia, la fiesta de Año Nuevo es muy importante, porque todos [...] unidos. Para empezar [...] un paseo juntos y visitamos el mercado con atracciones. Mis hijas siempre [...] la noria y yo [...] la música. Siempre hay músicos, baile y gente que [...] ropa típica. Para la cena, todos traen algo y [...] la comida y la bebida. Después, [...] una foto familiar y nos vamos a [...] los fuegos artificiales. Para terminar, nosotros también [...] cohetes y bailamos.

6 **Repasar la combinación de dos pronombres de complemento en una frase: Enrique fue con sus hijos a los Sanfermines. El día siguiente, su mujer le pregunta por lo que hicieron. Contesta sus preguntas.** ▸ Gramática 3

Ejemplo: –¿Les enseñaste el ayuntamiento a Arantxa y Bernardo?
–Sí, se lo enseñé cuando llegamos a la plaza.

1. Les pusiste ropa blanca a los chicos, ¿verdad? –Sí, [...] [...] puse antes de salir de casa.
2. ¿Y también les pusiste un pañuelo rojo? –Por supuesto, [...] [...] puse al llegar a Pamplona.
3. Dime, no les compraste golosinas a los chicos, ¿o sí? –Bueno, sí, [...] [...] compré en un puesto en la calle.
4. Seguro que sacaste una foto de los chicos en las atracciones, ¿verdad? –¡Cómo no!, [...] [...] saqué en el tiovivo. Y luego Bernardo sacó una foto de Arantxa conmigo, [...] [...] sacó en la noria.
5. ¿Qué diste de comer a los chicos? –Fuimos a un bar, pedí unas tapas y [...] [...] di. A Arantxa le cayó tomate en la camiseta, pero la camarera [...] [...] limpió rápidamente.
6. Ah, menos mal. ¿Dejaste propina[1] a la camarera? –Claro que sí, [...] [...] dejé en la mesa.
7. Os quedasteis para ver los fuegos artificiales, ¿verdad? –Por supuesto, [...] [...] enseñé desde el río.

1 **la propina** das Trinkgeld

7 **Practicar el determinante del sustantivo y el pronombre cualquier/cualquiera: Completa la presentación de la Semana Santa en Sevilla con las formas adecuadas.** ▸ Gramática 1.4

1. La Semana Santa en Sevilla no es una fiesta [...]. Es la celebración religiosa más importante del año.
2. Durante la Semana Santa se pueden ver procesiones[1] y pasos[2] casi en [...] barrio de Sevilla.
3. Esta tradición impresiona a [...]: la ciudad está de fiesta y todos están en la calle.
4. En algunas procesiones se ven unas estatuas enormes: son los «pasos» que pueden llegar a pesar casi 2000 kilos. No los puede llevar [...].
5. Las procesiones no pueden salir [...] día. Cada una sale en un día y un horario concretos, recorriendo los barrios más populares de Sevilla.
6. Los pasos no pasan por una iglesia [...], sino que entran y salen por la Catedral de Sevilla.

Un «paso» sobre un puente de Sevilla

1 **la procesión** die Prozession 2 **el paso** *hier* der Umzug mit Heiligenstandbild

Expresión escrita

8 **Escribe un artículo (aprox. 200 palabras) para la versión en español de la página web de tu instituto en el que explicas a los alumnos españoles que vienen de intercambio en qué consiste una fiesta de tu región.** ↗ p. 140

Cáceres y el litio

Manifestación en Cáceres — Fuente: Salvemos la Montaña / SINC (2021)

Cuando se hizo público el plan de abrir una mina de litio cerca del centro histórico de Cáceres, empezó un vivo debate sobre este proyecto. Barcelona, Valencia e incluso Badajoz quieren utilizar el litio en sus futuras fábricas de baterías para coches eléctricos. Sin embargo, los habitantes de Cáceres no quieren destruir su montaña para apoyar la nueva movilidad verde. El Ayuntamiento de Cáceres se ha posicionado varias veces en contra de la mina.

La región de Cáceres no es la única en la península ibérica donde se encuentra litio, pero es la que más interés despierta. En concreto, se cree que cerca de Cáceres puede haber una cantidad de litio con la que se podrían fabricar baterías para diez millones de coches eléctricos. Por el otro lado, esa zona es una importante «isla verde»: «La sierra de la Mosca es un lugar con un valor ecológico enorme porque es un muy buen ejemplo del bosque mediterráneo», explica Francisco Merino, licenciado en Ciencias Ambientales.

Según datos de la organización ciudadana «Salvemos La Montaña de Cáceres», la mina va a estar solamente a 450 metros del Santuario Virgen de la Montaña, a unos 600 de la planta potabilizadora de agua de la ciudad y a 1.200 metros del Hospital Universitario. Los opositores al proyecto también señalan que este va a tener efectos negativos sobre el turismo, el paisaje y el medio ambiente. «Para nosotros, la montaña es un símbolo», explica Santiago Márquez, uno de los portavoces de este grupo de voluntarios que han organizado manifestaciones y reunido hasta 35.000 firmas en contra del proyecto.

10 **posicionarse** Stellung beziehen 17 **la sierra de la Mosca** Bergkette in der Nähe von Cáceres 19 **el bosque mediterráneo** der mediterrane Mischwald 20 **el licenciado en Ciencias Ambientales** der Umweltwissenschaftler 22 **ciudadano/-a** Bürger- 24 **el santuario** das Heiligtum 25 **la planta potabilizadora de agua** die Trinkwasseraufbereitungsanlage 27 **el/la opositor/a** der/die Gegner/in 31 **el/la portavoz** der/die Sprecher/in 32 **la manifestación** die Demonstration

«Lo más importante es que la mina está a 800 metros de Cáceres. No hay un ejemplo igual en todo el mundo. Esta mina va a tener unas 1.350 hectáreas y va a estar justo encima de la única fuente de agua que tenemos aquí. Se va a agotar y a contaminar», considera Márquez.

Los representantes de la empresa que quiere realizar el proyecto tienen una visión diferente. Sus responsables han explicado que la mina puede generar unos 1.500 puestos de trabajo en Cáceres, sobre todo en el sector de la hostelería o de la limpieza. Además, la compañía también piensa invertir 60 millones de euros en diferentes proyectos para la ciudad. «Siempre nos hemos querido sentar con gente de la organización ciudadana, pero nos han rechazado varias veces. Mucha de la información que dan no es correcta, declara David Valls, director técnico del proyecto. «Nuestra mina no está situada sobre la fuente de agua. Por eso no hay que tener miedo. Además, toda el agua que necesitamos se va a obtener de la depuradora de aguas residuales de Cáceres. Por último, respecto al efecto sobre el paisaje de la mina podemos decir que va a estar dentro de un valle, por lo cual no se vería directamente desde la ciudad».

Sin embargo, las ventajas económicas que ofrece el proyecto no cambian la opinión ni de la población de Cáceres ni de su alcalde, quien explica por qué se oponen: «Se trata de una zona no muy alejada de la ciudad y muy querida. La mina sería visible desde la ciudad de Cáceres, declarada Patrimonio de la Humanidad. Si esto estuviera 20 kilómetros más allá, no estaríamos discutiendo. La principal actividad económica de la ciudad es el turismo y vivimos de él –insiste–. Incluso la Unesco se ha puesto en contacto con el Ayuntamiento para que enviemos información sobre el peligro que representa para el patrimonio».

«Para una ciudad como Cáceres, con más de 90.000 habitantes, unos 100 o 200 puestos de trabajo no son muchos. Solo en el sector del turismo, se perderían más. Cualquier planta de energía solar de las que se instalan en el entorno de nuestra ciudad genera más puestos. Todo ello teniendo en cuenta que las cifras fueran correctas. Ya sabemos cómo suelen funcionar las minas», opina el alcalde.

Fuente: Sergio Guinaldo, Servicio de Información y Noticias Científicas (SINC) (2021)*

38 agotar erschöpfen **44 la hostelería** das Hotel- und Gaststättengewerbe **48 rechazar** zurückweisen **54 la depuradora de aguas residuales** die Kläranlage **64 el Patrimonio de la Humanidad** das Welterbe

Comprensión, análisis y comentario

1 Acercarse al texto: **Describe la foto de la manifestación y presenta la situación expuesta.** ▶ Imágenes, p. 175

2 a Lee el artículo «Cáceres y el litio» y elige un título para cada párrafo. Sobra un título.

- Ya están buscando gente para la nueva fábrica
- Litio para 10 millones de coches
- La empresa defiende las ventajas del proyecto
- Los habitantes no están de acuerdo y se organizan
- ¿Qué va a ganar la ciudad con el proyecto?
- Cáceres discute sobre la mina de litio
- El alcalde ve peligros para el patrimonio / la ciudad

b Completa este breve resumen del artículo. ▶ Comprensión global, p. 164

El texto «Cáceres y el litio», escrito por [...], trata de los planes para [...]. Presenta el debate y los argumentos a favor del proyecto, por parte de [...], así como [...] por parte de los habitantes y del ayuntamiento de Cáceres.

3 Lee el primer párrafo del texto (p. 104, ll. 2–10) y explica las dos intenciones que el autor persigue con él.

despertar el interés del público | dar una primera idea del tema | convencer a los lectores | dar autenticidad a su artículo | invitar a la discusión | dar su opinión

Con el primer párrafo, el autor quiere...

4 a Busca en el texto (pp. 104–105) los argumentos a favor y en contra de la mina de litio y ordénalos en una tabla.

a favor	en contra
1500 puestos de trabajo	*[...]*

b Examina si el artículo se puede considerar objetivo con ayuda de la tabla de 4a.

En las líneas ... a ..., En el primer/segundo párrafo, Al final del texto,	el autor	presenta... . explica que... . afirma que... .	Así que Por eso	es obvio que... parece evidente que... se puede decir que...

5 Explica y comenta la afirmación de Santiago Márquez, uno de los portavoces de «Salvemos La Montaña»: «para nosotros, la montaña es un símbolo» (p. 104, ll. 29–30).

La lengua en contexto

6 a **Ampliar el vocabulario con un diccionario bilingüe:** Busca en un diccionario bilingüe estas palabras del artículo «Cáceres y el litio» (pp. 104–105) y elige el significado que mejor se adapte al contexto de cada una.
► Utilizar un diccionario, p. 181

el interés (l. 13) | la sierra (l. 17) | la planta (l. 25) | la visión (l. 41) | la compañía (l. 45) | cambiar (l. 60) | el entorno (l. 77)

b Escribe para cada palabra de 6a una frase con el mismo significado que en el artículo.

7 **Repasar el uso del pretérito:** Cuenta a una amiga española sobre un caso parecido al de la mina en Cáceres. Completa las frases con la forma correcta del pretérito indefinido, del pretérito imperfecto o del pretérito perfecto. ► Gramática 4

1. Te cuento que en Alemania (*empezar*) una discusión parecida que todavía no (*terminar*).
2. En 2019 una gran empresa (*mostrar*) interés por poner una fábrica de coches que (*abrir*) en 2022.
3. Mientras la empresa (*construir*) su fábrica, muchos (*alegrarse*), porque la empresa (*ofrecer*) nuevos empleos.
4. Algunos habitantes, sin embargo, (*darse*) cuenta de que la fábrica (*necesitar*) mucha agua.
5. Desde siempre el agua (*ser*) muy importante para la región y el año pasado (*llover*) muy poco.
6. Para muchos, la fábrica (*parecer*) una buena idea, pero por los problemas ambientales la gente (*cambiar*) de idea.

Expresión escrita

8 ¿Estás a favor o en contra del proyecto en Cáceres? Expresa tu opinión escribiendo una entrada de blog (aprox. 200 palabras) para la página web de la organización ciudadana «Salvemos La Montaña».
► Vocabulario temático, p. 116 ► Escribir un comentario personal, p. 170

p. 141

Destrezas: Hacer una presentación

9 Presenta Cáceres u otras ciudades y provincias de Extremadura para un concurso organizado por el Instituto Cervantes en el que participa tu instituto. Estos titulares te dan ideas para tu presentación. Elige uno.

► Presentar un tema, p. 164

1 **Cáceres – ¡de película!**

2 **Romanos, árabes, judíos, cristianos – ¡la historia sigue!**

3 *Inaugurado el nuevo museo de arte contemporáneo*

4 **El valle del Jerte: flores y cerezos**

5 **Descubre el arte urbano en Extremadura**

6 **¡Monfragüe te hace ver las estrellas!**

a ¿Cómo haces para que tu tema interese a otras personas? Introduce la información con estas frases.

► Informar e investigar, p. 179

Cuando empecé a investigar sobre…, me llamó la atención que…
Después de leer algunos artículos sobre…, pienso que lo más importante es…
Muchos de vosotros habéis escuchado de…, pero muy pocos sabéis que…

b ¿Qué información o ejemplos quieres destacar en tu presentación? ¿Qué aspectos puedes mostrar mejor con ayuda de medios visuales? Utiliza los siguientes recursos mientras presentas.

► Crear un póster y una presentación, p. 179

Introducir información o ejemplos	Apoyarse en medios visuales
Un ejemplo que quiero destacar es…	Este gráfico ilustra el ejemplo porque…
Un aspecto muy interesante es que…	Esta fotografía nos muestra que…
Lo que mucha gente no sabe es que…	Estas cifras comprueban que…
Para mí fue una sorpresa enterarme de que…	Al observar los detalles de esta imagen vemos que…

c ¿Cómo puedes resumir la idea principal y los argumentos más importantes al terminar tu presentación? ¿Qué preguntas puede hacer el público? Utiliza estos recursos al terminar.

Concluir	Contestar preguntas
Resumiendo, esta presentación ha tratado de…	Muchas gracias por tu pregunta, me parece que…
Para concluir, quiero recordaros que…	Esta pregunta es muy interesante y según hemos visto…
Para terminar, quiero que no olvidéis que…	No lo sé exactamente, pero creo que…

«En equipos diversos somos mejores»

Entrevista con María Villarroya

María Villarroya Gaudó es una de las ingenieras pioneras en España, conocida por su trabajo de investigación y por apoyar las vocaciones científicas en las mujeres. Nos habla de su formación y el rol de las mujeres en el mundo tecnológico.

La profesora María Villarroya Gaudó

Pregunta: ¿Cómo era María Villarroya de niña?

Respuesta: Yo era una niña feliz, me encantaba jugar en mi entorno, con mis hermanos y amigos. Me gustaban todas las asignaturas, pero era una alumna tímida.

P: ¿Hubo alguna persona que te influyó en tu infancia o durante tu formación escolar?

R: Tuve la gran suerte de tener dos abuelas que habían estudiado en la universidad, algo que no era muy frecuente en aquella época. Una de ellas era licenciada en Química, y creo que ha sido uno de mis grandes referentes. Recuerdo como siempre me animaba a que preguntara por el porqué de las cosas. Me decía que la química se podía aprender en casa, con una simple receta de cocina. Además, cuando conocí la historia y la obra de Marie Curie, ella se convirtió en otro gran referente para mí.

P: Eres profesora de Arquitectura y Tecnología de Computadores en la Universidad de Zaragoza. ¿Cómo llegaste a esta posición?

R: Bueno, cuando era pequeña, lo que a mí me apasionaba era la Astronomía. Esas ganas de saber más de los planetas y del universo me llevaron a estudiar Física. Cuando ya estaba en la universidad en Zaragoza, fui a Alemania con una beca Erasmus y allí, en la Universidad de Paderborn, encontré mi nueva pasión, la Electrónica. Luego regresé para terminar mis estudios. Después hice un doctorado en Ingeniería Electrónica en Barcelona. Y ahora estoy aquí en Zaragoza, combinando el trabajo de investigación con las clases.

P: ¿Has encontrado dificultades durante tu formación y tu carrera profesional por ser mujer?

R: Aunque es verdad que ya hay muchas oportunidades, todavía hay obstáculos, no solo en las instituciones, sino en las cabezas de la gente. Incluso compañeras mujeres me preguntaron cómo, siendo madre, podía aceptar algún puesto con más responsabilidad. Son preguntas como: «Pero en esa nueva función vas a tener que viajar mucho, ¿qué vas a hacer ahora con tus hijas?». A mis compañeros hombres nunca les hacen ese tipo de comentarios, jamás.

P: Y tú, ¿qué contestas?

R: Mi respuesta a esas preguntas absurdas siempre es la misma: «Por suerte, mis hijas también tienen un padre».

P: En tu entorno profesional, ¿qué proporción hay de hombres y mujeres? ¿Por qué crees que es así?

R: En mi área solo somos más o menos un 10 % de mujeres. En los estudios de ingeniería hay muchos más chicos que chicas, y casi todos los estudiantes que hacen el doctorado son hombres. Las chicas a menudo nos creemos menos inteligentes de lo que somos realmente, así que es importante cambiar esa percepción, empezando por nosotras mismas.
Por otro lado, creo que a veces a las mujeres nos cuesta más obtener el reconocimiento que sí reciben los hombres ya que durante la historia el papel de las mujeres es menos conocido, muchas veces no porque no haya existido, sino simplemente porque no nos lo han contado.

26 Arquitectura y Tecnología de Computadores Rechnerarchitektur und technische Informatik **36 el doctorado en Ingeniería Electrónica** die Promotion in Elektrotechnik **64 la percepción** die Wahrnehmung

P: Todavía hoy escuchamos frases del tipo «a las chicas no se les dan bien las matemáticas». ¿Qué piensas sobre esas opiniones?

R: Hacen falta todavía muchos cambios en nuestra sociedad. Si los hombres y las mujeres no tenemos igualdad de oportunidades, estamos desperdiciando talento. Cuando hago actividades de divulgación, tengo el objetivo de que todas las personas participantes tengan esa igualdad de oportunidades.

Y por eso es muy importante cómo nos llegan los mensajes, sobre todo en la infancia. Hay una canción popular cuyo texto tradicional dice: «Me quiero casar con una señorita que sepa coser, que sepa bordar, que sepa abrir la puerta para ir a pasear». Mi abuela nos enseñó su propia variante de la letra, que cambiaba así la última frase: «que sepa las tablas de multiplicar». Y así se quedó para siempre en mi cabeza que las tablas de multiplicar son importantes.

Suelo usar este ejemplo para mostrar la importancia de qué y cómo decimos las cosas a los niños y a las niñas. No es verdad que las chicas sean peores con los números, como tampoco es verdad que los chicos no lloran.

P: ¿Cómo podemos lograr que más mujeres elijan profesiones en las Ciencias Naturales e Ingenierías?

R: Pues lo primero es decirles que las chicas son buenas, porque lo son, y que sí pueden, mejorando así su propia autoestima. Y la segunda parte sería decirles a los chicos que deben reconocer el trabajo que hacemos las mujeres.

Hay que dejar claro que, si trabajamos en equipos diversos, somos mejores. A ver, te lo explico: si todos siempre hacemos lo mismo y vemos las cosas de la misma manera, solo vamos a tener las mismas ideas y pensar en las mismas soluciones para los problemas.

Sin embargo, con perfiles y cualidades diferentes, vamos a aportar nuevas ideas, vamos a poder pensar de manera distinta y así llegar a mejores resultados. Por eso es importante que pensemos en la diversidad ya desde muy pequeños.

P: ¿Qué consejos darías a las chicas jóvenes con respecto a realizar sus deseos profesionales?

R: Les diría que no tengan miedo, que lo intenten, porque vale la pena y es muy divertido. También les diría que no es necesario ser perfectas, que todos cometemos errores y que tenemos derecho a fracasar en el camino. Yo, por ejemplo, sabía que quería estudiar Física, pero suspendí mi último examen de esa asignatura en el instituto. Quizás porque tuve un mal día, no lo sé. Pero que un día algo no salga bien, no quiere decir que tú no seas buena en eso. A veces las cosas no funcionan a la primera y creo que ese mensaje es importante. Es necesario quitar esa presión, recordar esa posibilidad de fallar y volver a intentarlo.

76 desperdiciar talento Talent vergeuden **77 la divulgación** *hier* das Bekanntmachen wissenschaftlicher Erkenntnisse
85 bordar sticken **87 las tablas de multiplicar** das Einmaleins **97 las Ingenierías** *hier* die Ingenieurwissenschaften

Comprensión, análisis y comentario

1 Presenta lo que llegas a saber sobre la vida personal y profesional de María Villarroya. ► Comprensión selectiva, p. 164

2 Elige los cuatro obstáculos que dificultan el desarrollo profesional de las mujeres según María Villarroya e indica las líneas del texto donde las menciona. ► Comprensión selectiva, p. 164

1. la falta de dinero
2. la falta de autoestima
3. poco interés en los deportes
4. el miedo a cometer errores o a fracasar
5. la falta de modelos o ejemplos históricos
6. mucha presión por sacar buenas notas
7. el rol tradicional de la mujer en la familia
8. el miedo a hablar en público

3 Explica el título de la entrevista.

4 Comenta cuál es, según tu opinión, el mensaje más importante de la entrevista.

Comprensión auditiva

5 a Escucha las noticias de la radio y ordena cronológicamente los temas tratados. Sobran dos temas.
► Comprensión global, p. 164

el tiempo | el tránsito | los deportes | conflicto laboral | el mundo de la moda | la situación de la mujer | los precios de la gasolina | protestas en Extremadura

b Vuelve a escuchar las noticias y completa la información de las noticias. ► Comprensión detallada, p. 164

1. Los [...] quieren sueldos más altos.
2. Menos de un diez por ciento de las mujeres ocupan puestos de [...].
3. El diésel y la gasolina [...] en todo el país.
4. Hay manifestaciones en contra de [...] y otras defendiendo [...].
5. Recomiendan tener cuidado en la carretera, porque hay [...].

Competencia intercultural

6 a Describe la caricatura sobre el día de San Valentín y explica por qué el chico al final está «como un tomate».
► Caricaturas, p. 176

partirse (de risa) sich vor Lachen biegen   Fuente: Symetrías (2022)

b Un chico español de intercambio quiere saber qué te parece celebrar el día de San Valentín y qué piensas sobre regalar flores en ese día. Cuéntale tu opinión.
p. 141

La lengua en contexto

7 **Ampliar el vocabulario con un diccionario digital:** Apunta la forma femenina de las siguientes profesiones. En caso de duda, consulta un diccionario en línea, por ejemplo, el Diccionario de la lengua española de la RAE (Real Academia Española). ► Utilizar un diccionario, p. 181

el ingeniero → la ingeniera

el médico	el juez	el presidente	el capitán
el piloto	el alcalde	el electricista	el actor
el policía	el fotógrafo	el chófer	el soldado

8 **Practicar el perfecto de subjuntivo: Da tu opinión sobre la igualdad de oportunidades en el mundo laboral.**
► Gramática 11

1. ...hoy en día las mujeres y los hombres han logrado la igualdad de oportunidades.
2. ...en los últimos años, muchos hombres se han interesado más por trabajos sociales.
3. ...hombres y mujeres han conseguido ganar lo mismo en sus trabajos.
4. ...en todas las escuelas se han introducido proyectos para subir la autoestima de las niñas.
5. ...ya se han corregido las desigualdades laborales entre los sexos.
6. ...en la última década, la situación de las mujeres en el mundo laboral ha mejorado.

No creo que
Espero que
Dudo que
No es verdad que
Es probable que

9 **Practicar el estilo indirecto: Ayer escuchaste la entrevista con María Villarroya en la radio (pp. 108–109). Cuéntale a Berta, una amiga española, lo que dijo. Utiliza dijo que, contó que, explicó que, añadió que o afirmó que.** ► Gramática 14

↗ p. 141

Ejemplo: «Yo era una alumna tímida». → María contó que ella era una alumna tímida.

1. «En mi infancia la Astronomía era mi pasión y eso me llevó a estudiar Física».
2. «He encontrado muchas dificultades durante mi carrera profesional por ser mujer».
3. «Hacen falta todavía muchos cambios en la sociedad. Todavía hay obstáculos en las cabezas de la gente».
4. «No es verdad que las chicas sean peores con los números».
5. «Sin igualdad de oportunidades, aquí en España o allá en Alemania, el talento de las chicas se desperdiciará».
6. «Con perfiles diferentes, habrá nuevas ideas y llegaremos a mejores resultados».
7. «Cometer errores es normal y todos tenemos derecho a fracasar en el camino».
8. «Es importante que las chicas jóvenes lo intenten, que no tengan miedo. Vale la pena».

10 **Practicar la pregunta indirecta: Berta se ha interesado mucho por la entrevista y te pide que le cuentes qué preguntas le hizo el periodista a María.** ► Gramática 14

Ejemplo: «María, ¿cómo eras de niña?» → Primero el periodista quiso saber cómo era María de niña.

El entrevistador El reportero El periodista	[le] preguntó [a María] quiso saber [de María]	si... cómo... qué... por qué...

1. «¿Hubo alguna persona que te influyó en tu infancia?»
2. «¿Has tenido que superar muchas dificultades por ser mujer?»
3. «¿Por qué crees que hay tan pocas chicas en los estudios de ingeniería?»
4. «¿Qué piensas de la opinión de que las matemáticas no son para las chicas?»
5. «¿Cómo podemos lograr que haya más ingenieras y científicas en el futuro?»
6. «¿Qué consejos les darías a las chicas para sus estudios?»

Expresión oral

11 **Berta no sabe qué hará después del bachillerato. Hace un tiempo participaste en el «Zukunftstag». Explícale en un mensaje de voz en qué consiste este proyecto escolar y cuál fue tu experiencia.**

↗ p. 141

Jungen-Zukunftstag
Boys'Day

Girls'Day
Mädchen-Zukunftstag

A través de mis pequeños ojos

Esta novela está escrita desde la perspectiva de Cross, el perro guía de Mario. El chico tiene un proyecto para el cual piensa pedir un crédito en el banco. Habla con su novia, Sandra.

—Siempre hemos estado juntos, conozco a tus padres y estoy acostumbrada desde niña a pasar tiempo con ellos. Tú, sin embargo, apenas sabes nada de mi familia. Quiero que el próximo fin de semana vengas a comer a mi casa. Esta noche se lo comentaré a mis padres.

La cara de Mario cambió de repente. No sabría decir si expresaba emoción, alegría, sorpresa o quizá de todo un poco. Él no le contestó. Se sentó en la cama, buscó su cara y sus labios con las manos, la besó.

—¿Vas a ir mañana a eso?

—Sí —contestó Mario tras una pausa—, iré. Estuve hablando por teléfono con el director, estoy seguro de que no habrá problema ninguno. Le sorprendió positivamente mi proyecto. Además, dijo que valoraba mucho mi valentía. Y la cantidad no es tan grande como para que me digan que no.

—Y una cosa, Mario. Aunque no sea asunto mío, ¿por qué no les pides mejor el dinero a tus padres? —preguntó Sandra.

—Mis padres no son ricos. Quizá diez mil euros sí tendrán. Ni lo sé ni me importa, pero no pienso pedírselo a ellos. Precisamente por eso, porque si los tienen, me los van a dar. Yo sé que el trabajo últimamente no va todo lo bien que debería ir y no quiero ser un problema para ellos. Sabes que me gusta ser autónomo para todo. La autonomía es la única manera de luchar contra las barreras, contra todo tipo de barreras.

—Ya, pero Mario...

—Mira, Sandra, las personas que tenemos una discapacidad si no rompemos, si no derribamos todo aquello que nos protege, no somos nunca libres. Está bien la ayuda, no digo que no, la necesitamos, claro que sí, y está bien que la gente nos la ofrezca, pero somos nosotros quienes libremente decidimos nuestra autonomía. A mí me encanta cuando voy a cruzar una calle y viene una persona a ayudarme. Si no es difícil, le doy las gracias por la ayuda y le digo que no hace falta que me cruce pues conozco bien el camino. Si es difícil, le doy igualmente las gracias y le pido que me ayude. La ayuda es siempre bien recibida pero otra cosa muy distinta es cuando esa ayuda te la imponen, cuando a alguien le has dicho que no es necesario que te cruce y la persona insiste e insiste.

—Pero Mario, vamos a ver: ¿qué tiene esto que ver con tu discapacidad? Estamos hablando de dinero. Los padres dejan dinero a los hijos, sean ciegos o no lo sean. Los padres ayudan a los hijos sea cual sea su condición.

—Sandra: en mi caso sí tiene que ver, y punto —sentenció Mario.

Entramos por fin a la casa, y allí estaba la madre de Sandra, que era una copia exacta de su hija, a pesar de tener unos treinta años más que ella. Olía igual, hablaba igual y miraba igual. El padre era un hombre muy serio, que ni olía ni hablaba, pero, sin embargo, mirar sí que miraba bastante. Parecía como si a través de su mirada todo le fuera alcanzable. Como si no le hiciera falta preguntar nada.

La madre de Sandra iba tras de mí a cada momento, quitando el pelo que yo iba soltando por el suelo.

La mesa ya estaba preparada, muy preparada. La madre de Sandra preguntó si yo estaría cerca de la mesa mientras comíamos.

—Estará debajo de la mesa. Es donde tiene que estar —respondió duramente mi dueño, aunque la pregunta no iba dirigida a él, sino a Sandra.

La señora, forzando hasta límites increíbles la sonrisa, miró a Mario y después a su hija diciendo:

21 la **valentía** der Mut

—Bien, bien. Que se ponga donde se tenga que poner. Sandra, ya era hora de que nos trajeras a tu amigo a casa. A ver si traes también al otro chico ese con el que os juntáis. A Mario no le veíamos desde que era un niño y a...

—Nicolás —dijo Mario un poco harto.

—Eso, gracias, Mario. A Nicolás tampoco lo vemos desde que era un niño.

Sandra hundió los ojos en el plato vacío, y Mario hundió los ojos en Sandra, mientras el padre continuaba radiografiándole.

El día siguiente, Mario se encuentra con su amigo Nico en un bar y le cuenta cómo le ha ido en casa de Sandra.

—Bueno, hombre, cuéntame. ¿Qué narices ha ocurrido? ¿Tan mal ha ido la comida? —preguntó Nico.

—Ni bien ni mal.

—Pues a juzgar por tu cara y por la mala leche que tenías cuando me has llamado esta tarde... Ya me dirás, Mario. Prometo no ser tan duro contigo como la otra vez —le dijo Nico con aire comprensivo y casi como un padre.

—Como un amigo, me presentó como a un amigo. Los padres estuvieron muy correctos conmigo, eso sí. La madre es igual que Sandra. Incluso se parecen en la voz.

—Será que Sandra es igual que su madre, ¿no?

—Bueno, sí, eso es. El padre no habló apenas, pero yo notaba que me observaba mucho. Me presentó como si yo fuera un amigo. ¿Entiendes?

—Sí, ya me lo has dicho, pero ¿qué más pasó?

—Nada más. Aguanté el tipo por cortesía. Tras la comida nos sentamos todos en los sofás del salón a ver un rato la tele. El padre leía el periódico y creo que fue el único rato que dejó de mirarme. Lo único divertido que tuvo la jornada fue que, cuando nos sentamos allí, Cross se revolcó sobre la alfombra como si quisiera dejar su rastro. En ese momento el padre levantó la mirada del periódico, ya que sonó el papel cuando lo bajaba de su vista. Imagino que miraría a Cross con mala leche y todo. Sandra y su madre rieron cínicamente y cuando logré parar a Cross la madre se levantó a quitar los pelos que el perro había dejado.

—Bueno, no estuvo mal. ¿Y qué más?

—Pues nada. Como yo no estaba de muy buen humor, al poco rato dije que me tenía que ir.

Sandra me preguntó que por qué tan pronto, mientras que la madre repitió exactamente lo mismo y el padre siguió con su periódico. Le dije a Sandra que regresaría en metro, y que como ella había tomado vino en la comida preferiría que no cogiera el coche. Respondió que no, que solamente había tomado algo, y que no tendría problema en acercarme. Yo insistí diciendo que así no tenía que sacar el coche del garaje, y, en fin, me acompañó hasta el metro como si nada.

—¿Como si nada? —preguntó Nico.

—Sí, como si nada. No hablamos más que de cosas superficiales. Que qué me había parecido la comida, si me había gustado el vino, pero ni una sola palabra de su presentación. Ni yo tenía ganas de hablar de ello ni ella se atrevía, supongo.

Solamente cuando llegamos al metro cogió con una mano mi mano y con la otra mi mejilla. Iba a besar mis labios y yo le di dos besos de amigo, pero se retiró brusca y extrañada. Yo me limité a sonreírle y decirle: bueno, amiga, ya nos veremos, ¿ok?

—¿Y ella qué te dijo?

—Nada, se limitó a decir: lo siento, Mario, lo siento. Bajé las escaleras del metro y me marché a casa.

Emilio Ortiz, A través de mis pequeños ojos (2019)*

85 hundir algo etw. versenken **86 radiografiar** durchleuchten **90 ¿qué narices...?** Was zum Teufel...? **96 con aire comprensivo** verständnisvoll **107 aguantar el tipo** Haltung bewahren **112 revolcarse** sich herumwälzen **116 con mala leche** mit schlechter Laune **132 como si nada** als ob nichts sei

Comprensión, análisis y comentario

1 **Elige un título para este fragmento de la novela.** ▶ Comprensión global, p. 164

¿Novios o amigos? | Sandra, Mario y Nico | Un perro bajo la mesa | El dinero de los padres | El mal humor de Mario | Una cena mal preparada

2 a Confecciona un croquis de la escena de la comida en casa de Sandra (pp. 112–113).

b Resume lo que pasa durante y después de la comida en casa de Sandra. ▶ Escribir un resumen, p. 170

3 a Indica dos frases en el texto (pp. 112–113) que muestran que el narrador es el perro.
▶ Comprensión selectiva, p. 164

b Explica cómo el narrador describe a los padres de Sandra.

El narrador	exagera la descripción hace una caricatura se burla	del padre de la madre de los padres	cuando	dice que... (línea/s...) afirma que... (línea/s...) cuenta que... (línea/s...)

Llama la atención Sorprende	que el narrador	destaque repita utilice	palabras/frases como... (línea/s...)

c Explica qué impresión tienes de los padres de Sandra (pp. 112–113) después de la comida.

abierto/-a observador/a estricto/-a controlador/a dulce acogedor/a
correcto/-a serio/-a simpático/-a tradicional cínico/-a

4 Comenta la decisión de Sandra (pp. 112–113) de ocultarles la verdad a sus padres. p. 142

Expresión oral

5 Eres Sandra (A). Un día después de la visita de Mario (pp. 112–113), quedas con tu mejor amigo/-a (B) y le cuentas lo que pasó en la comida. Prepara el diálogo y presenta la escena. Tú (A) empiezas. ▶ B, p. 142
▶ Diálogos y juegos de rol, p. 165

Sandra
- Habla de la comida y de cómo terminó.
- Cuenta qué dijeron tus padres, qué dijo Mario y cómo te sentiste tú.
- Pide consejos a tu amigo/-a para contar la verdad a tus padres.

A

Expresión escrita

6 Unos días después de la comida con Mario (pp. 112–113), Sandra decide contar la verdad a sus padres. Basándote en lo que sabes sobre los tres personajes, escribe el diálogo (aprox. 200 palabras) entre ellos.
▶ Escribir textos creativos, p. 169

Mediación

ES DE **7** Ihr spanischer Freund Álvaro hat den Trailer des Films „Mein Blind Date mit dem Leben“ gesehen. Der Film interessiert ihn, er hat aber nur eine deutsche Rezension gefunden. Schreiben Sie eine E-Mail (ca. 190 Wörter) und schildern Sie ihm, worum es in dem Film geht und ob er empfehlenswert ist.

Basierend auf den Memoiren von Saliya Kahawatte inszeniert Regisseur Marc Rothemund mit der Tragikomödie **MEIN BLIND DATE MIT DEM LEBEN** *eine Mut machende Geschichte über das Leben mit einem Handicap. Ob gelungen oder nicht, das verrate ich in meiner Kritik.*

Der Plot: Eine aufregende Karriere im Luxus-Hotel – das ist der langgehegte Traum von Saliya (Kostja Ullmann)! Doch für jemanden, der fast blind ist, könnte nichts unwahrscheinlicher sein: Aber seinen Traum aufzugeben, kommt nicht in Frage, und so schickt Saliya eine Bewerbung an ein 5-Sterne-Hotel – ohne sein Handicap zu erwähnen. Überraschenderweise funktioniert der Bluff tatsächlich und er bekommt eine Stelle in einem Luxus-Hotel in München. Niemand ahnt etwas von seinem Geheimnis, nur sein Freund Max (Jacob Matschenz) erkennt bald, was es mit Saliya auf sich hat, und hilft ihm, jede noch so schwierige Lage zu bewältigen. Wenn alle anderen Feierabend machen, übt Saliya bis in die Nacht die für seine Kollegen einfachsten Handgriffe, bis er sie „blind“ beherrscht. Doch als er sich in Laura (Anna Maria Mühe) verliebt und durch sie in eine unvorhergesehene Situation gebracht wird, scheint alles, was er sich vorgenommen hat, zusehends aus den Fugen zu geraten.

Kritik: Wer sich als Filmemacher an eine Geschichte wagt, die sich so oder so ähnlich in der Realität abgespielt hat, ist schon in gewisser Weise der Wahrheit verpflichtet. Wie gut, dass das echte Leben ohnehin immer noch die besten Geschichten schreibt. So auch jenes von Saliya Kahawatte, der im Teenageralter von 15 Jahren an einer Augenkrankheit leidet und innerhalb weniger Monate einen Großteil seines Augenlichts verliert, bis ihm nur noch 5 Prozent bleiben. Trotzdem will er an seinen Träumen festhalten und wie ein ganz normaler Mensch leben. In *Mein Blind Date mit dem Leben* erzählt Regisseur Marc Rothemund den Werdegang dieser ungewöhnlichen Persönlichkeit nach, spart allerdings die ganz herben Stationen in Kahawattes Leben aus.
Mein Blind Date mit dem Leben ist in erster Linie optimistisches Feel-Good-Kino. Dass es da nicht allzu düster und melancholisch zugehen darf, ist selbstverständlich und auch vollkommen in Ordnung. Wer sich jedoch eine absolut vorlagengetreue Adaption des Buches *„Mein Blind Date mit dem Leben*: Als Blinder unter Sehenden“ erhofft, der könnte enttäuscht sein, wenngleich Rothemunds Film für Genreverhältnisse wiederum angenehm unsentimental bleibt. Die Tragikomödie punktet mit einer feinfühligen Inszenierung, viel Liebe für die Figuren und durch die Bank starken Hauptdarstellern.
An *Mein Blind Date mit dem Leben* ist weniger interessant, ob Saliya Kahawatte am Ende sein Ziel erreicht. Der wirklich ausschlaggebende Unterhaltungsfaktor rührt daher, dass etwas eigentlich Unmögliches – eine Nahezu-Blindheit geheim zu halten – mithilfe von Freunden und Außenstehenden tatsächlich möglich gemacht wird. Wenngleich Marc Rothemund hier und da in Slapstick und Klamauk abdriftet, sind die wundersamen Selbsthilfe-Ideen des heute 47-jährigen das Herzstück des Films, die zugleich zum Lachen, in erster Linie aber immer wieder zum Staunen anregen. Spätestens mit dem kaum zu bändigenden Engagement und Enthusiasmus, mit dem der junge Mann seine Ausbildung absolviert, ist ihm der Respekt seiner Mitmenschen sicher. Rothemund findet ein gutes Gespür für das Wechselspiel aus Unwissenheit und Ignoranz, das Kahawatte entgegengebracht wird. Auf der anderen Seite wirft er die Frage auf, wo der schmale Grat verläuft zwischen Mitleid, Mitgefühl und dem selbstverständlichen Hinnehmen einer Behinderung.

Fazit: Zugunsten eines leichtfüßigen Filmerlebnisses spart *Mein Blind Date mit dem Leben* die dunkelsten Momente im Leben von Saliya Kahawatte aus. Wem das einer Verwässerung gleichkommt, der mag vielleicht gar nicht so falsch liegen, doch das alles in allem wirklich positiv verlaufene Schicksal eines ohnehin lebensfrohen Menschen als Feel-Good-Film zu inszenieren, ist wahrlich kein Verbrechen. Marc Rothemunds Film ist wirklich fein geworden.

Fuente: Antje Wessels, Wessels-Filmkritik.com (2017)*

La actualidad política y social

Es	un país una ciudad una región una provincia un municipio una comunidad autónoma	democrático/-a. desarrollado/-a / moderno/-a. multicultural/plurilingüe. tradicional/moderno/-a. con buena/poca infraestructura.		
		que	ha modernizado destaca por invierte en lucha por es conocido/-a por	la infraestructura / el sistema de salud / [...] sus tradiciones / su patrimonio cultural / [...] las redes de trenes (de alta velocidad) la igualdad / la democracia / la solidaridad / [...] el medioambiente / las energías renovables / [...]
Tiene	una superficie de [...] kilómetros cuadrados. / [...] kilómetros de costa. / [...] habitantes.			
	muchos/-as pocos/-as algunos/-as	montañas/bosques/ríos. paisajes protegidos. pueblos deshabitados. ciudades muy pobladas.		

La agricultura El turismo La investigación científica El desarrollo tecnológico El patrimonio cultural El campo deshabitado	es	importante necesario/-a peligroso/-a central un desafío negativo/-a	para	ayudar a la gente / los jóvenes / la población / [...] crear empleos/oportunidades/[...] conservar el paisaje / las fiestas / la memoria / [...] modernizar el país / la infraestructura / [...]

Fiestas y tradiciones

La fiesta de [...] La celebración Las corridas Los encierros Las Fallas La Semana Santa El Carnaval	*ser*	típico/-a de este pueblo / [...] conocido/-a internacionalmente. importante para la región. popular entre los jóvenes/adultos/extranjeros. de origen gallego/árabe/vasco/catalán/[...]
	dar un sentimiento de identidad / de colectividad. *convertirse* en atracción turística. *perder*/*ganar* aficionados/-as.	

mantener *respetar* *compartir* *cuidar*	las tradiciones las costumbres los trajes típicos la comida el patrimonio cultural [...]

La fiesta El evento La feria (de [...])	empieza termina	el [...] la segunda semana de [...]
	se celebra	durante el verano / Semana Santa entre los días [...] / los meses [...]
Lo típico de la fiesta / del evento		es la ropa tradicional / la comida / el baile / la música / [...] son los castillos / los cohetes / los encierros / los fuegos artificiales / [...]

Entre tus compañeros de intercambio de Madrid hay dos personas con discapacidad: una alumna es ciega y otro alumno va en silla de ruedas. Los dos os han escrito antes de viajar para saber si vuestro instituto es accesible para ellos.

Grabad un vídeo o cread una presentación con fotos en la que mostráis las posibles barreras que hay en vuestro instituto. Proponed soluciones para que los compañeros tengan acceso a todos los lugares importantes durante el intercambio. Si vuestro instituto no tiene barreras, presentad los caminos adecuados para los compañeros. No olvidéis hacer descripciones detalladas en formato de audio para la alumna ciega.

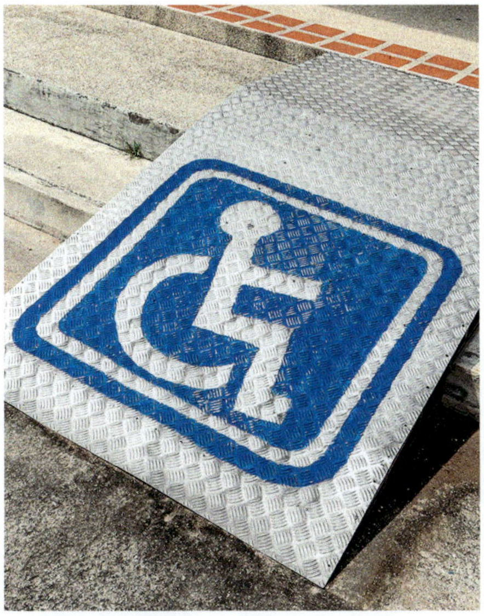

Preparar el vídeo / la presentación

- Recorre tu instituto e identifica cuáles son los caminos que utilizas frecuentemente para ir a tu aula, a la biblioteca, al patio, al gimnasio o a la cafetería.
- Ponte en el lugar de una persona ciega o que va en silla de ruedas y apunta qué lugares son de difícil acceso: escaleras, puertas estrechas, desniveles, obstáculos en el camino, etc.
- Formad grupos de tres e intercambiad vuestros apuntes. Discutid posibles soluciones para los lugares de difícil acceso.

Grabar el vídeo / Crear la presentación

- Elegid los caminos que vais a mostrar y las soluciones que vais a proponer, si son necesarias.
- Haced el camino una vez y apuntad las palabras desconocidas que necesitáis para describir los problemas y ofrecer soluciones. ► Utilizar un diccionario, p. 181
- Tomad nota de lo que vais a presentar mientras mostráis las imágenes del vídeo / de la presentación. No olvidéis las descripciones detalladas en audio. ► Presentar un tema, p. 164
- Grabad el vídeo o el audio de la presentación, por ejemplo, con un teléfono móvil. ► Crear un podcast y un vídeo, p. 180
- Aseguraos de tener el permiso para filmar en vuestro instituto y compartir las imágenes con la clase de intercambio. Si en el vídeo o en las fotos aparecen alumnos de vuestro instituto, aseguraos también de que estén de acuerdo. ► Documentación (de las fuentes y de los derechos de uso), p. 180

Presentar y evaluar

Presentad vuestros vídeos o presentaciones con fotos en grupos de tres y evaluadlos con ayuda de la ficha de evaluación. ►

Reglas del juego
Contesta las catorce preguntas siguientes con ayuda de la cronología histórica de España (p. 214) y de Internet. Los siguientes textos te dan pistas que facilitan la búsqueda.
Compara tus respuestas con un/a compañero/-a. Cada respuesta correcta vale un punto.
¿Quién tiene más puntos? ▸ Soluciones

La Segunda República (1931–1936) y la Constitución de 1931

En 1931 empieza la Segunda República. En este período, España aprueba una constitución moderna y democrática. Entre sus aspectos más importantes destacan que todos los españoles son considerados iguales ante la ley, el Estado queda separado de la Iglesia, la educación primaria es obligatoria y gratuita, el matrimonio civil y el divorcio son legales. Además, esta constitución reconoce en 1933 el derecho a votar para hombres y mujeres. Las ideas modernas y democráticas de la nueva constitución llevan a fuertes peleas entre distintos grupos políticos, principalmente monarquistas, republicanos, socialistas, nacionalistas y fascistas. Estos conflictos desembocan en 1936 en la guerra civil española y al final en la dictadura franquista.

1 ¿Cuáles son los colores de la bandera de la Segunda República?

2 ¿Qué hizo el Rey Alfonso XIII cuando España votó a favor de la República y en contra de la monarquía?

2 **la constitución** die Verfassung 7 **el matrimonio civil** die standesamtliche Trauung 7 **el divorcio** die Scheidung

Guernica (1937)

La guerra civil española (1936–1939)

En 1936 el general Francisco Franco da un golpe de Estado contra el gobierno democrático de la Segunda República. Así empieza una guerra entre los republicanos, por un lado, y Franco y los nacionales, por el otro, conocida como la guerra civil española. Varias ciudades de España son bombardeadas y destruidas, al final hay cientos de miles de muertos y exiliados. El cuadro *Guernica* de Pablo Picasso simboliza el horror de la guerra: ilustra el bombardeo en la ciudad vasca del mismo nombre, Guernica, hecho en 1937 por la Alemania nazi y la Italia fascista, ambos países aliados de los nacionales. En 1939, Franco gana la guerra e impone por más de treinta años una dictadura militar.

1 ¿Dónde vivía Pablo Picasso en esa época y por qué?

2 ¿Dónde se puede ver el cuadro hoy?

2 **el golpe de Estado** der Staatsstreich, der Putsch

El exilio republicano español

Medio millón de españoles y españolas parten al exilio para salvar sus vidas o para poder trabajar en libertad. Así, muchos intelectuales y científicos abandonan España para volver solo después de la muerte de Franco en 1975 o para no volver nunca más. Estos exiliados son acogidos principalmente por Francia, Chile y México. Entre ellos están el cineasta Luis Buñuel, la filósofa María Zambrano, la pintora Remedios Varo, el poeta Juan Ramón Jiménez y el médico Severo Ochoa. Este intercambio enriquece a los países de acogida, porque llegan artistas, científicos y técnicos, buscando trabajo y oportunidades.

1. ¿A qué país se exilió Remedios Varo en 1941?
2. ¿Qué premio internacional ganaron Juan Ramón Jiménez y Severo Ochoa en el exilio?

11 acoger aufnehmen

Transición (1975-1982)

Con la muerte de Franco en 1975 y la coronación de Juan Carlos I como Rey de España empieza la Transición a la democracia. Una nueva ley legaliza en 1977 a todos los partidos políticos y, por primera vez desde 1936, se llama a elecciones; en 1978 se aprueba la actual constitución española. Un intento de golpe militar en 1981 asusta a todo el país, pero gracias a la intervención del Rey no logra concretarse. Por estos años, el país vuelve a disfrutar de la libertad de expresión y la cultura revive, gracias a los jóvenes y al regreso de muchos exiliados. España crece también internacionalmente: en 1982 entra en la OTAN y en 1986 en la Comunidad Europea, transformada más tarde en la Unión Europea.

1. ¿Qué famoso diario español se fundó en la Transición para construir la democracia?
2. ¿Cómo se llama el libro de Javier Cercas sobre el golpe militar de 1981?

3 la coronación die Krönung

La dictadura franquista (1939–1975)

A partir de los años sesenta, España se convierte en el destino turístico más atractivo de Europa, a pesar de que los españoles sufren una época de gran represión. La dictadura de Franco termina con las ideas democráticas y modernas de la Segunda República: hay solo un partido político, no hay elecciones, no hay libertad de expresión, la escuela es autoritaria, como se muestra en la película *La mala educación* (2004) de Pedro Almodóvar. Bajo el lema «Si eres español, habla español» se impone el uso público del español sobre las lenguas regionales. La familia sigue un modelo tradicional, en el que las mujeres son en primer lugar esposas y madres: el lema del franquismo es «liberar a la mujer casada del taller y de la fábrica».

1. ¿Cómo se llamaba el único partido político de la dictadura de Franco?
2. ¿Qué fábrica de automóviles española se fundó durante el franquismo?
3. ¿Qué lenguas regionales, que hoy son cooficiales, no se podían usar en público durante el franquismo?

4 la represión die Unterdrückung **6 el partido político** die politische Partei
6 la elección die Wahl **7 la libertad de expresión** die Redefreiheit

España hoy

España es desde la Transición en adelante una monarquía parlamentaria. Para fortalecer la democracia y enfrentar la división que dejaron la guerra civil y la dictadura, son fundamentales la Ley de la Memoria Histórica de 2007 y la Ley de la Memoria Democrática en 2020. Estas leyes apoyan la recuperación de la memoria y ayudan a las víctimas del franquismo. Asimismo, España es pionera en Europa en tomar medidas en contra de la discriminación de género e identidad. En 2005 se legaliza el matrimonio entre las personas del mismo sexo y en 2008 se crea el Ministerio de la Igualdad.

1. ¿Quién es el o la actual presidente de España?
2. ¿Quiénes son los Reyes?
3. ¿Cuál era la moneda española hasta la introducción del euro en 2002?

2 consolidar festigen **8 la víctima** das Opfer

Comprensión lectora

1 a Lee los perfiles de estos cuatro ambientalistas latinoamericanos y completa la tabla en tu cuaderno.

Latinoamérica verde

África | América | Asia | Europa | Oceanía

Helena Gualinga | Ecuador (20 años)

Helena pertenece a la comunidad indígena *Sarayaku*. Desde que era niña, toda su familia ha luchado por proteger la amazonía ecuatoriana. La selva es su hogar y es la misma que compañías petroleras quieren explotar. Después de vivir un tiempo en Europa, Helena volvió a Ecuador y comenzó a utilizar Internet para proteger a los *Sarayaku*. En las redes informa sobre su comunidad, la selva y la destrucción del medio ambiente. Ella, como otros indígenas ecuatorianos, quiere que el gobierno acepte oficialmente los derechos de la selva, es decir *Kawsak Sacha*. Según estos, la selva es un ser vivo que piensa, por eso todos los animales y plantas que viven en ella deben ser respetados y protegidos.

4 **la compañía petrolera** die Erdölgesellschaft 8 **la selva** der Regenwald 9 **el ser vivo** das Lebewesen

facultativo

In der Lernen App finden Sie die Arbeitsblätter und Hörtexte sowie die Lösungen der Aufgaben.

Tristán Queriot | Puerto Rico (19 años)

Tristán vive en San Juan y es el fundador de la organización *Puerto Rico Youth Climate Strike*, que lucha por un futuro verde y justo para el país. En 2019 coordinó una manifestación donde participaron más de 700 alumnos para presionar a los políticos a hacer algo por la protección del medio ambiente. Él, como tantos otros puertorriqueños, pertenece a la *Maria Generation* que sufrió las consecuencias del huracán María en la isla. Para estos jóvenes, está claro que la protección del medio ambiente es importante para luchar contra el cambio climático y así evitar que los desastres naturales sean tan peligrosos para los habitantes del planeta. Además de tener un gran compromiso ambiental, Tristán es un artista visual. Sus obras tratan temas como la ecología, la agricultura urbana y la comida.

Bruno Rodríguez | Argentina (21 años)

Es el cofundador de «Jóvenes por el clima», pero su camino como activista comenzó a los trece años. A Bruno le preocupan sobre todo los problemas socioambientales, es decir, cuando un desarrollo económico e industrial peligroso tiene consecuencias como la contaminación o la desigualdad social. Hoy en día estudia Ciencias Políticas en Buenos Aires y trabaja para que los jóvenes se comprometan con el clima. Además de ir a manifestaciones, comparte sus ideas en redes sociales, en un programa de radio y ha escrito el libro «La generación despierta» junto con Eyal Weintraub. Para Bruno, la protección del medio ambiente se logrará cuando los jóvenes no se vean como individuos, sino como grupo.

Sofía Molina | México (13 años)

Con tan solo siete años, Sofía comenzó su activismo ambiental. Haciendo los deberes escolares, descubrió que en México el jaguar estaba en peligro de extinción. Poco tiempo después creó «Cococu», un portal de Internet donde los niños y jóvenes se pueden informar sobre este animal. Desde entonces da conferencias y talleres por todo México informando sobre la situación del jaguar. Gracias a su trabajo y a la ayuda de muchas personas, ha conseguido que las instituciones protejan oficialmente unas doce mil hectáreas donde habita este animal. Su meta principal es que las nuevas generaciones respeten y cuiden la naturaleza. Actualmente Sofía da información sobre otras especies en peligro, como las abejas, y sobre cómo cuidar el agua en San Luis Potosí, la región donde vive.

13 la manifestación die Demonstration **14 presionar a alg.** jdn unter Druck setzen **18 el compromiso** das Engagement **19 la obra** *hier* das Werk **32 en peligro (de extinción)** (vom Aussterben) bedroht **38 la abeja** die Biene

	Helena		Tristán		Bruno		Sofía	
	sí	no	sí	no	sí	no	sí	no
Es parte de una comunidad indígena.								
Ha creado una organización medioambiental.								
Usa Internet para compartir sus ideas.								
Participa en manifestaciones.								
Trabaja para proteger animales en peligro.								
Lucha por temas sociales.								

b Quieres hacer unas prácticas en un proyecto ecológico en América Latina. Te interesa colaborar con pequeñas comunidades indígenas o ayudar a proteger especies en peligro utilizando las redes sociales o Internet. Indica en qué proyecto/s podrías participar. Justifica tu respuesta.

2 Lee el texto y contesta las preguntas o elige la opción correcta. Justifica con las líneas del texto si es necesario.

Uruguay. La chica de rojo tiene una idea

En la vida hay un momento en que las personas cambian su camino. A Victoria Alonsoperez eso le pasó dos veces. La primera vez tuvo lugar mucho antes, cuando Victoria todavía tenía dientes de leche. Su padre, Daniel Alonsoperez, contador, trabajaba una noche en unas hojas enormes llenas de números. Ella, curiosa, le preguntó para qué servían esos números. Su padre la llevó hasta la ventana del apartamento en el que vivían, un sexto piso de un edificio en Montevideo, y le mostró la luna. Ella quedó fascinada con esa cosa redonda y blanca. Su padre le preguntó cuántos números conocía. Ella empezó a mirarse los dedos de la mano y contó hasta diez con dificultad. «Bueno, ¿viste la luna allá? El hombre llegó a la luna gracias a la correcta combinación de dos números: el cero y el uno». Victoria dice hoy que con apenas cuatro años entendió la metáfora. Y que supo que quería dedicarse a hacer naves aeroespaciales para ir a la Luna.

Se llama María Victoria Alonsoperez. Tiene veintiocho años y es uruguaya. Para expresar que algo le gusta mucho dice que le gusta «pila» (como todos los uruguayos), pero no toma mate, y el fútbol le parece terriblemente aburrido. Casi siempre se viste de rojo. Cuando no, de rosado o lila. Y cuando habla, a menudo mezcla una o dos palabras en inglés. De hecho, muchas veces se queda pensando cómo se dicen algunas cosas en castellano, su lengua madre, porque piensa en inglés. Y piensa en grande. Viaja todo el tiempo y va a todas partes cargando sus cosas en una mochila que le regalaron en la NASA. Para las galas de premiación —y la premian más seguido que a Messi— se viste con una chaqueta roja y zapatos de taco (rojos también), pero en el día a día se pone jeans y remera. Es coqueta. Pero, antes que eso, es pragmática.

Victoria fue a un colegio privado bilingüe. Cuando algún amigo de sus padres le preguntaba qué quería ser de grande, ella decía: «astronauta» o «quiero llegar a la Luna». A los diez años, cuando sus padres organizaron un viaje de vacaciones a Disneylandia, ella dijo que, si no la llevaban a conocer la NASA, no iba. Hay fotos que documentan el tour entre trajes de astronautas y simuladores del Apolo 11. A su madre le pedía libros sobre planetas, sobre satélites, sobre Marte. De hecho, fue por Marte que comenzó su carrera. Cuando a los catorce años supo que había una Feria de Ciencias en Montevideo se presentó con un proyecto: «Cómo es posible la vida en Marte». No era gran cosa: ideas de una adolescente que no tiene acceso a libros científicos.

Por los días del instituto, ella prefería quedarse en el aula leyendo David Copperfield y Oliver Twist de Charles Dickens, en inglés antiguo. Por las tardes iba a clases de danza y además practicaba tenis y karate. Dice que iba a karate porque le quedaba muy cerca de su casa. Sentía que allí podía descargar algo de su furia. Sus compañeros del colegio se burlaban de ella.

En Montevideo nunca ha vivido sola. Pero, fuera de Uruguay, en sus viajes que la llevan desde Estados Unidos a Austria y de ahí a China, siempre vive sola. En 2011, viajó a la ciudad austríaca de Graz, para estudiar un posgrado en la Universidad Internacional del Espacio de Austria. Aprendió mucho, pero extrañó a su familia y el asado: en Austria toda la comida parecía estar hecha a base de harina y salsas.

Fuente: César Bianchi, Un mundo lleno de futuro (2017)*

6 el/la contador/a der/die Buchhalter/in **20 la nave aeroespacial** das Raumschiff **33 la gala de premiación** die Preisverleihung **36 jeans y remera** *Ur.* = vaqueros y camiseta **36 coqueto/-a** schick **44 el traje de astronauta** der Raumanzug **59 la furia** die Wut **59 burlarse de alguien** *hier* jdn mobben **66 el espacio** das Weltall **67 extrañar algo / a alg.** *lat. am.* = echar de menos algo/ a alg. **67 el asado** das Grillfest **68 la harina** das Mehl

1. El texto es...
   a. un reportaje sobre los viajes al espacio.
   b. la historia de una chica de Uruguay que está muy interesada en el espacio.
   c. la entrada de blog sobre el futuro profesional de una chica uruguaya.
2. Ya de niña, Victoria sabía que quería ser...
   a. contadora como su padre.
   b. modelo para llevar ropa coqueta.
   c. astronauta para poder viajar al espacio.
3. A Victoria le gusta mucho el fútbol.
   a. verdadero b. falso Justificación: [...]
4. Victoria a veces mezcla el inglés y el español porque...
   a. piensa en inglés y olvida palabras en español.
   b. viaja mucho a EE. UU.
   c. lee muchos libros de la NASA.
5. Normalmente, a Victoria le gusta ponerse ropa cómoda.
   a. verdadero b. falso Justificación: [...]
6. ¿Cómo se sabe que ya desde pequeña Victoria quería viajar al espacio?
7. El primer contacto con su futuro mundo laboral fue...
   a. cuando jugaba al tenis en un club.
   b. cuando presentó un trabajo sobre la vida en otro planeta en una feria.
   c. cuando empezó a estudiar en la Universidad de Graz, Austria.
8. ¿Por qué Victoria iba a karate cuando era pequeña?
9. Victoria ya ha viajado a tres continentes diferentes.
   a. verdadero b. falso Justificación: [...]
10. Victoria no echa de menos nada cuando está fuera de Uruguay.
    a. verdadero b. falso Justificación: [...]

Comprensión auditiva

3 **Escucha la conversación de los hermanos Luis y Francisca sobre irse de Madrid al pueblo y contesta las preguntas o elige la opción correcta.**

1. ¿Cuál es el miedo de Luis de vivir en un pueblo?
2. La universidad donde estudia Francisca...
   a. ... está a una hora del pueblo.
   b. ... se encuentra en el pueblo.
   c. ... está muy cerca del pueblo.
3. ¿En qué otras dos ciudades europeas también hay mucha gente que prefiere irse a vivir a los pueblos?
4. ¿Cuáles son las ventajas para los padres de vivir en el pueblo?
   a. tener casa y poder hacer todo en autobús
   b. tener jardín y poder hacer todo a pie
   c. tener piscina y poder hacer todo en bici
5. ¿Qué deportes le gustan a Luis?
   a. fútbol, baloncesto y balonmano
   b. tenis, golf y natación
   c. senderismo, montañismo y ciclismo
6. ¿Cuál es el verdadero problema de Luis?
7. Francisca también tiene un secreto. ¿Cuál es?
   a. Quiere independizarse y quedarse en Madrid.
   b. Quiere vivir en el extranjero, p. ej., en Londres o Berlín.
   c. Quiere dejar la universidad.

4 **Escucha la conversación familiar entre un padre y un hijo y responde las preguntas.**

1. ¿De qué están hablando el padre y el hijo?
   a. de enviar al hijo a un curso de verano de inglés
   b. del destino de las vacaciones de verano
   c. de visitar a su compañero de intercambio
2. La madre ha enviado información al hijo...
   a. ... por mensaje de voz.
   b. ... por e-mail.
   c. ... por mensaje de texto.
3. ¿Por qué el hijo no se quiere ir de vacaciones?
4. El padre cree que el hijo puede hacer actividades interesantes, como por ejemplo...
   a. ... hacer deporte y visitar museos.
   b. ... conocer a gente nueva y practicar inglés.
   c. ... hacer prácticas en inglés y conocer tradiciones locales.
5. ¿De dónde es el alumno de intercambio con el que el hijo habla inglés?
   a. de Estados Unidos
   b. de Inglaterra
   c. de Australia
6. ¿Por qué el hijo prefiere trabajar en verano?
7. ¿Cómo se llama el deporte que quiere hacer el hijo con la bicicleta?
8. ¿Cuánto cuesta la bicicleta que se quiere comprar el hijo?
9. ¿Qué propone el hijo al final?
10. ¿Cuándo quieren preguntar por el trabajo en la oficina de turismo?
    a. esta tarde
    b. hoy
    c. mañana

Expresión escrita

5 **Lee el mensaje de Carla y contesta sus preguntas en una entrada de blog (200–250 palabras) en su blog «Mis viajes, mi mundo».**

Hola, gente:
Pronto terminaré el instituto. A mí me gustaría hacer un voluntariado en una ONG. Quiero comprometerme con el medio ambiente. Pienso que es un tema importantísimo, cuidar nuestro planeta y proteger a los animales. Mis padres, en cambio, piensan que es una pérdida de tiempo y quieren que empiece a estudiar o que haga una formación profesional. No quieren apoyarme porque ganaré muy poco o nada y creen que después perderé mis hábitos de estudio.
¿Qué puedo hacer? ¿Qué haríais vosotros en mi lugar?
¿Alguien que quiera compartir su experiencia conmigo?
Espero vuestras respuestas y consejos. Posteadlas aquí abajo en los comentarios.
¡Gracias!
Carla

facultativo

6 **Hoy por la mañana has recibido un mensaje de Luis, el alumno de intercambio del año pasado, con quien tienes una buena amistad. Contesta su mensaje con un e-mail (aprox. 200 palabras) en el que le das consejos y le das tu opinión sobre lo que hizo Lola y sobre las redes sociales en general.**

¡Hola, colega!
Tengo un problema y no sé qué hacer. Te cuento de qué se trata: durante mis últimas vacaciones conocí a una chica llamada Lola. ¡Majísima! Desde entonces, nos enviamos mensajes casi a diario en nuestras redes. A veces, también, fotos divertidas o *memes*.
Pues imagínate, esta mañana he visto que ha colgado dos fotos mías en su perfil: una foto es de cuando me caí del patinete eléctrico y, en la otra foto, estoy con ella, pero haciendo una cara horrible. Trágame, tierra. ¡Las fotos eran SOLO para ella! Estoy furioso. ¿Qué harías tú?
Por favor, ayúdame.
Luis

Expresión oral

7 **Te estás preparando para un examen oral de español. Describe y comenta la foto durante tres minutos.**
- Nombra el tema de la foto.
- Describe con detalle los elementos que se pueden ver (personas, objetos, lugar), empezando por el centro / primer plano.
- Explica la situación expuesta.
- Comenta esta situación, teniendo en cuenta lo que sabes de la comunicación moderna y sus efectos.

Tipps zur Vorbereitung auf eine mündliche Prüfung
- Strukturieren Sie Ihre Präsentation.
- Fertigen Sie einen Stichwortzettel an.
- Nutzen Sie Konnektoren.
- Sprechen Sie langsam, laut und deutlich.
- Bleiben Sie ruhig, auch wenn Sie einen Fehler machen.

8 Imagina que estás de intercambio en Andalucía. Son las fiestas del pueblo. Tu amiga Marta (B), que es una fanática de los toros, te invita a una corrida con sus amigos. Tú (A) no quieres ir. Prepara el diálogo en cinco minutos y presenta la escena, B empieza. ► B, p. 142

Tú
- Agradece la invitación de Marta y explica por qué no quieres ir.
- Evalúa los argumentos de Marta y presenta nuevos argumentos para no ir.
- Di si finalmente los acompañas o no sin ofender a Marta.

Expresiones útiles para reaccionar a la invitación de Marta:
- ¿No te parece malo que...? (+ *subj.*)
- No quiero ofenderte, pero...
- Te entiendo, pero tienes que entenderme a mí también. Para mí, ...
- Esto no me convence. En mi opinión...

A

9 Unos amigos y tú (A) habéis reservado en Barcelona tres habitaciones en un albergue juvenil en la planta baja porque tú vas en silla de ruedas. Al llegar os dan habitaciones en el segundo piso y allí solo hay escaleras. Tú explicas el problema en recepción (B). Prepara el diálogo en un minuto y presenta la escena. Tú (A) empiezas. ► B, p. 142

Tú
Necesitas una habitación accesible, o sea, sin escaleras y sin barreras en el baño.
- Presenta las condiciones de la reserva y explica lo que habéis recibido.
- Pide una solución al problema.
- Si la solución no te convence, pide alternativas.

A

Mediación

ES DE **10** Maribel, eine spanische Austauschschülerin, wird einen Vortrag über „kulturelle Missverständnisse einer Spanierin in Deutschland" im Spanischunterricht halten. Sie hat den Artikel „Mein Haus ist Ihr Haus" in einer Zeitschrift gefunden und bittet Sie um Hilfe. Schreiben Sie ihr eine Zusammenfassung des Artikels (ca. 170 Wörter). Gehen Sie darauf ein, was laut Rosa Ribas typisch für Spanier/innen ist und zu welchen Missverständnissen manche spanischen Verhaltensweisen bei Deutschen führen können.

DER ANDERE BLICK

Mein Haus ist Ihr Haus

von Rosa Ribas

Weshalb Spanier eine gewisse Vorliebe für große Gesten haben – und wieso dies manchmal Verwirrung stiftet, weiß die Schriftstellerin Rosa Ribas.

Seit ich in Deutschland lebe, pflege ich eine besondere Sammlung: Ich notiere gerne kleine kulturelle Missverständnisse. Sowohl diejenigen, die mir als Spanierin in Deutschland geschehen sind, als auch die, die mir deutsche Freunde über ihre Erfahrungen in Spanien erzählt haben. Meine Lieblingsstücke sind solche, in denen zwei verschiedene Formen der sprachlichen Höflichkeit aufeinandertreffen. Spanier haben eine gewisse Vorliebe für große Gesten: Wird man von einem desorientierten Touristen

nach dem Weg gefragt, so erklärt man nicht nur bereitwillig und ausführlich, nein, ein Spanier begleitet den Touristen bis zur gefragten Adresse; man bietet das eigene Essen zum Kosten an, wenn jemand „guten Appetit“ wünscht; man stellt sogar das eigene Haus zu Verfügung. Eine gängige Redewendung lautet „Mi casa es su casa“ – mein Haus ist Ihr Haus. Ja. Spanier lieben auch große Worte. Und auch wenn wir es ernst meinen, sollte man das doch nicht allzu wortwörtlich verstehen. Solche Sätze sind eher ein Zeichen, mit dem Sympathie signalisiert wird. Genauso wie bei „Wir sollten uns mal auf einen Kaffee treffen“. Es bedeutet lediglich, dass man sich nett findet und es schön wäre, sich irgendwann einmal wiederzusehen. Man sollte also nicht sofort den Kalender rausholen und einen festen Termin vereinbaren. Und was machen wir mit „Mi casa es su casa“? Auf keinen Fall mit drei Koffern und Familie vor der Tür stehen. Der Rucksack macht die Sache nicht besser. Es war keine Einladung, es war eine Geste. An sich laden Spanier eher selten zu sich nach Hause ein. Man trifft sich mit anderen auf der Straße, in Bars, in Cafés – aber fast nie in der eigenen Wohnung. Eine Freundin aus Puerto Rico kommentierte mit Erstaunen, dass sie auch nach mehreren Jahren in Spanien von vielen Freunden noch nie nach Hause eingeladen worden sei. Sie wisse nicht, wie ihre Freunde wohnen. Das Haus ist vor allem ein Rückzugsort. Gleichzeitig hält uns Spanier das Gebot der Gastfreundschaft ständig dazu an, unser Heim anzubieten.

Vor ein paar Jahren gab ich Freunden, die umgezogen waren und ihre Wohnung in Frankfurt aufgelöst hatten, einen unserer Hausschlüssel. Die Geste – wie gesagt, Spanier stehen auf große Gesten – sollte ihnen bedeuten, dass sie in unserem Haus immer willkommen wären. Bei einem Besuch einige Monate später haben sie uns dann gefragt, ob diese „komischen Schlüssel“ uns gehörten. Sie haben die Geste offensichtlich nicht verstanden und uns die Schlüssel zurückgegeben.

War ich beleidigt? Natürlich! Aber jetzt im Nachhinein auch beruhigt. Was wäre passiert, wenn sie es wortwörtlich genommen hätten? *Mi casa es su casa. Claro.* Aber ich behalte lieber die Hausschlüssel. Übrigens, bevor ich es vergesse: Spanier – wie ich gerade bei meinem Text – neigen auch leicht zur Übertreibung.

AUTORIN PROF. DR. ROSA RIBAS ist Krimiautorin. Die Spanierin lebt seit Langem in Deutschland und arbeitete als Romanistin an der Goethe-Universität Frankfurt und an der Hochschule Heilbronn. Seit 2008 widmet sie sich ganz dem Schreiben.

Fuente: Spanien Länderprofil (2020)*

11 **Ihr Freund Pablo aus Chile bereitet sich auf ein Austauschjahr in Deutschland vor. Er hat im Internet einen Podcast zum Thema „Spanisch und Deutsch: Leben zwischen zwei Welten“ entdeckt. Er interessiert sich vor allem für Gabriels Beitrag und fragt Sie nach Details. Schreiben Sie ihm eine E-Mail (ca. 150 Wörter) und erklären Sie ihm, was Gabriel über seine Muttersprachen und interkulturellen Erfahrungen sagt und welche Vorteile er sieht, wenn man „hier und da“ zu Hause ist.**

¿En qué mundo quieres vivir? | Punto de partida

3 **Escucha la canción y comenta tus primeras impresiones.** p. 17

1. Nombra las emociones que despierta en ti (alegría, tristeza, enfado, ganas de bailar) y explica por qué.
2. Comenta en qué piensas al escuchar la canción.

La canción	despierta en mí me hace sentir me causa	aburrimiento alegría tristeza molestia ...	porque	(no) me gusta la letra / el ritmo / la banda. es música comercial. la letra es crítica. conozco el vídeo y (no) me gustó. (no) me gustan las canciones de verano. la canción es pegadiza.[1]
	me recuerda	otra canción que se llama ... a mi amigo / amiga ... con el que / la que comparto muchas cosas. las vacaciones en ... que fueron bonitas/feas [...] cuando bailé con ... la fiesta de ..., en donde pasó algo gracioso/emocionante/divertido [...]		
Con Al escuchar	la canción	pienso en asocio	vacaciones, sol, playa. fiestas, amigos, diversión. gente superficial/extrovertida [...]	

1 la canción pegadiza der Ohrwurm

8 a **Describe la imagen y explica qué critica.** ▶ Imágenes, p. 175 p. 19

Me parece que		la imagen	critica	el uso excesivo del móvil. la necesidad de la gente de ver su móvil. a la gente que ya no habla entre sí. la superficialidad.[1] ...	
Como se ve	en el centro, al fondo, ...,		transmite	alegría tristeza soledad[2] ...	
Aunque A pesar de que	los amigos las personas los invitados el cumpleañero la fiesta todo	parece/n luce/n		contento/-a, alegre, feliz, pasarlo bien/mal, triste, de buen/mal humor, perfecto/-a	creo que...

1 la superficialidad die Oberflächlichkeit **2 la soledad** die Einsamkeit

10 a **Busca en Internet la campaña de UNICEF «No seas estrella». Mira los primeros 40 segundos del vídeo. Describe cómo es la música, cómo reaccionan los alumnos al abrir la puerta y cuenta qué información lees.**

► Comprensión audiovisual, p. 163

↗ p. 19

La música del vídeo	al principio después	(no) es se vuelve	alegre/dramática/tranquila/...
		da una sensación de produce	nerviosismo/intranquilidad/...
En el vídeo	se menciona nos enteramos de	que ... quiénes son ...	
Al abrir la puerta	algunos uno/-a de los participantes la mayoría de los alumnos un niño / una niña los adolescentes	parece/n	nervioso/-a. incómodo/-a. intranquilo/-a. molesto/-a. sorprendido/a.

¿En qué mundo quieres vivir? | Texto A

11 **Para un examen oral tienes que presentar el sistema educativo español a tu clase. Expón las opciones que hay después del Bachillerato usando el diagrama.** ► Vocabulario temático, p. 40 ► Presentar un tema, p. 164

↗ p. 26

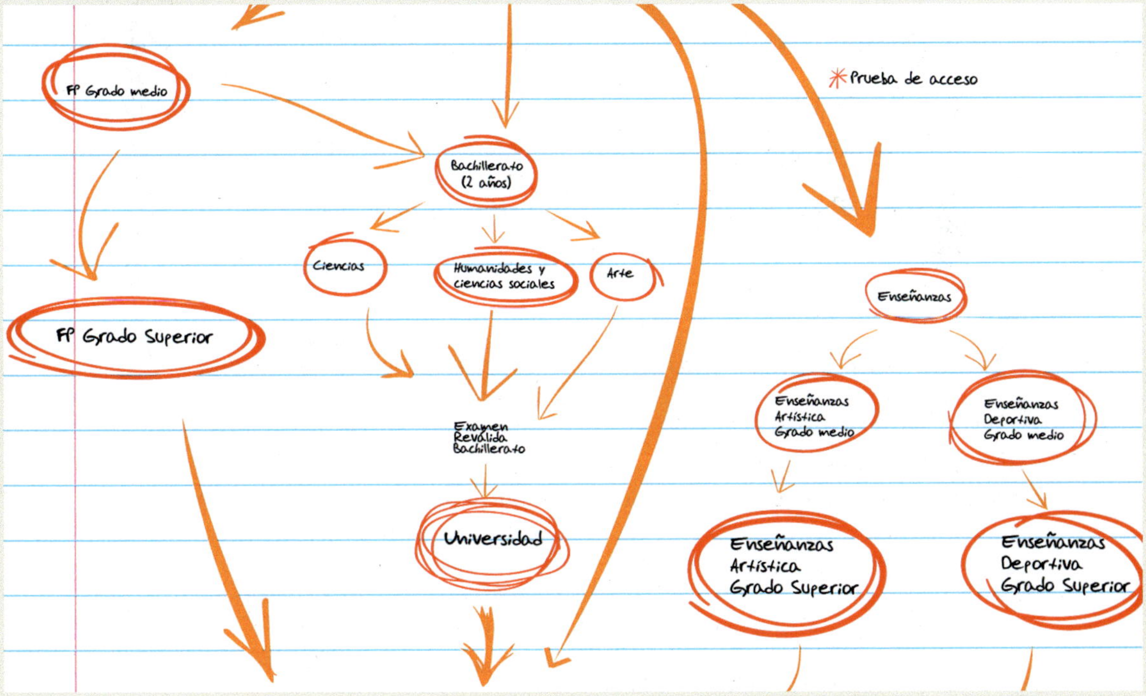

De manera general, el sistema español tiene ... niveles, que son ...
Primeramente, comienzan con ... que dura ... años. Este nivel puede ser algo parecido a ... en Alemania.
Terminado el bachillerato, los españoles ... Al escoger ... los españoles pueden seguir estudiando ...
Tanto en España como en Alemania ... Haciendo una FP, los alumnos después podrán ...

13 b Busca en Internet el vídeo «Ya que te gusta elegir, elige FP dual». Míralo sin sonido. Indica qué cinco profesiones se muestran.

↗ p. 26

Cocinero/-a   Asistente médico/-a   Fotógrafo/-a   Especialista en Marketing
Técnico/-a en Química industrial   Mecánico/-a de automóviles   Fisioterapeuta   Mecánico/-a de aviones

¿En qué mundo quieres vivir? | Texto B

7 a Escucha el primer minuto de la conversación y completa las frases.

▶ Comprensión detallada, p. 163

↗ p. 30

El programa se llama:
a. Radio Jóvenes   **b.** Entre amigos   **c.** Jóvenes como tú   **d.** Radio amigos

El tema que quieren discutir es:
a. ¿Cómo tener más *likes*?
b. ¿Qué sentimos cuando nos dan *likes*?
c. ¿Por qué nos gusta que nos den *likes*?

Hay **a.** tres **b.** cuatro **c.** cinco personas participando.

b Escucha la conversación y contesta o elige las opciones correctas.

↗ p. 31

1. ¿Qué son los participantes?

psicólogo/-a   estudiante   *influencer*   doctor/a   *vloguero*   activista

2. El «me gusta» lo entendemos como:
a. algo necesario en la actualidad.
b. algo positivo en la vida real.
c. algo normal entre jóvenes.

3. Sin embargo, el «me gusta» también puede:
a. producir reacciones negativas.
b. tener consecuencias negativas.
c. dejar de importarte.

¿En qué mundo quieres vivir? | Texto C

4 Da tu opinión y explica por qué (no) harías un voluntariado como el de la autora.

↗ p. 33

Yo (no) me lo podría imaginar porque ... A mí (no) me gustaría hacer algo parecido porque ... Yo, personalmente, (no) haría este tipo de voluntariado porque ... En un lugar diferente ...	*descubrir* quién soy sin mi familia *vivir* lejos de la familia *aprender* muy bien una lengua extranjera *llamar* todos los días *echar* de menos a ... *hablar* fatal en otra lengua como inglés o español *preferir* hacer un voluntariado en el propio barrio/país/[...] *preferir* conocer el mundo y viajar

Mi novio/-a Mis padres Mis amigos	*echarme* de menos (no) *estar* de acuerdo con mi decisión *olvidarse* de mí *estar* preocupado/-a todo el tiempo (no) *visitarme* seguramente

5 a **Actividad de preaudición: ¿Qué dirías tú?, ¿cuáles son los puntos fuertes de la voluntaria del texto? Justifica tus ideas con referencias al texto.**
Ejemplo: Está claro que es una persona comunicativa porque tiene facilidad para hablar con los pacientes.

↗ p. 33

Está claro que Para mí, ella Sin duda Me parece que	es	una chica [...] una persona [...] una estudiante [...]	porque ya que dado que	tiene facilidad para le resulta fácil domina su punto fuerte es consigue logra	[...].

empática, fuerte, responsable, comprometida, competitiva, profesional, creativa

escuchar a los otros, conocer otras culturas, hablar con los pacientes, hablar otras lenguas, trabajar varias horas seguidas, tratar a los pacientes con atención, hacer su trabajo, trabajar donde sea

6 **Te estás preparando para una entrevista de voluntariado por videollamada. Piensa en tus puntos fuertes y preséntalos en una charla de un minuto.**

↗ p. 33

Desde el instituto he sido una persona ...
Gracias a las prácticas que he hecho, sé que soy ...
Considero que mis puntos fuertes son tres/cuatro/[...]
Soy capaz de trabajar en equipo / solo/-a / bajo presión / [...]
Mis compañeros me consideran una persona comunicativa/responsable/organizada/[...]
Además, podría mencionar que sé programar / hablar bien inglés / [...]

9 a **Tu compañero/-a (A) ha aprobado la primera selección para el voluntariado ambiental (p. 34) y se presentará a una entrevista por videollamada. Por eso ensaya contigo (B). Tú empiezas.** ► A, p. 35

Entrevistador/a
Antes de la entrevista:
- Prepara por lo menos seis preguntas sobre las actividades del voluntariado y los requisitos en la oferta.

Durante la entrevista:
- Saluda y describe brevemente el voluntariado. Pide al entrevistado / a la entrevistada que se presente.
- Haz las preguntas que has preparado.
- Termina la entrevista y despídete.

Después de la entrevista:
- Dale consejos a tu compañero/-a para mejorar.

B

PRÁCTICAS EN LA NATURALEZA PARA ALUMNOS DE BACHILLERATO INTERNACIONALES

Meta:
aprender sobre el medio ambiente y la naturaleza en parques nacionales apoyando proyectos regionales

Actividades previstas:
- cursos para conocer mejor los parques nacionales
- *plogging* en rutas de senderismo
- reforestación
- observación e identificación de especies

Requisitos:
- buena condición física
- saber trabajar en equipo
- facilidad para comunicarse
- nivel intermedio de español y avanzado de inglés

Las prácticas no se pagan, pero el alojamiento y la comida están incluidos.

11 a **Dos jóvenes que fueron voluntarios en Latinoamérica hablan con jóvenes interesados en hacer la misma experiencia. Escucha los testimonios y contesta. A veces hay más de una respuesta correcta.** ↗ p. 36

1. ¿Qué diferencias mencionan sobre su experiencia como españoles en Latinoamérica?
   a. El trato es diferente.
   b. No entienden muchas palabras.
   c. No toda Latinoamérica es igual. La cultura cambia según el país.
   d. En México, por ejemplo, no son tan directos como en España.
   e. En muchos países latinoamericanos es mejor no tratar de «tú» a desconocidos.

2. ¿Qué aconsejan a los futuros voluntarios?
   a. Que pasen solamente medio año.
   b. Que se informen de la cultura.
   c. Que vayan a países pequeños como Panamá.
   d. Que observen a los demás.
   e. Que pregunten sobre el trato.
   f. Que hablen con la gente para aclarar problemas si los hay.
   g. Que siempre traten de «usted» a todos.

3. ¿Qué malentendido tuvo el voluntario y por qué? ¿Cómo lo solucionó?
   a. Tuvo una discusión con su familia de acogida.
   b. Tuvo una diferencia cultural con adultos mayores.
   c. Tuvo problemas con los otros voluntarios.
   d. Tuvo una diferencia cultural con una compañera de trabajo.
   e. Porque su familia no entendía qué quería.
   f. Porque el voluntario fue directo al hablar y eso no es muy común entre colegas.
   g. Porque el voluntario no fue respetuoso con los abuelos.
   h. Porque habló de «tú» a todos y eso no es muy común en México.
   i. Lo solucionó cambiando de familia.
   j. Lo solucionó hablando con la persona y explicando que, para él, es normal hablar así.
   k. Lo solucionó hablando más fuerte y usando el usted con los adultos mayores.
   l. Lo solucionó no hablando del problema, y los otros se olvidaron también del conflicto.

México, país entre culturas | Punto de partida

2 c **Vuelve a mirar el vídeo y completa la información correcta sobre Teresa. Sobran tres frases de la derecha.** ↗ p. 43

1. Teresa aprendió de niña una lengua indígena porque sus padres...
2. No se identifica como chicana, latina o migrante porque...
3. Viaja todos los años a ver a sus primos y a su abuela y por eso...
4. Cuando tuvo su primer novio, sufrió mucho por los viajes, pero ahora...
5. Su padre no viajaba con la familia a Chiapas porque...

a. siente que su identidad es mexicana.
b. en Chiapas también se siente en casa.
c. su novio viaja con ella y no es problema.
d. le encanta tener familia y amigos aquí y allá.
e. no tenía papeles, pasó mucho tiempo de ilegal.
f. no le gusta viajar en avión y en camión toma mucho tiempo.
g. son solo partes de su identidad. Ella prefiere decir que es transnacional.
h. son de San Juan Chamula, una comunidad indígena al sur de San Cristóbal de Las Casas.

6 **Mira la caricatura y explica qué significa la expresión «el rufo está liqueando».**

► Utilizar el diccionario, p. 181

↗ p. 44

Rufus likes your post
The roof is leaking

México, país entre culturas | Texto A

11 **La revista (pp. 48–49) te invita a compartir tu opinión sobre el reportaje (pp. 48–49). Discute en un *post* (aprox. 150 palabras) si el mensaje del texto es positivo o negativo y justifica tu opinión con ejemplos.** ► Organizar el proceso de escritura, p. 166

↗ p. 51

Así puedes estructurar tu texto:
- No sé qué opináis vosotros, pero me parece que el mensaje del texto es positivo/negativo porque...
- En mi opinión, el título (no) es muy adecuado porque principalmente destaca el tema de...
- El primer párrafo del reportaje nos presenta a las maquilas como...
- Hay que pensar que, por un lado, Estela dice que el trabajo en las maquilas es...
- Por el otro lado, Maribel afirma que en las maquilas en México...
- [...]
- En conclusión, me parece importante destacar que...

México, país entre culturas | Texto B

11 **Eres un compañero/-a de intercambio de México (B) y trabajaste unos meses en el proyecto de las escuelas móviles en Tijuana. A tu compañero/-a (A) le gustaría participar en proyectos similares. Presenta la escena, A empieza.** ► A, p. 56 ► Diálogos o juegos de rol, p. 165

Compañero/-a de intercambio de México
- Cuenta tus impresiones y tus opiniones sobre las escuelas móviles en Tijuana.
- Pregunta a tu compañero/-a de intercambio qué es lo que le sorprende o le llama la atención de tus experiencias.
- Comenta su deseo de participar en proyectos similares.

B

México, país entre culturas | Texto C

4 b **Comenta la afirmación del reportaje (pp. 58–59) «La música es para ellos la expresión más potente y más viva de la identidad cultural» (ll. 9–10).** ► Vocabulario temático, p. 66 ► Presentar un tema, p. 164

↗ p. 59

Para mí/[...] Según el reportaje / [...]	la música el ritmo el baile	expresa conecta	sentimientos/tradiciones/[...]
		ayuda a invita a	encontrar su camino / prevenir de peligros / [...] descubrir/explorar quiénes son / su identidad desarrollar sus talentos
En mi caso, cuando escucho música		me llama la atención (no) me concentro en	la letra / el ritmo / la voz / la melodía / [...]

10 **Escribe una entrada en el blog de Una Isu (aprox. 150 palabras) y evalúa la importancia de estos proyectos musicales para jóvenes en contextos multiculturales.** ► Vocabulario temático, p. 66

► Organizar el proceso de escritura, p. 166

↗ p. 61

- Hoy en día, los jóvenes enfrentan muchos riesgos, como, por ejemplo,...
- Me gustaría decirte que...
- Si no existieran estos proyectos, los jóvenes...
- Si Una Isu no motivara con sus letras, muchos chicos...
- A mi modo de ver, tus experiencias y tus canciones...

11 b **Comenta si el diseño del póster facilita o dificulta entender el mensaje. Explica por qué.**

↗ p. 61

Ejemplo: El diseño del póster facilita/dificulta entender el mensaje, porque...

los dibujos los tipos de letra	son	grandes pequeños raros [...]	y (no) dejan ver y (no) destacan	la información principal. el lugar del concierto. a los músicos invitados. el motivo del concierto. las culturas indígenas. el estilo de música. [...]
el color de [...] el fondo	es	fuerte claro[1] oscuro[2] [...]		

1 **claro/-a** hell 2 **oscuro/-a** dunkel

México, país entre culturas | Texto D

8 a **Antes de escuchar: Describe la situación que muestra el cuadro de Elena Climent.** ► Imágenes, p. 175

↗ p. 65

Elena Climent nació en 1955 en Ciudad de México. En 1988 se mudó a Nueva York, donde vivió y exhibió sus pinturas por muchos años. Actualmente vive en Cuernavaca, México.

el escritorio	el papel
la pintura	el pincel
la lámpara	la nota
la fotografía	el ordenador
la ventana	la lámpara
el libro	la taza
el teléfono	el cuaderno
la mujer	la llamada

Nación (2010) – Elena Climent

b **Escucha dos veces la primera mitad de la entrevista con Elena Climent y elige la respuesta correcta.**
► Comprensión selectiva, p. 163
↗ p. 65

1. Además de la pintura medieval[1], ¿qué otro medio visual la inspiró y por qué?

El cine La fotografía La novela gráfica El muralismo[2] mexicano	porque	la luz es muy importante. presenta muchos detalles de la vida mexicana. pasan muchas cosas al mismo tiempo. la gente está en movimiento.

1 **medieval** mittelalterlich
2 **el muralismo** die Wandmalerei

2. ¿Qué está mostrando el cuadro según Elena Climent?
   a. el escritorio de su hija
   b. su amor por la pintura
   c. el bicentenario[1] de México
   d. cómo es vivir en dos lugares
   e. el invierno en Ciudad de México

1 **el bicentenario** der zweihundertste Jahrestag

3. ¿Qué elementos destaca del cuadro? Nombra cuatro.

la pared verde | la foto familiar | latitas con cactus | el Día de Muertos | la bandera mexicana | las imágenes religiosas | Nueva York en la ventana | los pinceles del escritorio | dibujos prehispánicos de plantas

c **Escucha la segunda mitad de la entrevista y completa las afirmaciones de Elena Climent con la información correcta. Sobran tres elementos de la derecha.** ► Comprensión detallada, p. 163
↗ p. 65

1. Desde México los [norte]americanos se ven...
2. Desde EE. UU. ven a México...
3. En EE. UU., mis cuadros se volvieron...
4. Al principio en los EE. UU., México era...
5. Al final de mis años en EE. UU., el español era...
6. Cuando te mueves entre países se van...

a. más coloridos.
b. más mexicanos.
c. más extraño, más lejano.
d. olvidando los problemas.
e. muy caótico, muy desordenado.
d. borrando las fronteras mentales.
e. menos popular que el espanglish.
f. muy obsesionados con la seguridad.
g. un idioma que los americanos aprendían con regularidad.

Ciudades modernas | Texto A

7 **Eliza sube fotos de su paseo por Madrid a un blog para estudiantes de intercambio. Escribe una entrada a través de los ojos de Eliza (aprox. 200 palabras). Describe sus impresiones de la ciudad y comenta las diferencias que nota entre su cultura y la española. Pon un título adecuado.**

► Organizar el proceso de escritura, p. 166

↗ p. 77

Los árboles del parque del Retiro

Los rostros y los abrazos de la gente

Los museos y la oferta cultural

Las calles y los bares del centro

Los edificios del centro

Los árboles Las flores	están en crecen en llenan de color	las calles... la ciudad... el parque... la primavera...

El cine [...] muestra películas	antiguas. en versión original. con subtítulos...

Los bares Los cafés	tienen	terrazas cuyas... mesas plateadas con...

En el museo [...]	exponen hay se pueden observar	pinturas. esculturas. cuadros...

Los edificios del centro	tienen fachadas... no son tan...

Mientras en mi ciudad las personas no se besan en la calle, aquí...
Aquí la gente no merienda/desayuna...
Comer [...] me recuerda a...
No entiendo/sé cómo...

Ciudades modernas | Texto B

5 **Eres Juan (B) y vives en un pueblo. Pronto te mudarás con tu esposa Khuyana (A) y tus hijos a Lima. Imagina la discusión con Khuyana en 1965, antes de tomar la decisión de migrar. Presenta la escena y llega a un acuerdo, A empieza.** ► A, p. 80 ► Diálogos o juegos de rol, p. 165

Juan
– Di qué cosas te preocuparían de vivir en una megaciudad como Lima.
– Explica por qué te gusta vivir en el pueblo y estar cerca de la familia y de los amigos.
– Nombra qué otras ventajas tendría vivir en una gran ciudad para la familia.

B

9 a **Para tu clase de español vas a presentar diferentes aspectos de Lima bajo el tema «Megaciudad de contrastes». Has encontrado estas estadísticas.** ▶ Estadísticas y gráficos, p. 178

↗ p. 81

1. Nombra los temas, las fuentes y las fechas de las estadísticas.
2. Describe la información:
   – Indica qué porcentaje de la población era pobre en los años 2004 y 2020 en Lima y en las zonas rurales.
   – Expón qué palabras positivas son las más/menos usadas por los limeños para describir su ciudad.

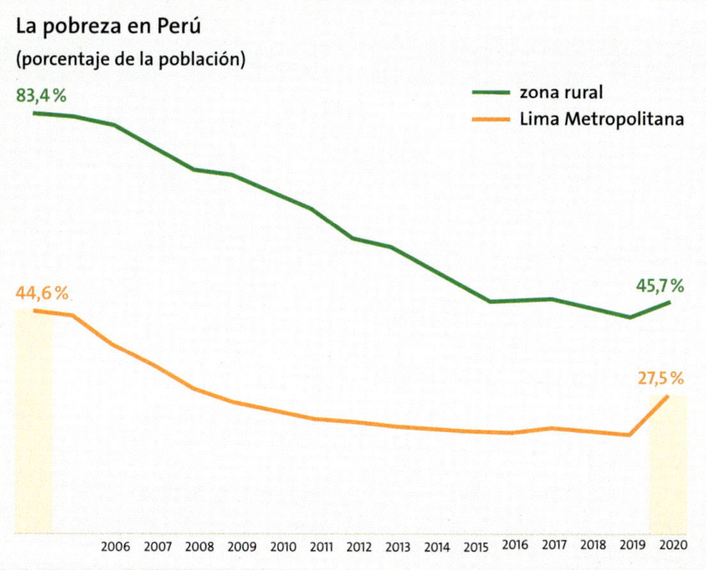

Fuente: Instituto de Estadística e Informática (INEI) (2004–2020)

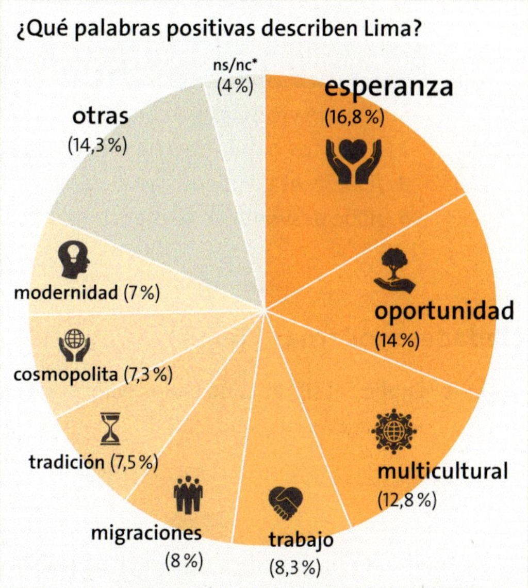

***ns/nc** no sabe / no contesta

Fuente: Vox Populi (2017)

Según el gráfico de líneas, entre 2004 y 2020 la pobreza en Perú...

Según las barras,	en el año [...] la pobreza aumentó/bajó de [...] a [...] en 2020 vivía/n casi un tercio / la mitad de [...] en [...]
Se puede ver que	los habitantes de la capital / de Lima son... hay una diferencia (grande) entre...

Según el diagrama circular, las palabras más/menos importantes para describir Lima son...

Esto explica que...

10 a **Escucha el inicio del reportaje de radio que hacen en Perú sobre los diferentes estilos de vida y completa las frases.**

↗ p. 82

1. El reportaje se llama...
   a. ¿Dónde se vive mejor en el Perú?
   b. ¿Por qué es mejor visitar el Perú?
   c. ¿Por qué se vive mejor en el Perú?
   d. ¿Dónde se puede conocer mejor el Perú?
2. Los tres entrevistados son...
   a. Marco, Noelia y Paula.
   b. Marco, Natalia y Paula.
   c. Marcos, Natalia y Paola.
   d. Marco, Amalia y Paulina.
3. El tema del reportaje es...
   a. la decisión de vivir en lugares pequeños.
   b. la decisión de vivir en la megaciudad Lima.
   c. la decisión de mudarse pronto a otro lugar.
   d. la decisión de vivir en la ciudad o en el campo.

10 b **Escucha los testimonios del reportaje de radio y contesta las preguntas.** ↗ p. 82

la gran oferta cultural | Lima | la contaminación | más de diez millones | ~~Arequipa~~ | el esmog
más de un millón | el costo de vida bajo | una buena conexión a Internet | una excelente universidad
en un pueblo | el acceso a los servicios básicos | las distancias | unos tres mil | el ruido
el costo de vida alto | la multitud de gente | mejores sueldos | un buen trabajo
la inseguridad | una vida tranquila | el tráfico

preguntas	persona 1	persona 2	persona 3
1. ¿Dónde viven las personas?	[...]	Arequipa	[...]
2. ¿Cuántos habitantes tienen los lugares?	[...]	[...]	
3. ¿Qué ventajas tiene cada lugar?	[...]		
4. ¿Qué desventajas se mencionan de Lima?			

Ciudades modernas | Texto C

8 c **Explica el significado de los colores de cada nivel utilizando las palabras del gráfico.**
► Estadísticas y gráficos, p. 178 ↗ p. 88

El color [...] significa que (no) se prioriza	caminar a los peatones andar en bicicleta a los ciclistas el transporte... los autos y...	porque	porque (no) contamina/n. (no) es/son (tan) eficiente/s. (no) es/son (tan) saludable/s. (no) es/son (tan) económico/s...

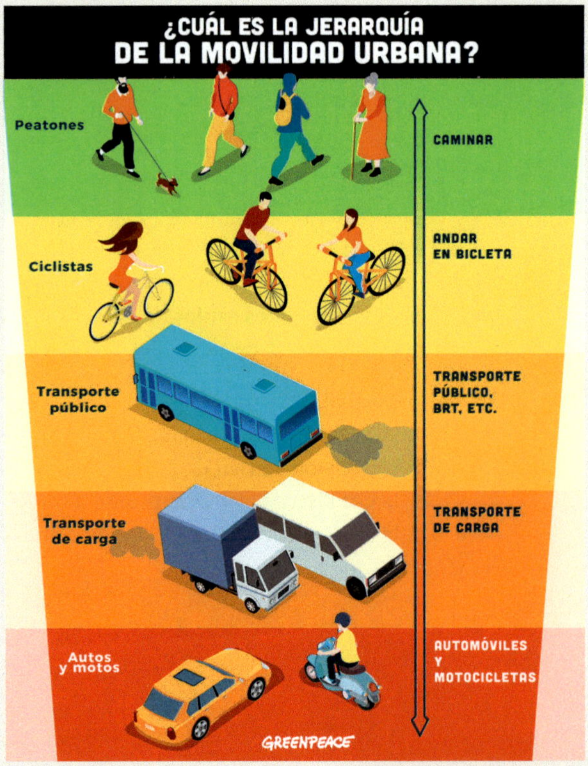

Fuente: Greenpeace (2019)

d **Presenta tu opinión: ¿Sería posible transferir esta «jerarquía de la movilidad urbana» que propone *Greenpeace* a tu ciudad o tu región? Expón los efectos que tendría el cambio y qué desafíos habría.**

► Vocabulario temático, p. 92

↗ p. 88

Con una nueva jerarquía de la movilidad urbana, en mi ciudad/región...	mejoraría la calidad de vida de... mejoraría la calidad del aire en... circularían más/menos... las calles serían... los niños irían a clase... los vecinos harían las compras... habría más espacio para...
Un desafío en mi ciudad/región sería...	crear más carriles para bicicletas... construir aparcamientos en las afueras... peatonalizar el centro... reducir el tráfico en el centro... mejorar la red de transporte público...

10 c **Vuelve a escuchar la entrevista y contesta las preguntas.**

↗ p. 88

1. ¿Quiénes participan en el concurso?
   a. Ocho grupos de tercero y cuarto grado.
   b. Todos los alumnos que van andando al cole.
   c. Los grupos de tercero, cuarto, quinto y sexto grado.
2. El concurso dura...
   a. tres semanas.
   b. del 4 al 19 de marzo.
   c. del 4 al 29 de marzo.
3. ¿Quién ganará?
   a. La clase que sume más puntos.
   b. Los alumnos que sumen más puntos.
   c. La clase donde más alumnos participen.
4. El premio será...
   a. participar en un evento para correr.
   b. un día en un parque de atracciones.
   c. una entrada anual a un parque de atracciones.

Ciudades modernas | Texto D

3 **Explica el efecto que tiene tu microcuento favorito en ti.**

↗ p. 91

Me hace reflexionar/pensar sobre... Me he dado cuenta de que... He entendido que...	(la importancia de) la familia las desigualdades sociales la pobreza las oportunidades en la vida los contrastes en la sociedad las malas/buenas decisiones las diferentes realidades mi camino todo lo que tengo	porque...

España, de camino al futuro | Punto de partida

2 **Mira las fotos (p. 94–95) y lee la información sobre España. Cuenta qué te llama la atención y por qué.**

↗ p. 95

Me llama la atención Me parece interesante Me cuesta creer Es impresionante	que + *subj.*	porque es que ya que	creía que	los trenes (no) eran tan modernos. España (no) dependía del turismo. la sociedad era más liberal/conservadora. los españoles (no) trabajaban tantas horas. el medio ambiente (no) era importante. España (no) tenía un buen sistema de salud. [...]

5 b **Sie nehmen Álvaro mit zu einem Treffen mit Ihren Freunden. Álvaro kann schon etwas Deutsch, versteht aber nicht alles. Dolmetschen Sie das Gespräch im Video.** ▶ Hacer de intérprete, p. 173 ↗ p. 97

ES / DE

- **Vor dem Hören:** Stellen Sie sich vor, über welche Klischees die Jugendlichen sprechen könnten. Denken Sie auch an Ihre eigenen Erfahrungen.
- **Während des Hörens:** Notieren Sie Schlüsselwörter und Zahlen. Das hilft Ihnen dann, das Wesentliche auf Deutsch zu erklären.

«He visto en mis viajes que los italianos son muy alegres y simpáticos» → italianos, alegres, simpáticos

- Wenn Ihnen ein Wort nicht einfällt, können Sie es definieren, sagen, wofür es steht, vergleichen, Synonyme oder Antonyme verwenden oder Beispiele nennen.

Es una persona/cosa que... Es algo que sirve para... Es como... Es parecido/-a a...
Es un sinónimo de... Es el contrario de... Te lo explico con un ejemplo...

- Hilfreiche Verben

decir *afirmar* *constatar* *confirmar* *preguntar* *querer* saber *insistir*

8 **Explica cómo el cortometraje muestra los cambios en la protagonista.** ▶ Películas, p. 177 ↗ p. 97

Los cambios en la protagonista se ven en...	
Al principio, Después, Al final,	la protagonista lleva/tiene... el plano [...] presenta... la escena muestra... la cámara enfoca...

la ropa: de verano / ancha / estrecha / [...]
el uniforme: (des)ordenado / bien/mal puesto / [...]
el pelo: suelto[1] / (des)ordenado / tomado en una coleta[2] / [...]
los pies: limpios[3]/sucios[4]/heridos/[...]
la mirada: triste/alegre/despierta/feliz/aburrida/[...]

1 suelto/-a *hier* lose **2 la coleta** der Pferdeschwanz **3 limpio/-a** sauber **4 sucio/-a** schmutzig

España, de camino al futuro | Texto A

8 **Escribe un artículo (aprox. 200 palabras) para la versión en español de la página web de tu instituto en el que explicas a los alumnos españoles que vienen de intercambio en qué consiste una fiesta de tu región.** ↗ p. 103

¿Qué se celebra?	el Carnaval, la Navidad, la Pascua, la fiesta patronal o mayor[1], la Fiesta de San Juan[2], la feria[3], [...]
¿Cuándo y dónde?	el uno/dos/... de enero/febrero/..., desde el [...] de [...] hasta el [...] de [...] en el parque / la calle / la iglesia / la plaza / el estadio / [...]
¿Qué se hace?	celebrar / festejar / pasarlo bien / dar un paseo / bailar / lanzar cohetes/fuegos artificiales / disfrutar de la música / escuchar el discurso / llevar ropa típica / un disfraz[4] / participar en un desfile[5] / poner el árbol de mayo / [...]
¿Por qué es importante?	es una costumbre/tradición/fiesta muy antigua/moderna/alegre/[...] celebra todo el pueblo / toda la comunidad / todas las generaciones / [...] da un sentimiento de colectividad/identidad/solidaridad/[...]
¿Qué te gusta y qué no?	me encanta compartir con mi familia / amigos / vecinos / [...] me molesta(n)/gusta(n) la música fuerte / los bailes tradicionales / [...] lo que (no) me gusta es que es una fiesta/costumbre comercial/especial/única/[...]

1 la fiesta patronal o mayor das Kirchweihfest **2 la Fiesta de San Juan** die Mittsommernacht **3 la feria** der Jahrmarkt **4 el disfraz** die Verkleidung **5 el desfile** *hier* der Umzug

España, de camino al futuro | Texto B

8 **¿Estás a favor o en contra del proyecto en Cáceres? Expresa tu opinión escribiendo una entrada de blog (aprox. 200 palabras) para la página web de la organización ciudadana «Salvemos La Montaña».**

▶ Vocabulario temático, p. 116 ▶ Escribir un comentario personal, p. 170

↗ p. 106

Estoy a favor / en contra del proyecto, porque pienso/creo que [...]
Para mí el tema (no) está muy claro. Por un lado, es verdad que [...]
Por el otro lado, estoy seguro/-a de que [...]
Un buen argumento a favor / en contra es [...]
Es bien sabido que [...] y, por lo mismo, es correcto [...]
No obstante / Sin embargo tomar una posición clara es fácil/difícil/complicado, ya que [...]
En resumidas cuentas, se puede afirmar que [...] y por eso mi posición es que [...]

España, de camino al futuro | Texto C

6 b **Un chico español de intercambio quiere saber qué te parece celebrar el día de San Valentín y qué piensas de regalar flores en ese día. Cuéntale tu opinión.**

↗ p. 110

Me parece bien/mal [...] (No) Estoy de acuerdo con [...] Pienso que (no) está bien [...] (No) Me gusta la idea de [...]	porque	es una fiesta extranjera/bonita/internacional/[...]. es una costumbre muy tradicional/abierta/alegre/[...]. me siento mal/bien / me pone alegre/triste / me da corte/[...]. muchos piensan que es cosa de chicos/chicas. [...]

9 **Practicar el estilo indirecto: Ayer escuchaste la entrevista con María Villarroya en la radio (pp. 108–109). Cuéntale a Berta, una amiga española, lo que dijo. Utiliza dijo que, contó que, explicó que, añadió que o afirmó que.** ▶ Gramática 14

↗ p. 111

Ejemplo: «Yo era una alumna tímida.» → María contó que ella era una alumna tímida.

1. «En mi infancia la Astronomía era mi pasión y eso me llevó a estudiar Física.»
2. «He encontrado muchas dificultades durante mi carrera profesional por ser mujer.»
3. «Hacen falta todavía muchos cambios en la sociedad. Todavía hay obstáculos en las cabezas de la gente.»
4. «No es verdad que las chicas sean peores con los números.»
5. «Sin igualdad de oportunidades, aquí en España o allá en Alemania, el talento de las chicas se desperdiciará.»
6. «Con perfiles diferentes, habrá nuevas ideas y llegaremos a mejores resultados.»
7. «Cometer errores es normal y todos tenemos derecho a fracasar en el camino.»
8. «Es importante que las chicas jóvenes lo intenten, que no tengan miedo. Vale la pena.»

11 **Berta no sabe qué hará después del bachillerato. Hace un tiempo participaste en el «Zukunftstag». Explícale en un mensaje de voz en qué consiste este proyecto escolar y cuál fue tu experiencia.**

↗ p. 111

en Alemania / en mi ciudad/región/pueblo/ cerca de aquí [...]

ese día / este proyecto / esta experiencia [...]

ser importante/fundamental para mi futuro
yo ya tenía claro que ... / antes no sabía que ...

(no) me gustó / me encantó / no me interesó [...]
(no) me ayudó/aportó muchísimo/nada en absoluto [...]
te aconsejo/recomiendo que [...]

España, de camino al futuro | Texto D

4 **Comenta la decisión de Sandra (pp. 112–113) de ocultarles la verdad a sus padres.** ↗ p. 114

Opinar	Me parece una buena/mala decisión que... Puede ser que Sandra / los padres... Me cuesta entender que...	+ *subj.*	**Argumentar**	Al no contar que... Ocultando la verdad... A lo mejor / Tal vez...	+ *ind.*

5 **Un día después de la visita de Mario (Texto D, pp. 112–113), tú (B) quedas con Sandra (A) y ella te cuenta lo que pasó en la comida. Prepara el diálogo y presenta la escena, A empieza.** ► A, p. 114 ► Diálogos o juegos de rol, p. 165

Amigo/-a de Sandra
- Escucha a Sandra y pídele que te cuente detalles de la comida.
- Pregunta a Sandra por lo que hicieron sus padres, cómo reaccionó Mario y cómo se sintió ella.
- Dale consejos a Sandra para contar la verdad a sus padres.

B

Evaluación | Expresión oral

facultativo **8** **Imagina que eres Marta (B), vives en Andalucía y eres fanática de los toros. Son las fiestas del pueblo e invitas a un/a amigo/-a de intercambio (A) a ir a una corrida con tus amigos, pero él/ella no quiere ir. Prepara el diálogo en cinco minutos y presenta la escena, tú (B) empiezas.** ► A, p. 124

Marta
- Invita a tu amigo/-a de intercambio a ir a una corrida.
- Presenta argumentos para convencer a tu amigo/-a.
- Anima a tu amigo/-a, pero sin obligar.

Expresiones útiles para animar y convencer:
- ¡Anímate!
- Venga, no te cortes.
- Créeme. Realmente vale la pena.
- Estoy segura de que te va a gustar.

B

facultativo **9** **Tú eres recepcionista (B) en un albergue juvenil en Barcelona. Un grupo de estudiantes alemanes ha reservado tres habitaciones en la planta baja porque uno/-a (A) va en silla de ruedas. Él/Ella habla contigo porque las habitaciones están en el segundo piso. Prepara el diálogo en un minuto y presenta la escena. A empieza.** ► A, p. 124

Recepcionista
En tu albergue no hay ascensor. Solo una habitación en la planta baja está libre, pero hay dos más que estarán disponibles en dos días.
- Escucha el problema del / de la estudiante y pídele disculpas.
- Presenta una solución al problema.
- Si tu solución no le convence al / a la estudiante, ofrécele alternativas hasta llegar a un acuerdo.

B

Inhaltsverzeichnis | Índice

Die Begleiter und Pronomen | Los determinantes del sustantivo y los pronombres

1 Indefinitbegleiter und -pronomen | Determinantes y pronombres indefinidos

1.1 Mucho, poco, tanto, demasiado, otro, mismo

¡El tráfico causa **mucha** contaminación!
Mi primo tiene **poco** dinero.
¡En la clase hay **tantos** chicos inteligentes!
Los alumnos tienen **demasiadas** preguntas.
¿Tienes **otra** idea?
Su **otro** apellido es «Amorós».
¿Es la **misma** canción que escuchamos ayer?

Mucho, **poco**, **tanto**, **demasiado**, **otro**, **mismo** werden wie ein Adjektiv auf **-o/-a** an ihr Bezugswort angeglichen.

! Vor **otro** steht nie der unbestimmte Artikel.

Muchos me han dicho que tengo razón.
–Aquí hay mucha gente, ¿verdad? –¡**Demasiada**!
¡Qué rica está esta naranja! ¡Quiero **otra**!
Él nunca va a cambiar, siempre será **el mismo**.

Poco, **mucho**, **tanto**, **demasiado**, **otro**, **mismo** können auch als Pronomen, d. h. alleinstehend als Ersatz für ihr Bezugswort, verwendet werden.

1.2 Todo

Der Begleiter **todo/-a** wird wie ein Adjektiv auf **-o/-a** an sein Bezugswort angeglichen.

Ayer estuve **todo el** día en el centro.
Ahora **todos mis** amigos usan la bicicleta.
Todas estas alumnas participan en el proyecto.

Auf **todo/-a** folgt in aller Regel:
ein bestimmter Artikel,
ein Possessivbegleiter oder
ein Demonstrativbegleiter.

1.3 Algún, ningún

	maskulin	feminin
Singular	**algún/ningún** chico ***irgendein / kein einziger*** *Junge*	**alguna/ninguna** chica ***irgendein / kein einziges*** *Mädchen*
Plural	**algunos** chicos ***einige*** *Jungen*	**algunas** chicas ***einige*** *Mädchen*

Die Indefinitbegleiter **algún** und **ningún** werden wie ein Adjektiv auf **-o/-a** an ihr Bezugswort angeglichen. Vor einem maskulinen Substantiv im Singular verlieren sie ihr Endungs-**o**.
! Der Begleiter **ningún/ninguna** wird nur im Singular verwendet.

–¿Has visto los diseños? ¿Te gusta **alguno**?
–No, no me gusta **ninguno**.

Bei den Pronomen **alguno/-a** und **ninguno/-a** wird die maskuline Singularform nicht verkürzt.

1.4 Cada, cualquiera

Te llamaré **cada** día / **cada** tres semanas.
jeden Tag / ***alle*** drei Wochen

Cada ist unveränderlich und steht vor einem Substantiv im Singular oder vor einem Zahlwort.

Hoy no es un día **cualquiera**: ¡es mi cumple!	**Cualquiera** ist unveränderlich und wird nur im Singular verwendet.
Hay cosas interesantes en **cualquier** región de México.	Vor einem Bezugswort wird es zu **cualquier** verkürzt.
Es una pregunta que **cualquiera** sabe contestar.	Das Pronomen **cualquiera** („irgendein/e bzw. jede/r x-Beliebige/r") steht ohne Bezugswort und ist unveränderlich.

2 Die Relativpronomen | Los pronombres relativos

2.1 Que, lo que, donde

¿El libro **que** lees es interesante? Esteban lee el libro **que** Juan le ha regalado.	**Que**, **lo que** und **donde** sind unveränderlich. **Que** steht für Personen oder Sachen. Im Relativsatz kann es Subjekt oder direktes Objekt sein.
Aquí hay poco tráfico, **lo que** me gusta mucho. **Lo que** has dicho no es cierto.	**Lo que** („was" oder „das, was") bezieht sich auf einen ganzen Satz oder eine Satzaussage.
¿Se habla gallego en el pueblo **donde** naciste?	**Donde** bezieht sich auf eine Ortsangabe.

2.2 El que, quien, el cual

En el museo **al que** fuimos había demasiada gente. ¡Una pesadilla! Las dos señoras mayores **de las que** hablamos ayer eran de Murcia.	Nach Präpositionen (**a**, **en**, **de**, **con**, **por**, **para**, **sobre** etc.) wird **que** vom bestimmten Artikel begleitet: **el que**, **la que**, **los que** und **las que**. Dieser stimmt mit dem Bezugswort im Hauptsatz überein.
El protagonista del relato tiene una hermana **de quien** no sabe mucho.	**Quien/es** steht nur für Personen, oft nach Präpositionen und vor allem in der Schriftsprache. Es kann immer durch **el que**, **la que** usw. ersetzt werden. ❗ **Quien** wird nie mit Artikel verwendet.
Eran los mayas **los que / quienes** conocían ya un calendario muy exacto.	❗ **El que** und **quien/es** werden auch in der Struktur **ser** + **Relativsatz** verwendet.
El señor **con el cual** hablé de tu caso era amable. Esa es la señora **a la cual** le di tu formulario.	**El cual** wird wie **el que** verwendet, vor allem in der Schriftsprache: **el cual**, **la cual**, **los cuales**, **las cuales**.

2.3 Cuyo

Granada es una ciudad **cuyas** calles siempre están llenas de gente.	**Cuyo** („dessen, deren") wird wie ein Adjektiv auf **-o/-a** an sein folgendes Substantiv angeglichen und kommt vor allem in der Schriftsprache vor.

3 Zwei Objektpronomen im Satz | Dos pronombres de complemento en la misma oración

–¿Me das la revista? –Sí, **te la** doy. No comprendo los deberes. ¿**Me los** explicas?	❗ Indirektes vor direktem Objektpronomen
Le da el libro. → **Se lo** da. **Les** he dicho la verdad. → **Se la** he dicho.	❗ Treffen **le** oder **les** auf ein weiteres Objektpronomen, werden sie durch **se** ersetzt.

Espera, **te lo** voy a explicar. / Espera, voy a explicár**telo**. **Te lo** estoy contando. / Estoy contándo**telo**. ¡Cuénta**noslo**! ¡Prometéd**melo**!	Die beiden Pronomen können auch an einen Infinitiv oder ein **gerundio** angehängt werden. **!** Das Verb trägt auf der betonten Silbe einen Akzent. Beim bejahten Imperativ werden die Objektpronomen immer angehängt.

Tempora und Modi | Tiempo y modo

4 Pretérito indefinido, pretérito imperfecto und pretérito perfecto im Vergleich | Comparación del pretérito indefinido, pretérito imperfecto y pretérito perfecto

Pretérito imperfecto	Pretérito indefinido	Pretérito perfecto
Zur Beschreibung und Erklärung von: – Situationen – Gewohnheiten in der Vergangenheit	Zur Schilderung von abgeschlossenen: – Ereignissen – Handlungen in der Vergangenheit	Zur Schilderung von: – Ereignissen, die zwar in der Vergangenheit stattgefunden haben, aber aus Sicht der Sprechenden noch in die Gegenwart hineinwirken
Signalwörter: antes, todos los días, cada día, siempre, en aquellos años	de repente, en ese momento, un día, el viernes pasado	hoy, esta mañana, este mes, ya, todavía no, alguna vez, nunca
Beispiele: Antes la vida **era** más tranquila. Siempre **íbamos** juntos al cole. Cada día **preparaba** la cena.	Ayer Sara **me llamó**. El mes pasado **fui** al cine. De repente **empezó** a llover.	Este año **ha llovido** muy poco. Hoy no **hemos hecho** casi nada. Todavía no **he tenido** tiempo.
Hilfsfragen (ohne Signalwörter): ¿Cómo **era** la situación?	¿Qué **pasó** (después)?	¿Qué **ha pasado**?

La fiesta de cumpleaños de mi mejor amigo David **me ha gustado** mucho. El ambiente **era** fenomenal. Toda la gente **bailaba** y **cantaba** mucho. Mis amigos y yo le **regalamos** a David una entrada para un concierto de su grupo favorito. David **estaba** muy contento. **Saqué** fotos divertidas y las **compartí** con David.

5 Das futuro simple | El futuro simple

Infinitiv	Endung
hablar comer escribir	**-é** **-ás** **-á** **-emos** **-éis** **-án**

En 25 años **habrá** menos tráfico en los centros de las ciudades.
–¿Dónde está Eva? –**Estará** en casa.
Si vamos a pie, **llegaremos** más rápido.

Einige wenige Verben haben einen unregelmäßigen Futurstamm:

poder → **podr**é	poner → **pondr**é
haber (hay) → **habr**á	salir → **saldr**é
querer → **querr**é	venir → **vendr**é
saber → **sabr**é	hacer → **har**é
tener → **tendr**é	decir → **dir**é

Das **futuro simple** wird verwendet:
- für mögliche zukünftige Ereignisse, Handlungen oder Zustände,
- für Annahmen und Vermutungen,
- im Hauptsatz eines realen Bedingungsgefüges (► S. 153), wenn sich der Satz auf die Zukunft bezieht.

6 Das futuro compuesto | El futuro compuesto

haber *(futuro simple)*	Partizip des Vollverbs
habré	habl**ado**
habrás	com**ido**
habrá	viv**ido**
habremos	**hecho**
habréis	**dicho**
habrán	[...]

Cuando tengas 25 años, ya **habrás terminado** tus estudios universitarios. *Wenn du 25 Jahre alt bist, **wirst** du dein Studium **abgeschlossen haben**.*

¿Qué consejos le **habrán dado** a Ana?
*Welche Ratschläge **hätten** sie wohl Ana **gegeben**?*

Das **futuro compuesto** wird verwendet für:
- Handlungen oder Zustände, die bis zu einem bestimmten Zeitpunkt in der Zukunft abgeschlossen sein werden,
- Vermutungen darüber, dass etwas schon bzw. noch nicht passiert ist.

7 Der condicional simple | El condicional simple

Stamm (Infinitiv)	Endung
hablar comer escribir	**-ía** **-ías** **-ía** **-íamos** **-íais** **-ían**

Yo nunca **comería** insectos. ¿Y tú?
Podríamos ir al cine.

Si hubiera más espacios verdes, el aire **sería** mejor.

Einige Verben, dieselben wie im **futuro simple** (▸ S. 144), haben einen unregelmäßigen Stamm:

poder → **podría**	poner → **pondría**
haber (hay) → **habría**	salir → **saldría**
querer → **querría**	venir → **vendría**
saber → **sabría**	hacer → **haría**
tener → **tendría**	decir → **diría**

Der **condicional simple** wird gebraucht:
- um eine Möglichkeit zu benennen,
- um Bitten, Vorschläge, Ratschläge und Wünsche höflich auszudrücken,
- im Hauptsatz eines irrealen Bedingungssatzes der Gegenwart. (▸ S. 153)

8 Der condicional compuesto | El condicional compuesto

haber *(condicional simple)*	Partizip des Vollverbs
habría	
habrías	habl**ado**
habría	com**ido**
habríamos	viv**ido**
habríais	**hecho**
habrían	**dicho**

Mi tía se hizo un tatuaje. Yo no lo **habría hecho**.

Si me hubieras avisado, te **habría ayudado** con la compra.
*Wenn du mir Bescheid gesagt hättest, **hätte** ich dir beim Einkauf **geholfen**.*

Der **condicional compuesto** wird verwendet:
- um auszudrücken, was jemand in einer bestimmten Situation in der Vergangenheit (nicht) getan hätte,
- im Hauptsatz eines irrealen Bedingungssatzes der Vergangenheit. (▸ S. 154)

9 Der Imperativ | El imperativo

9.1 Der bejahte Imperativ | El imperativo afirmativo

Infinitiv	Imperativ (tú)	Imperativ (vosotros/-as)
hablar comer abrir	habla come abre	hablad comed abrid
cerrar (e → ie)	cierra	cerrad
volver (o → ue)	vuelve	volved

Dame el libro.
¡**Levanta**os ahora!

Die Imperativformen dieser Verben sind im Singular unregelmäßig:

hacer → **haz**	tener → **ten**	ser → **sé**
ir → **ve**	decir → **di**	venir → **ven**
salir → **sal**	poner → **pon**	

Pronomen werden direkt an die Verbform angehängt. Bei den Reflexivpronomen entfällt im Plural das **-d-**: **ducharse**: **duchad** + **os** → **¡duchaos!**

9.2 Der verneinte Imperativ | El imperativo negativo

Infinitiv	Imperativ (tú)	Imperativ (vosotros/-as)
hablar comer abrir	no hables no comas no abras	no habléis no comáis no abráis
tener destruir (-y-) conocer (-zc-) pensar (e → ie) contar (o → ue) seguir (e → i)	no tengas no destruyas no conozcas no pienses no cuentes no sigas	no tengáis no destruyáis no conozcáis no penséis no contéis no sigáis

Der verneinte Imperativ der 2. Person Singular und Plural entspricht der jeweiligen Form des **presente de subjuntivo**. (► S. 149)

No me **vengas** con eso.
No os **preocupéis**.

Die Objekt- und Reflexivpronomen stehen vor der konjugierten Verbform.

9.3 Der Imperativ mit usted | El imperativo con usted

Infinitiv	Imperativ (usted))	Imperativ (ustedes)
hablar comer abrir	(no) hable (no) coma (no) abra	(no) hablen (no) coman (no) abran

Der bejahte und verneinte Imperativ der Höflichkeitsform (3. Person Singular und Plural) entspricht der jeweiligen Form des **presente de subjuntivo**. (► S. 149)

10 Das presente de subjuntivo | El presente de subjuntivo

Das **presente de subjuntivo** wird aus dem Verbstamm der 1. Person Singular Präsens Indikativ und der **subjuntivo**-Endung (Verben auf **-ar**: **-e**, **-es**, **-e**, **-emos**, **-éis**, **-en**; Verben auf **-er** und **-ir**: **-a**, **-as**, **-a**, **-amos**, **-áis**, **-an**) gebildet.

Der **subjuntivo** steht im Nebensatz:

No **quiero que** lo hagas tú. Te **pido que** me escuches primero.	– nach **Ausdrücken der Willensäußerung** (Wunsch, Befehl, Verbot, Bitte, Empfehlung)
Espero mucho **que** mis amigos vengan mañana. **Me gusta que** no tengamos deberes hoy.	– nach **Ausdrücken der Gefühlsäußerung** (z. B. Hoffnung, Gefallen, Freude, Angst usw.)
Es importante que yo pueda hablar con ella. **Me parece raro que** no esté nadie en casa.	– nach **unpersönlichen Ausdrücken**
No **creo que** le guste. (aber: Creo que le gusta) No **pienso que** venga. (aber: Pienso que viene.)	– nach **Verben des Sagens, Denkens und Glaubens in der Verneinung**
Lo digo **para que** tú lo sepas.	– nach **bestimmten Konjunktionen**, z. B. **para que, sin que**
Ojalá no llueva mañana. ¡**Que** te mejores!	– im Hauptsatz nach **ojalá** und **que**
Buscamos un colega que **hable** ruso. *Wir suchen einen Kollegen, der Russisch spricht.* No conozco a nadie que **sepa** traducir el texto. *Ich kenne niemanden, der den Text übersetzen kann.*	– im Relativsatz: • das Bezugswort bezeichnet etwas oder jemanden Unbekanntes mit einer gewünschten Eigenschaft • das Bezugswort ist verneint

11 Das perfecto de subjuntivo | El perfecto de subjuntivo

haber *(presente de subjuntivo)*	Partizip des Vollverbs
haya	habl**ado**
hayas	com**ido**
haya	viv**ido**
hayamos	**hecho**
hayais	**dicho**
hayan	

Espero que **haya llegado** el tren.
Ich hoffe, dass der Zug (schon) ***angekommen ist***.

Podrás ver la tele cuando **hayas terminado** los deberes.
Du kannst fernsehen, wenn du mit den Hausaufgaben ***fertig bist***.

Das **perfecto de subjuntivo** wird im Nebensatz verwendet:
– wenn im Hauptsatz ein Auslöser des **subjuntivo** im Präsens, **pretérito perfecto** oder Futur steht und das Verb im Nebensatz
  • eine abgeschlossene Handlung mit Bezug zur Gegenwart beschreibt,
  • eine Handlung ausdrückt, die zu einem bestimmten Zeitpunkt in der Zukunft abgeschlossen sein wird.

12 Das imperfecto de subjuntivo | El imperfecto de subjuntivo

Infinitiv	**hablar**	**comer**	**vivir**
3. Pers. Pl. **indefinido**	habla~~ron~~	comie~~ron~~	vivie~~ron~~
	habla**ra** habla**ras** habla**ra** hablá**ramos** habla**rais** habla**ran**	comie**ra** comie**ras** comie**ra** comié**ramos** comie**rais** comie**ran**	vivie**ra** vivie**ras** vivie**ra** vivié**ramos** vivie**rais** vivie**ran**

Als Stamm des **imperfecto de subjuntivo** dient die 3. Person Plural des **pretérito indefinido** ohne die Endung **-ron**. Die Formen auf **-se** (**-se**, **-ses**, **-se**, **-semos**, **-seis**, **-sen**) sind seltener und eher in der Schriftsprache zu finden. Die 1. Person Plural trägt einen Akzent auf der drittletzten Silbe.
Falls Verben im **pretérito indefinido** einen unregelmäßigen Stamm haben, so wird das **imperfecto de subjuntivo** von diesem Stamm abgeleitet.

Infinitiv	3. Pers. Pl. **indefinido**	**imperfecto de subjuntivo**
dar	**die**~~ron~~	**die**ra
decir	**dije**ron	**dije**ra
estar	**estuvie**~~ron~~	**estuvie**ra
hacer	**hicie**~~ron~~	**hicie**ra

Achten Sie besonders auf den Stammvokalwechsel und auf das **-y-** zwischen zwei Vokalen.

Infinitiv	3. Pers. Pl. **indefinido**	**imperfecto de subjuntivo**
pedir (e → i)	**pidie**~~ron~~	**pidie**ra
dormir (o → u)	**durmie**~~ron~~	**durmie**ra
leer (-y-)	**leye**~~ron~~	**leye**ra

No quería que **volvieras**.
Ich wollte nicht, dass du wiederkommst.

¡Ojalá **fuéramos** ricos!
*Wenn wir doch reich **wären**!*

Si **hubiera** más espacios verdes, el aire sería mejor.
*Wenn es mehr Grünflächen **gäbe**, wäre die Luft besser.*

Mi amigo actúa como si yo no **estuviera** allí.
*Mein Freund verhält sich so, als ob ich nicht da **wäre**.*

Das **imperfecto de subjuntivo** wird verwendet:
- im Nebensatz, wenn im Hauptsatz ein Auslöser des **subjuntivo** im **pretérito imperfecto**, **indefinido**, **pluscuamperfecto** oder im **condicional** steht,
- wenn **ojalá** einen unerfüllbaren Wunsch ausdrückt,
- im Nebensatz eines irrealen Bedingungssatzes der Gegenwart (▸ S. 153),
- nach der Konjunktion **como si**.

13 Das pluscuamperfecto de subjuntivo | El pluscuamperfecto de subjuntivo

haber *(imperfecto de subjuntivo)*	Partizip des Vollverbs
hubiera	habl**ado**
hubieras	com**ido**
hubiera	viv**ido**
hubiéramos	**hecho**
hubierais	**dicho**
hubieran	[...]

No esperaba que ya te **hubieras decidido**.
*Ich hatte nicht erwartet, dass du dich schon **entschieden hast**.*

Si me **hubieras avisado**, te habría ayudado con la compra.
*Falls du mir Bescheid **gesagt hättest**, hätte ich dir beim Einkauf geholfen.*

Das **pluscuamperfecto de subjuntivo** wird verwendet:
- im Nebensatz, wenn im Hauptsatz ein Auslöser des **subjuntivo** im **pretérito imperfecto**, **indefinido**, **pluscuamperfecto** oder im **condicional** steht und sich der Nebensatz auf eine Handlung bezieht, die zum Sprechzeitpunkt bereits abgeschlossen war,
- im Nebensatz eines irrealen Bedingungssatzes der Vergangenheit. (▶ S. 154)

14 Die indirekte Rede in der Vergangenheit mit Zeitenfolge | El estilo indirecto en pasado

direkte Rede	indirekte Rede	
Daniel:	Daniel dijo que ...	
«**Soy** de Wuppertal.»	... **era** de Wuppertal.	**presente → imperfecto**
«**He crecido** aquí.»	... **había crecido** allí.	**perfecto → pluscuamperfecto**
«Mis abuelos **emigraron** de Murcia en los años 60.»	... sus abuelos **habían emigrado** de Murcia en los años 60.	**indefinido → pluscuamperfecto**
«El año que viene **volveré**.»	... el próximo año **volvería**.	**futuro → condicional**
«Es importante que lo **hagas**.»	... era importante que lo **hicieras**.	**presente de subjuntivo → imperfecto de subjuntivo**

! Verben, Pronomen, Begleiter, Orts- und Zeitadverbien müssen an die veränderte Sprecherperspektive angepasst werden.

direkte Rede	indirekte Rede	
Daniel:	Daniel dijo que ...	
«De niño la vida en Wuppertal me **gustaba** mucho.»	... de niño la vida en Wuppertal le **gustaba** mucho.	**imperfecto = imperfecto**
«Mis abuelos **habían dejado** España por razones laborales.»	... sus abuelos **habían dejado** España por razones laborales.	**pluscuamperfecto = pluscuamperfecto**
«Me **gustaría** estudiar	... le **gustaría** estudiar.	**condicional = condicional**

Dasselbe gilt für die indirekte Frage in der Vergangenheit.

direkte Frage	indirekte Frage	
Daniel:	Daniel nos preguntó ...	
«¿También **tenéis** familia en España?»	... si también **teníamos** familia en España.	**presente → imperfecto**
«¿Cuándo la **visitaréis**?"»	... cuándo la **visitaríamos**.	**futuro → condicional**

Der Satzbau | La sintaxis

15 Die Adverbialsätze | Las oraciones subordinadas adverbiales

No había sitio, **así que** nos fuimos.	– Folge: **así que** („sodass") + Indikativ
No fui a la fiesta **porque** no tenía tiempo.	– Grund: **porque** („weil") + Indikativ
Cuando hago los deberes, escucho música.	– Zeitlich: **cuando** („(immer) wenn") + Indikativ (presente)
Aunque llueve, quiero salir.	– Einräumung: **aunque** („obwohl") + Indikativ
Una persona creativa tiene buenas ideas **sin que** le cueste mucho trabajo.	– Bedingung: **sin que** („ohne dass") + **subjuntivo**
Date prisa, **para que** tu amigo no tenga que esperar.	– Zweck/Ziel: **para que** („damit") + **subjuntivo**

16 Die Nebensatzverkürzung mit al + Infinitiv, gerundio, Partizip | La abreviación de oraciones subordinadas

	1. **Al + Infinitiv** kann ersetzen:
Al llegar a casa, se cambió. (= **Cuando llegó** a casa...)	– einen temporalen Nebensatz mit **cuando** (vor allem in der Schriftsprache)
	2. Das **gerundio** kann ersetzen:
Leyendo este libro, pensé en ti. (= **Cuando leí** este libro...)	– einen temporalen Nebensatz mit **cuando**
Levantándonos temprano alcanzaremos el tren. (= **Si nos levantamos** temprano...)	– einen konditionalen Nebensatz mit **si**
Siendo alumno de un colegio bilingüe, también aprendió a hablar catalán. (= **Como era** alumno de un colegio...)	– einen kausalen Nebensatz mit **como**
Aun **creciendo** en Alemania, siempre me identifiqué también con España. (= **Aunque crecí** en Alemania...)	– einen konzessiven Nebensatz mit **aunque**, das Adverb **aun** wird meist dazu gesetzt ! Bei **al + Infinitiv** und **gerundio**: Subjekt in Haupt- und Nebensatz müssen identisch sein
	3. Das **Partizip** kann verkürzen:
No me gustaría estar en un equipo **entrenado** por él. (= ... **que es entrenado** por él.)	– einen Relativsatz mit **que**
Pasadas las vacaciones, empecé a estudiar. (= **Cuando habían pasado** las vacaciones, ...)	– einen temporalen Nebensatz mit **cuando** ! Das Partizip wird dem Bezugswort angepasst.

17 Das Passiv | La voz pasiva

	maskulin	feminin
Singular	El libro fue **escrito**. *Das Buch **wurde geschrieben**.*	La hija **ha sido educada**. *Die Tochter **ist erzogen worden**.*
Plural	Los diputados son **elegidos**. *Die Abgeordneten **werden gewählt**.*	Las reformas **serán realizadas**. *Die Reformen **werden umgesetzt werden**.*

Die **voz pasiva** bildet man mit einer konjugierten Form des Hilfsverbs **ser** und dem Partizip des Vollverbs. Das Partizip wird in Genus und Numerus an das Subjekt angeglichen. Die **voz pasiva** kann in allen Zeiten und Modi gebildet werden. Der Urheber der Handlung kann mit der Präposition **por** angeschlossen werden. Die **voz pasiva** wird im Spanischen fast ausschließlich in der Schriftsprache verwendet.

18 Die pasiva refleja | La pasiva refleja

¿Cómo **se escriben** estas palabras?
*Wie **schreibt man** diese Wörter? / Wie **werden** diese Wörter **geschrieben**?*

- Die **pasiva refleja** wird mit dem Reflexivpronomen **se** + Verb in der 3. Person Singular/Plural gebildet.
- Der Urheber wird nicht genannt.

Este producto **se vende** en Internet.

- Ob das Verb im Singular oder Plural steht, hängt vom Bezugswort ab.

Aquí no **se puede** fumar.
*Hier **kann/darf man** nicht rauchen.*
Se sabe que el uso de productos químicos es malo para la salud.
***Man weiß**, dass der Einsatz von Chemikalien schlecht für die Gesundheit ist.*

! Wenn das Bezugswort ein Verb im Infinitiv oder ein Teilsatz (z. B. mit **que**) ist, steht das Verb immer im Singular.

Uno se avergüenza al ver estas imágenes.
***Man schämt sich**, wenn man diese Bilder sieht.*

- Reflexive Verben bilden die **pasiva refleja** mit dem Pronomen **uno/-a**, da **se** bereits als Reflexivpronomen fungiert.

19 Die Bedingungssätze mit der Konjunktion si | Las oraciones condicionales con la conjunción si

Si **tienes** tiempo, **llámame**.
*Wenn/Falls du Zeit **hast**, **ruf** mich **an**.*

1. **Der reale Bedingungssatz:**
   - Die sprechende Person hält die reale Bedingung für erfüllbar.

Nebensatz	Hauptsatz
Präsens Indikativ	Präsens Indikativ, Futur, Imperativ

Si nos **dijeras** la verdad, te **ayudaríamos**.
*Wenn/Falls du uns die Wahrheit sagen **würdest**, **würden** wir dir **helfen**.*

2. **Der irreale Bedingungssatz der Gegenwart:**
   - Zum Sprechzeitpunkt ist die Erfüllung der Bedingung unwahrscheinlich, aber nicht ausgeschlossen.

Nebensatz	Hauptsatz
Imperfecto de subjuntivo	Condicional simple

Si nos **hubieras dicho** la verdad, te **habríamos ayudado**.
*Wenn/Falls du uns die Wahrheit **gesagt hättest**, **hätten** wir dir **geholfen**.*

3. **Der irreale Bedingungssatz in der Vergangenheit:**
   – Die Erfüllung der Bedingung ist unmöglich, da dies in der Vergangenheit hätte geschehen müssen → sie hat keine Auswirkungen auf die Gegenwart!

Nebensatz	Hauptsatz
Pluscuamperfecto de subjuntivo	**Condicional compuesto**

Si me **hubieras dicho** la verdad, te **ayudaría** (ahora).
*Wenn du mir die Wahrheit **gesagt hättest**, **würde** ich dir (jetzt) **helfen**.*

4. **Mischformen**:
   – Im Hauptsatz eines irrealen Bedingungssatzes der Vergangenheit kann auch der **condicional simple** stehen, sofern das Geschehen Auswirkungen auf die Gegenwart hat.

20 Die Vergleichstrukturen | Las estructuras de comparación

Eva es **tan alta como** Pedro.
Pepa no viene **tan frecuentemente como** Lucía.
Recuerdo **como si fuera** ayer el día en que te conocí.

Um Gleichheit auszudrücken, verwendet man:
– **tan** + Adjektiv/Adverb + **como**

– **como si** + **imperfecto de subjuntivo**

Esta habitación tiene **tantas ventanas como** la otra.
Hoy no hay **tanta gente como** ayer.

Um eine gleiche Anzahl von Dingen und Personen auszudrücken, verwendet man:
– **tanto/ a/-os/-as** + Substantiv + **como**

Suelo salir **más tarde que** mi hermana.
En esta calle hay **menos tiendas que** en la calle de al lado.
El examen saldrá **mejor de lo que** crees.

Um Ungleichheit auszudrücken, verwendet man:
– **más** + Adjektiv/Adverb/Substantiv + **que**
– **menos** + Adjektiv/Adverb/Substantiv + **que**

! Ist der zweite Teil des Vergleichs eine konjugierte Verbform, so steht **de lo que** statt **que**.

Hier finden Sie die Konjugationen und Konjugationsmuster verschiedener Verben.

1 Los verbos auxiliares | Die Hilfsverben

infinitivo	ser	estar	haber	!
presente	**soy** **eres** **es** **somos** **sois** **son**	**estoy** **estás** **está** estamos estáis **están**	**he** **has** **ha** **hemos** habéis **han**	**hay**
imperativo	**sé** sed	está estad		
gerundio	siendo	estando	(habiendo)	
participio	sido	estado	(habido)	
pretérito indefinido	**fui** **fuiste** **fue** **fuimos** **fuisteis** **fueron**	**estuve** **estuviste** **estuvo** **estuvimos** **estuvisteis** **estuvieron**	**hube** **hubiste** **hubo** **hubimos** **hubisteis** **hubieron**	**hubo**
pretérito imperfecto	**era** **eras** **era** **éramos** **erais** **eran**	estaba estabas estaba estábamos estabais estaban	había habías había habíamos habíais habían	**había**
futuro simple	seré serás será seremos seréis serán	estaré estarás estará estaremos estaréis estarán	habré habrás habrá habremos habréis habrán	habrá
condicional	sería serías sería seríamos seríais serían	estaría estarías estaría estaríamos estaríais estarían	habría habrías habría habríamos habríais habrían	habría
presente de subjuntivo	**sea** **seas** **sea** **seamos** **seáis** **sean**	**esté** **estés** **esté** estemos estéis **estén**	**haya** **hayas** **haya** **hayamos** **hayáis** **hayan**	**haya**
imperfecto de subjuntivo	**fuera** **fueras** **fuera** **fuéramos** **fuerais** **fueran**	**estuviera** **estuvieras** **estuviera** **estuviéramos** **estuvierais** **estuvieran**	**hubiera** **hubieras** **hubiera** **hubiéramos** **hubierais** **hubieran**	**hubiera**

2 Los verbos regulares en -ar/-er/-ir | Die regelmäßigen Verben auf -ar/-er/-ir

infinitivo	hablar	comer	vivir	!
presente	hablo	como	vivo	salir: salgo, sales, ...
	hablas	comes	vives	-ger: coger: cojo, coges, ...
	habla	come	vive	(*ebenso:* escoger, recoger, proteger)
	hablamos	comemos	vivimos	traer: traigo, traes, ...
	habláis	coméis	vivís	influir: influyo, influimos, influís, influyen
	hablan	comen	viven	esquiar: esquío, esquiamos, esquiáis, esquían
imperativo	habla	come	vive	salir: sal
	hablad	comed	vivid	
gerundio	hablando	comiendo	(viviendo)	leer: leyendo, creer: creyendo
participio	hablado	comido	(vivido)	abrir: abierto
				escribir: escrito
				descubrir: descubierto
pretérito indefinido	hablé	comí	viví	-car: buscar: busqué, buscaste, ...
	hablaste	comiste	viviste	(*ebenso:* chocar, explicar, tocar, sacar, acercar, practicar, dedicarse)
	habló	comió	vivió	-gar: llegar: llegué, llegaste, ...
	hablamos	comimos	vivimos	(*ebenso:* jugar, entregar, pagar)
	hablasteis	comisteis	vivisteis	-zar: empezar: empecé, empezaste, ...
	hablaron	comieron	vivieron	(*ebenso:* analizar, abrazar, autorizar, cruzar, organizar, realizar)
				leer: leyó, leímos, leyeron
				creer: creyó, creímos, creyeron
				influir: influyó, influimos, influyeron
pretérito imperfecto	hablaba	comía	vivía	
	hablabas	comías	vivías	
	hablaba	comía	vivía	
	hablábamos	comíamos	vivíamos	
	hablabais	comíais	vivíais	
	hablan	comían	vivían	
futuro simple	hablaré	comeré	viviré	salir: saldré, saldrás, ...
	hablarás	comerás	vivirás	valer: valdré, valdrás, ...
	hablará	comerá	vivirá	
	hablaremos	comeremos	viviremos	
	hablaréis	comeréis	viviréis	
	hablarán	comerán	vivirán	
condicional	hablaría	comería	viviría	salir: saldría, saldrías, ...
	hablarías	comerías	vivirías	valer: valdría, valdría, ...
	hablaría	comería	viviría	
	contaríamos	comeríamos	viviríamos	
	hablaríais	comeríais	viviríais	
	hablarían	comerían	vivirían	
presente de subjuntivo	hable	coma	viva	-car: toque, toques, ...
	hables	comas	vivas	-gar: pague, pagues, ...
	hable	coma	viva	-zar: cruce, cruces, ...
	hablemos	comamos	vivamos	-ger: coja, cojas, ...
	habléis	comáis	viváis	salir: salga, salgas, ...
	hablen	coman	vivan	influir: influya, influyas, ...
imperfecto de subjuntivo	hablara	comiera	viviera	
	hablaras	comieras	vivieras	
	hablara	comiera	viviera	
	habláramos	comiéramos	viviéramos	
	hablarais	comierais	vivierais	
	hablaran	comieran	vivieran	

3 Los grupos de verbos | Die Gruppenverben

3.1 Los verbos con diptongación: e → ie | Diphthongverben: e → ie

infinitivo	pensar	entender	preferir	!
presente	pienso piensas piensa pensamos pensáis piensan	entiendo entiendes entiende entendemos entendéis entienden	prefiero prefieres prefiere preferimos preferís prefieren	**tener: tengo**, tienes, ... (*ebenso:* obtener, mantenerse) **venir: vengo**, vienes, ...
imperativo	piensa pensad	entiende entended	prefiere preferid	
gerundio	pensando	entendiendo	prefiriendo	
participio	pensado	entendido	preferido	
pretérito indefinido	pensé pensaste pensó pensamos pensasteis pensaron	entendí entendiste entendió entendimos entendisteis entendieron	preferí preferiste prefirió preferimos preferisteis prefirieron	**tener: tuve, tuv**iste, ... **querer: quise, quis**iste, ... **sentir:** sentí, sentiste, **sin**tió, sentimos, sentisteis, **sin**tieron
pretérito imperfecto	pensaba pensabas pensaba pensábamos pensabais pensaban	entendía entendías entendía entendíamos entendíais entendían	prefería preferías prefería preferíamos preferíais preferían	
futuro simple	pensaré pensarás pensará pensaremos pensaréis pensarán	entenderé entenderás entenderá entenderemos entenderéis entenderán	preferiré preferirás preferirá preferiremos preferiréis preferirán	**querer:** que**rr**é, que**rr**ás, ... **tener:** ten**d**ré, ten**d**rás, ...
condicional	pensaría pensarías pensaría pensaríamos pensaríais pensarían	entendería entenderías entendería entenderíamos entenderíais entenderían	preferiría preferirías preferiría preferiríamos preferiríais preferirían	
presente de subjuntivo	piense pienses piense pensemos penséis piensen	entienda entiendas entienda entendamos entendáis entiendan	prefiera prefieras prefiera prefiramos prefiráis prefieran	**-zar:** empiece, empieces, ... **sentir:** sienta, sientas, sienta, **sin**tamos, **sin**táis, sientan **tener: tenga, teng**as, ...
imperfecto de subjuntivo	pensara pensaras pensara pensáramos pensarais pensaran	entendiera entendieras entendiera entendiéramos entendierais entendieran	prefiriera prefirieras prefiriera prefiriéramos prefirierais prefirieran	
	ebenso: asentarse, cerrar, descansar, empezar, despertarse, llevar, recomendar, regar, sentarse, charlar	*ebenso:* atender, esconder, perder, querer, extenderse	*ebenso:* convertir	

3.2 Los verbos con diptongación: o → ue | Diphthongverben: o → ue

infinitivo	contar	volver	dormir	!
presente	cuento cuentas cuenta contamos contáis cuentan	vuelvo vuelves vuelve volvemos volvéis vuelven	duermo duermes duerme dormimos dormís duermen	**jugar:** juego, juegas, ...
imperativo	cuenta contad	vuelve volved	duerme dormid	
gerundio	contando	volviendo	durmiendo	**poder:** pudiendo
participio	contado	**vuelto**	dormido	**devolver: devuelto**
pretérito indefinido	conté contaste contó contamos contasteis contaron	volví volviste volvió volvimos volvisteis volvieron	dormí dormiste durmió dormimos dormisteis durmieron	**jugar:** jugué, jugaste, ... **colgar:** colgué, colgaste **poder: pude, pud**iste, ...
pretérito imperfecto	contaba contabas contaba contábamos contabais contaban	volvía volvías volvía volvíamos volvíais volvían	dormía dormías dormía dormíamos dormíais dormían	
futuro simple	contaré contarás contará contaremos contaréis contarán	volveré volverás volverá volveremos volveréis volverán	dormiré dormirás dormirá dormiremos dormiréis dormirán	**poder:** podré, podrás, ...
condicional	contaría contarías contaría contaríamos contaríais contarían	volvería volverías volvería volveríamos volveríais volverían	dormiría dormirías dormiría dormiríamos dormiríais dormirían	
presente de subjuntivo	cuente cuentes cuente contemos contéis cuenten	vuelva vuelvas vuelva volvamos volváis vuelvan	duerma duermas duerma durmamos durmáis duerman	**jugar:** juegue, juegues, ... **colgar:** cuelgue, cuelgues, ...
imperfecto de subjuntivo	contara contaras contara contáramos contarais contaran	volviera volvieras volviera volviéramos volvierais volvieran	durmiera durmieras durmiera durmiéramos durmierais durmieran	
	ebenso: acordarse, acostarse, aprobar, colgar, comprobar, costar, encontrar, jugar, mostrar, probar, recordar, soñar, volar	*ebenso:* devolver, doler, llover, mover, poder, promover, soler	*ebenso:* morir	

3.3 Los verbos con debilitación vocálica: e → i | Die Verben mit Vokalschwächung: e → i

infinitivo	seguir	reír
presente	sigo sigues sigue seguimos seguís siguen	río ríes ríe reímos reís ríen
imperativo	sigue seguid	ríe reíd
gerundio	siguiendo	riendo
participio	seguido	reído
pretérito indefinido	seguí seguiste siguió seguimos seguisteis siguieron	reí reíste rió reímos reísteis rieron
pretérito imperfecto	seguía seguías seguía seguíamos seguíais seguían	reía reías reía reíamos reíais reían
futuro simple	seguiré seguirás seguirá seguiremos seguiréis seguirán	reiré reirás reirá reiremos reiréis reirán
condicional	seguiría seguirías seguiría seguiríamos seguiríais seguirían	reiría reirías reiría reiríamos reiríais reirían
presente de subjuntivo	siga sigas siga sigamos sigáis sigan	ría rías ría riamos riáis rían
imperfecto de subjuntivo	siguiera siguieras siguiera siguiéramos siguierais siguieran	riera rieras riera riéramos rierais rieran

ebenso:
conseguir,
corregir (yo corrijo),
elegir (yo elijo),
pedir, repetir,
servir

3.4 Los verbos del tipo c → zc | Die Verben mit der Veränderung c → zc

infinitivo	conocer
presente	cono**zc**o conoces conoce conocemos conocéis conocen
imperativo	conoce conoced
gerundio	conociendo
participio	conocido
pretérito indefinido	conocí conociste conoció conocimos conocisteis conocieron
pretérito imperfecto	conocía conocías conocía conocíamos conocíais conocían
futuro simple	conoceré conocerás conocerá conoceremos conoceréis conocerán
condicional	conocería conocerías conocería conoceríamos conoceríais conocerían
presente de subjuntivo	cono**zc**a cono**zc**as cono**zc**a cono**zc**amos cono**zc**áis cono**zc**an
imperfecto de subjuntivo	conociera conocieras conociera conociéramos conocierais conocieran

ebenso:
apetecer, crecer, nacer, ofrecer,
parecer, permanecer, producir,
reconocer

4 Los verbos irregulares | Die unregelmäßigen Verben

infinitivo	**dar**	**decir**	**hacer**	**ir**	**oír**	**poner**
presente	**doy**	**digo**	**hago**	**voy**	**oigo**	**pongo**
	das	dices	haces	**vas**	oyes	pones
	da	dice	hace	**va**	oye	pone
	damos	decimos	hacemos	**vamos**	oímos	ponemos
	dais	decís	hacéis	**vais**	oís	ponéis
	dan	dicen	hacen	**van**	oyen	ponen
imperativo	da	**di**	**haz**	**ve**	oye	**pon**
	dad	decid	haced	id	oíd	poned
gerundio	dando	diciendo	haciendo	**yendo**	oyendo	poniendo
participio	dado	**dicho**	**hecho**	**ido**	oído	**puesto**
pretérito indefinido	**di**	**dije**	**hice**	**fui**	oí	**puse**
	diste	**dij**iste	**hic**iste	**fuiste**	oíste	**pus**iste
	dio	**dijo**	**hizo**	**fue**	oyó	**puso**
	dimos	**dij**imos	**hic**imos	**fuimos**	oímos	**pus**imos
	disteis	**dij**isteis	**hic**isteis	**fuisteis**	oísteis	**pus**isteis
	dieron	**dijeron**	**hic**ieron	**fueron**	oyeron	**pus**ieron
pretérito imperfecto	daba	decía	hacía	**iba**	oía	ponía
	dabas	decías	hacías	**ibas**	oías	ponías
	daba	decía	hacía	**iba**	oía	ponía
	dábamos	decíamos	hacíamos	**íbamos**	oíamos	poníamos
	dabais	decíais	hacíais	**ibais**	oíais	poníais
	daban	decían	hacían	**iban**	oían	ponían
futuro simple	daré	**dir**é	haré	iré	oiré	pon**dr**é
	darás	**dir**ás	harás	irás	oirás	pon**dr**ás
	dará	**dir**á	hará	irá	oirá	pon**dr**á
	daremos	**dir**emos	haremos	iremos	oiremos	pon**dr**emos
	daréis	**dir**éis	haréis	iréis	oiréis	pon**dr**éis
	darán	**dir**án	harán	irán	oirán	pon**dr**án
condicional	daría	**dir**ía	haría	iría	oiría	pon**dr**ía
	darías	**dir**ías	harías	irías	oirías	pon**dr**ías
	daría	**dir**ía	haría	iría	oiría	pon**dr**ía
	daríamos	**dir**íamos	haríamos	iríamos	oiríamos	pon**dr**íamos
	daríais	**dir**íais	haríais	iríais	oiríais	pon**dr**íais
	darían	**dir**ían	harían	irían	oirían	pon**dr**ían
presente de subjuntivo	**dé**	**dig**a	**hag**a	**vaya**	**oig**a	**pong**a
	des	**dig**as	**hag**as	**vayas**	**oig**as	**pong**as
	dé	**dig**a	**hag**a	**vaya**	**oig**a	**pong**a
	demos	**dig**amos	**hag**amos	**vayamos**	**oig**amos	**pong**amos
	deis	**dig**áis	**hag**áis	**vayáis**	**oig**áis	**pong**áis
	den	**dig**an	**hag**an	**vayan**	**oig**an	**pong**an
imperfecto de subjuntivo	**dier**a	**dij**era	**hic**iera	**fuer**a	oyera	**pus**iera
	dieras	**dij**eras	**hic**ieras	**fuer**as	oyeras	**pus**ieras
	diera	**dij**era	**hic**iera	**fuer**a	oyera	**pus**iera
	diéramos	**dij**éramos	**hic**iéramos	**fué**ramos	oyéramos	**pus**iéramos
	dierais	**dij**erais	**hic**ierais	**fuer**ais	oyerais	**pus**ierais
	dieran	**dij**eran	**hic**ieran	**fuer**an	oyeran	**pus**ieran
						ebenso: componer, oponerse, imponer, proponer, suponer

infinitivo	querer	saber	tener	traer	venir	ver
presente	quiero quieres quiere queremos queréis quieren	sé sabes sabe sabemos sabéis saben	tengo tienes tiene tenemos tenéis tienen	traigo traes trae traemos traéis traen	vengo vienes viene venimos venís vienen	veo ves ve vemos veis ven
imperativo	quiere quered	sabe sabed	ten tened	trae traed	ven venid	ve ved
gerundio	queriendo	sabiendo	teniendo	trayendo	viniendo	viendo
participio	querido	sabido	tenido	traído	venido	visto
pretérito indefinido	quise quisiste quiso quisimos quisisteis quisieron	supe supiste supo supimos supisteis supieron	tuve tuviste tuvo tuvimos tuvisteis tuvieron	traje trajiste trajo trajimos trajisteis trajeron	vine viniste vino vinimos vinisteis vinieron	vi viste vio vimos visteis vieron
pretérito imperfecto	quería querías quería queríamos queríais querían	sabía sabías sabía sabíamos sabíais sabían	tenía tenías tenía teníamos teníais tenían	traía traías traía traíamos traíais traían	venía venías venía veníamos veníais venían	veía veías veía veíamos veíais veían
futuro simple	querré querrás querrá querremos querréis querrán	sabré sabrás sabrá sabremos sabréis sabrán	tendré tendrás tendrá tendremos tendréis tendrán	traeré traerás traerá traeremos traeréis traerán	vendré vendrás vendrá vendremos vendréis vendrán	veré verás verá veremos veréis verán
condicional	querría querrías querría querríamos querríais querrían	sabría sabrías sabría sabríamos sabríais sabrían	tendría tendrías tendría tendríamos tendríais tendrían	traería traerías traería traeríamos traeríais traerían	vendría vendrías vendría vendríamos vendríais vendrían	vería verías vería veríamos veríais verían
presente de subjuntivo	quiera quieras quiera queramos queráis quieran	sepa sepas sepa sepamos sepáis sepan	tenga tengas tenga tengamos tengáis tengan	traiga traigas traiga traigamos traigáis traigan	venga vengas venga vengamos vengáis vengan	vea veas vea veamos veáis vean
imperfecto de subjuntivo	quisiera quisieras quisiera quisiéramos quisierais quisieran	supiera supieras supiera supiéramos supierais supieran	tuviera tuvieras tuviera tuviéramos tuvierais tuvieran	trajera trajeras trajera trajéramos trajerais trajeran	viniera vinieras viniera viniéramos vinierais vinieran	viera vieras viera viéramos vierais vieran
			ebenso: mantener, obtener			

Inhaltsverzeichnis | Índice

Hör- und Hörsehverstehen | Comprensión auditiva y audiovisual

1 **Hörerwartungen nutzen | Antes de escuchar**

Vor dem Hören

- Lesen Sie die Aufgabenstellung genau durch und stellen Sie fest, ob Sie den Inhalt nur grob verstehen (Globalverstehen) oder genauer hinhören (selektives/detailliertes Verstehen) müssen. Die Aufgabenstellung gibt oft Hinweise auf die Gesprächssituation, die Anzahl und die Reihenfolge der Sprechenden.
- Stellen Sie Vermutungen über den Inhalt an, z. B. ausgehend vom Titel, von den Fotos oder den Fragen.
- Markieren Sie in der Aufgabenstellung Schlüsselbegriffe, auf die Sie beim Hören achten möchten. Schlagen Sie unbekanntes Vokabular im Wörterbuch nach.

Während des Hörens

- Machen Sie sich stichpunktartige Notizen und verwenden Sie dabei Abkürzungen.

Notizen beim Hören machen

- Kürzen Sie lange Wörter ab, lassen Sie Artikel und Konjunktionen weg.
- Benutzen Sie Abkürzungen und Symbole, z. B. *p. ej.* (por ejemplo), *etc.* (etcétera), –, +, =, ≠, → (für eine Folgerung).

2 **Globales Hörverstehen | Comprensión global**

Ziel: Sich einen allgemeinen Überblick über den Inhalt des Textes verschaffen (z. B. Sprecher/in, Thema, Textsorte)

Vorgehen:

- Achten Sie auf Hintergrundgeräusche (z. B. Musik, Straßenlärm) oder den Tonfall (z. B. traurig, erfreut).
- Erfassen Sie die Hauptinformationen des Textes: Wer? Wann? Wo? Worüber? Lassen Sie Einzelheiten außer Acht.
- Konzentrieren Sie sich beim ersten Hören auf alles, was Sie verstehen können. Diese „Verstehensinseln" helfen Ihnen, beim zweiten Hören weitere Informationen herauszuhören.

3 **Selektives Hörverstehen | Comprensión selectiva**

Ziel: Bestimmte Informationen heraushören (z. B. Zahlen, Daten)

Vorgehen:

- Achten Sie auf die Informationen, die Sie laut Aufgabenstellung heraushören sollen.
- Hierbei können Ihnen Schlüsselwörter und Schlüsselsätze helfen.

4 **Detailliertes Hörverstehen | Comprensión detallada**

Ziel: Alles verstehen (z. B. die Chronologie von Ereignissen)

Vorgehen:

- Verstehen Sie den Text beim ersten Hören global.
- Erschließen Sie sich bei jedem weiteren Hören die relevanten Details und lassen Sie eine Lücke, wenn Sie etwas nicht verstehen.

5 **Hörsehverstehen | Comprensión audiovisual**

Audiovisuelle Elemente für das Verstehen nutzen | Utilizar elementos audiovisuales para la comprensión

- Konzentrieren Sie sich beim ersten Sehen auf die Bilder. Leiten Sie daraus Informationen über Figuren oder Gegenstände, Thema und Situation ab.
- Achten Sie auf die Mimik, Gestik, Bewegungen der Figuren. Was erfahren Sie über deren Gefühle oder Charakter?
- Achten Sie auf die Stimmung, die durch die Musik hervorgerufen wird, und auf Lichteffekte.
- Konzentrieren Sie sich erst am Schluss auf das Gesprochene. Leiten Sie aus dem, was Sie verstehen, die gesuchten Informationen ab.

Leseverstehen | Comprensión lectora

6 **Vor dem Lesen | Antes de leer**

- Lesen Sie die Aufgabenstellung genau durch und stellen Sie fest, ob Sie den Inhalt nur grob verstehen (Globalverstehen), bestimmte Informationen suchen (Selektivverstehen) oder „alles" verstehen (Detailverstehen) sollen.
- Machen Sie sich klar, um welche Textsorte (z. B. Zeitungsartikel, Romanauszug, usw.) es sich handelt.
- Der Titel und die Zwischenüberschriften geben Ihnen wichtige Hinweise zum Thema des Textes.
- Die visuelle Gestaltung kann Hinweise auf die Textgliederung liefern (Sinnabschnitte, Zwischenüberschriften, Schlüsselwörter und -sätze, erzählende bzw. dialogische Passagen usw.).
- Graphische Elemente, Fotos und Illustrationen liefern Ihnen weitere wichtige Informationen.

7 **Globales Leseverstehen | Comprensión global**

Ziel: Sich einen groben Überblick über den Inhalt eines Textes verschaffen

Vorgehen:

- Identifizieren Sie die Textsorte (z. B. Blogeintrag, Romanauszug, Zeitungsartikel).
- Erfassen Sie die Hauptinformationen: Wer schreibt was, wann, worüber? Lassen Sie Einzelheiten außer Acht.
- Fassen Sie die Hauptinformationen in wenigen Stichwörtern oder Sätzen zusammen.

8 **Selektives Leseverstehen | Comprensión selectiva**

Ziel: Bestimmte Informationen finden (z. B. Eigennamen, Uhrzeiten, Jahreszahlen, Informationen zu einer Figur in einem Romanauszug)

Vorgehen:

- Lesen Sie die Aufgabenstellung genau durch: Was sollen Sie im Text finden?
- Suchen Sie im Text nur die Informationen, die für die Aufgabenstellung relevant sind.
- Lesen Sie dann auch die umgebenden Passagen der Schlüsselwörter, um wichtige Einzelheiten zu erfahren.

9 **Detailliertes Leseverstehen | Comprensión detallada**

Ziel: Alle Informationen verstehen (z. B. Gedichte, Gebrauchsanweisungen, Rezepte)

Vorgehen:

- Überfliegen Sie den Text einmal. Konzentrieren Sie sich beim zweiten Lesen auf die Passagen, die Sie auf Anhieb verstehen („Verstehensinseln").
- Gehen Sie von diesen Inseln aus und klären Sie die genaue Bedeutung der noch fehlenden Teile.
- Nutzen Sie dabei den Kontext bzw. zusätzliche Informationsquellen (z. B. Illustrationen).
- Erschließen Sie sich unbekannte Wörter mithilfe des Kontextes oder der Ihnen bekannten Worterschließungsstrategien.
- Lesen Sie auch „zwischen den Zeilen", um Informationen oder Aussagen zu finden, die nicht ausdrücklich im Text stehen.

Sprechen | Expresión oral

Monologisches Sprechen

10 **Etwas präsentieren / Einen Kurzvortrag halten | Presentar un tema**

Vorbereitung:

- Recherchieren Sie gemäß Ihrer Aufgabenstellung Informationen und nutzen Sie mehrere Quellen (z. B. Internet, Fachzeitschriften, Nachschlagewerke).
- Notieren Sie sich Ihre Rechercheergebnisse (inklusive der Quellenangabe), wobei auch Beispiele und Zitate hilfreich sind.
- Strukturieren Sie den Vortrag.

- Verwenden Sie ein digitales Präsentationsprogramm, ein Poster oder eine Collage.
- Stellen Sie eine Liste mit unbekanntem Vokabular (z. B. Fachvokabular) zusammen.
- Üben Sie den Vortrag mehrmals und achten Sie auf die Zeitvorgaben.

Durchführung:

- Sprechen Sie langsam, laut und deutlich.
- Nutzen Sie Ihren Stichwortzettel, doch sprechen Sie frei und ohne abzulesen.

das Thema einführen
Me gustaría empezar [...].
Hoy voy a hablar de [...].
El tema de mi presentación es [...].
Quiero presentar (a) [...].

den Vortrag strukturieren
Primero [...]. / Para empezar [...].
Después [...].
Al final [...]. / Para terminar [...].

das Publikum einbeziehen
¿Ya sabéis algo sobre [...]?
¿Quién nos puede decir [...]?
Gracias por vuestra atención.
¿Tenéis preguntas?

Interesse wecken
Cuando empecé a investigar sobre [...], me llamó la atención que [...].
Después de leer algunos artículos sobre [...], pienso que lo más importante es [...].
Muchos de vosotros habéis escuchado de [...], pero muy pocos sabéis que [...].

Beispiele einführen
Un ejemplo que quiero destacar es [...].
Un aspecto muy interesante es que [...].
Lo que mucha gente no sabe es que [...].
Para mí fue una sorpresa enterarme de que [...].

auf visuelle Medien verweisen
Este gráfico ilustra el ejemplo porque [...].
Esta fotografía nos muestra que [...].
Estas cifras comprueban que [...].
Al observar los detalles de esta imagen vemos que [...].

den Vortrag abschließen
Resumiendo, esta presentación ha tratado de [...].
Para concluir, quiero recordaros que [...].
Para terminar, quiero que no olvidéis que [...].

Fragen beantworten
Muchas gracias por tu pregunta, me parece que [...].
Esta pregunta es muy interesante y según hemos visto [...].
No lo sé exactamente, pero creo que [...].

Dialogisches Sprechen

11 Gespräche oder Rollenspiele | Diálogos o juegos de rol

- Verteilen Sie die Rollen untereinander.
- Versetzen Sie sich in Ihre Rolle und überlegen Sie, was Sie sagen möchten. Bereiten Sie sich auch auf mögliche Aussagen oder Fragen Ihrer/s Partners/in vor.
- Notieren Sie sich passende Wörter und Ausdrücke.
- Gestalten Sie das Gespräch lebendig mit passender Gestik und Mimik.
- **Tipp:** Mit dem Einsatz von Füllwörtern (z. B. *vale, bueno*) gewinnen Sie beim Sprechen Zeit zum Überlegen.

12 Diskutieren | La discusión

Vorbereitung:

- Sammeln Sie vorab Argumente für den Standpunkt, den Sie vertreten wollen/sollen.
- Formulieren Sie ihre Argumente aus und verwenden Sie konkrete Beispiele.
- Stellen Sie Argumente zusammen, die Ihre Gesprächspartner anführen könnten, und überlegen Sie, wie Sie darauf reagieren könnten.
- Überlegen Sie sich ggf. einen Kompromiss, der für beide Seiten akzeptabel ist.

Während der Diskussion:

- Lassen Sie Ihre Gesprächspartner ausreden.
- Begründen Sie Ihre Meinung.
- Fragen Sie nach, wenn Sie etwas nicht verstanden haben, und gehen Sie auf die Aussagen der anderen ein.
- Umschreiben Sie Wörter, die Ihnen auf Spanisch nicht einfallen oder erklären Sie deren Bedeutung.

▶ Wörter umschreiben, S. 181

die eigene Meinung äußern

Yo pienso/creo que [...].
No pienso/creo que + *subj.*
Para mí, [...].
En mi opinión, [...].
Me parece interesante que + *subj.*
Estoy a favor / en contra de [...].
Me sorprende que + *subj.*
Por un lado, [...]. Por otro lado, [...].
A mi modo de pensar/ver [...]
Opino que [...].
Estoy convencido/-a de que [...].
No hay duda de que + *subj.*

Argumente bewerten

No es justo que + *subj.* [...].
Es necesario que + *subj.* [...].
No creo que + *subj.* [...].
Es importante que + *subj.* [...].
Es imprescindible que + *subj.* [...].

etwas vorschlagen

¿Por qué no [...]?
Tengo una idea.
¿Qué te parece si [...]?
¿Qué tal si [...]?

zustimmen

Estoy de acuerdo contigo / con [...].
Tienes razón.
También lo veo así.
Es verdad.
¡Claro que sí!
Es una buena idea.
¡Por supuesto! / ¡Claro!
Es cierto que [...].
Lo que dice [...] es cierto.

ablehnen

No estoy de acuerdo contigo / con [...].
No tienes razón.
No lo creo.
No lo veo así.
No es verdad.
¡Seguro que no!
Eso me parece interesante, pero [...].
Sin embargo, yo creo que [...].
Creo que no es así.
Por el contrario, [...].

nachfragen

¿Qué quieres decir con [...]?
¿Me puedes explicar [...]?
¿Qué significa para ti [...]?
No entiendo [...].

Zeit gewinnen

Pues [...].
Bueno [...].
Espera (un momento).
¿Cómo te lo explico?
A ver, sí entiendo tu punto de vista, pero [...].
Mira, a ver si me explico: [...].

Schreiben | Expresión escrita

13 Den Schreibprozess organisieren | Organizar el proceso de escritura

Ideen sammeln und ordnen

- Lesen Sie sich die Aufgabenstellung genau durch und beachten Sie die Operatoren. ▶ Operatoren, S. 184
- Prüfen Sie, welche Textsorte zu erstellen ist, und beachten Sie den Adressaten.
- Sammeln Sie Ideen zum Thema und fertigen Sie die Notizen auf Spanisch an.
- Nutzen Sie den thematischen Wortschatz in den einzelnen Dossiers.
- Erstellen Sie eine sinnvolle Gliederung und ordnen Sie den einzelnen Abschnitten Wortschatz zu.

Texte schreiben

– Erstellen Sie einen ersten Entwurf anhand der angefertigten Gliederung.
– Variieren Sie den Satzbau und verwenden Sie Konnektoren.

Konnektoren

strukturieren/aufzählen
primero/segundo/tercero • en primer/segundo lugar • para empezar • antes de (que + *subj.*) • luego • entonces • después • después de (que + *subj.*) • finalmente • al final • por último • para concluir

hinzufügen
además • asimismo • también • encima • aparte • de hecho • por cierto • sobre todo • en realidad

vergleichen
igualmente • similarmente • del mismo modo • de la misma manera

zusammenfassen
así • entonces • por eso/esto • para terminar/concluir • resumiendo • en resumen • en conclusión

Beispiele anführen
así • por ejemplo (p. ej.) • o sea • es decir

erklären
por eso/esto • porque • por lo tanto • por lo cual • como • esto quiere decir

Ergebnisse herleiten
en consecuencia • consecuentemente • por lo tanto • de este modo • de esta forma • así resulta que • gracias a • a causa de• debido a

paraphrasieren
mejor dicho • para decirlo de otra forma • en otras palabras • o sea • es decir

abwägen
por un lado • por otro lado • mientras que • en cambio • a diferencia de

entgegensetzen
sin embargo • no obstante • aunque • a pesar de • ahora bien • eso sí

– Nehmen Sie die Modelltexte zu Hilfe und orientieren Sie sich am Aufbau der Texte und an den Formulierungen.
– Die Redemittel der Themen 10 und 12 können Ihnen auch bei Ihrer Argumentation oder Darstellung helfen. ► Etwas präsentieren, S. 165 ► Diskutieren, S. 167
– Wenn Sie Aussagen oder Ideen anderer übernehmen, kommentieren oder paraphrasieren, machen Sie das in Ihrem Text deutlich. ► Korrekt zitieren, S. 183

zitieren

Según/Para [...] hay que destacar que [...]
Desde la perspectiva de [...] es central que [...]
En el primer/segundo párrafo [...] dice que [...]
Al final del texto [...] afirma que [...]
La conclusión del texto es que [...]
En las líneas[...] se puede leer que [...]
El personaje [...] declara que [...]
Cuando el/la autor/a argumenta que [...]

Nach dem Schreiben

– Lesen Sie Ihren Text gründlich durch und prüfen Sie genau:

Inhalt
✓ Aufgabenstellung erfüllt?
✓ logische Gliederung (Aufbau, Absätze)?

Sprache/Ausdruck
✓ passendes Register (Standard-Spanisch oder Umgangssprache)?
✓ sprachlich gut gegliedert (Konnektoren)?
✓ abwechslungsreich (Wiederholungen vermieden)?
✓ sprachlich korrekt (Grammatik und Rechtschreibung)?

14 Einen offiziellen Brief schreiben | Escribir una carta formal

Ein offizieller Brief enthält verschiedene „Bausteine" (z. B. Absender, Empfänger, Anrede, Schlussformel), für die es typische Formulierungen bzw. Darstellungsweisen gibt. Hier ein Bewerbungsschreiben als Beispiel:

	Carta de presentación
Absender	Milena Müller Tulpenweg 14 8222X Seefeld
Empfänger	A la atención de: Romero Sánchez Hotel La Estrella Calle Sierpes, 29 2953X Málaga
Datum	3 de mayo de 2023
Betreff	Asunto: Prácticas en el hotel «La Estrella»
Anrede	Estimado señor Sánchez:
Einleitung	Le escribo para solicitar información sobre la posibilidad de realizar unas prácticas en su hotel durante los meses de verano. Sé que ahora no tiene ofertas publicadas, pero creo que podría ser una oportunidad para ambos.
Bewerbung (Ausbildung, Abschlüsse, Erfahrung)	Tengo 18 años y soy alumna del instituto «Carl-Spitzweg-Gymnasium», cerca de Múnich en Alemania. De momento estoy haciendo los exámenes de bachillerato y después me gustaría aprovechar el verano para hacer unas prácticas en el sector turístico porque me gustaría estudiar Turismo en la universidad de Múnich a partir de octubre. Ya tengo bastante experiencia en la gastronomía. Llevo dos años trabajando como camarera en un café en el centro de Múnich casi todos los fines de semana. Soy una persona responsable y me gusta trabajar en equipo. He trabajado de voluntaria con la Cruz Roja dando cursos de primeros auxilios a jóvenes y soy miembro de la redacción del periódico escolar de mi instituto. También soy muy comunicativa y hablo cuatro idiomas con fluidez. Mis lenguas maternas son el alemán y el ruso, pero también hablo español e inglés a un nivel B2. Domino muy bien el español y conozco bien la cultura española porque pasé un año de intercambio en el curso escolar 2020/2021 en un instituto en Madrid. Además, tengo buenos conocimientos de los programas Word, Powerpoint y Excel.
Hobbys	Mis pasatiempos son viajar, leer, tocar la guitarra y hacer deporte.
Schluss	Estoy segura de que podré realizar un trabajo muy satisfactorio durante mis prácticas con ustedes, aprendiendo mucho con entusiasmo y desarrollando mis habilidades y conocimientos. Estoy disponible para realizar una entrevista con Ud. por Skype o teléfono y con mucho gusto voy a responderle todas sus preguntas.
Schlussformel	En espera de sus noticias, le saluda muy atentamente, *Milena Müller*
Anlagen	Adjunto: Currículum vitae

15 Einen Lebenslauf erstellen | Escribir un currículum vitae

Currículum vitae

Información personal

Nombre:	Milena Müller
Dirección:	Tulpenweg 14 8222X Seefeld
Teléfono:	+49 8421 6899769
E-Mail:	Milena.Mueller@example.com
Fecha de nacimiento:	8 de febrero de 2005
Nacionalidad:	alemana

Educación

Estudios:	
06/2023	Bachillerato
09/2020–06/2021	Intercambio con el IES Madrid Sur, Madrid
Lenguas:	alemán (nativo) ruso (nativo) español (B2) inglés (B2)
Conocimientos de informática:	Word, Excel y Powerpoint

Experiencia laboral

Mayo de 2021–hoy	Trabajo de camarera en el «Café Weiß» en Múnich

Otras actividades

Desde 2019	Miembro de la redacción del periódico escolar de mi instituto
Desde 2018	Trabajo voluntario en «Bayerisches Rotes Kreuz» (Cruz Roja)

Intereses personales

Viajar, leer, tocar la guitarra, hacer deporte

Seefeld, 3 de mayo de 2023

Milena Müller

16 Kreative Texte schreiben | Escribir textos creativos

Beim kreativen Schreiben gestalten Sie vorgegebene Texte kreativ um, indem Sie sie umschreiben oder weiterschreiben. Sie können z. B. den Text aus der Perspektive einer bestimmten Person erzählen oder einen Schluss für eine Geschichte erfinden. Ebenso erstellen Sie eigene Texte (z. B. Lieder, Gedichte, Hörspiel). Beschäftigen Sie sich genau mit der Textgrundlage und entwickeln Sie die Handlung weiter unter Beibehaltung:

- des Erzählers,
- des Problems bzw. der Handlung,
- der Hauptfiguren (Eigenschaften, Erlebnisse),
- der Erzählzeit.

Wenn Sie die Perspektive einer bestimmten Figur einnehmen, versetzen Sie sich in diese hinein und überlegen Sie, wie sie sich fühlt, was sie denkt und wie sie reagieren könnte.

Wenn Sie eine Geschichte weiterschreiben, lassen Sie keine logischen Brüche mit dem Anfang der Geschichte entstehen.

17 Eine Zusammenfassung schreiben | Escribir un resumen

Eine Zusammenfassung enthält die wichtigsten Informationen des Ausgangstextes in sachlicher und knapper Form. Häufig wird in der Aufgabenstellung ein bestimmter inhaltlicher Aspekt genannt, den Sie zusammenfassen sollen. Suchen Sie dann nur die Informationen aus dem Text heraus, die sich eindeutig auf die Aufgabenstellung beziehen.
Die Checkliste rechts hilft Ihnen beim Schreiben und Überprüfen Ihrer Zusammenfassung:

Resume el relato con lo que llegas a saber de Sandra y las otras personas («Pizza mexicana», pp. 62–63).
El relato «Pizza mexicana», escrito por Cristina Pacheco y publicado en 2003 en su libro «Mar de historias», trata de una visita a México de Sandra, una emigrante mexicana que vive en San Diego (Estados Unidos) desde hace 14 años y que comparte habitación con Mercedes.
Al principio, Sandra se encuentra en el aeropuerto y está nerviosa porque vuelve a Ciudad de México donde se queda dos semanas para ver a su familia. Está muy entusiasmada y feliz de visitar su país natal después de tanto tiempo.
A continuación, Sandra coge tanto su maleta como todos los regalos que quiere dar a su hermana Aurelia y a otros miembros de la familia. En la salida, la esperan su hermana y Raziel, el marido de su hermana.
Seguidamente, ya en el coche hacia casa, Sandra se da cuenta de que algunos lugares de México ya no le resultan familiares.
Por último, al hacer planes para su estancia en México, descubre que un antiguo jardín ahora es un gran centro comercial. Asimismo, comprende que los regalos que trae para su familia son cosas que sus parientes ya tienen.
(186 palabras)

- ✓ in der 3. Person Präsens
- ✓ deutlich kürzer als der Ausgangstext
- ✓ Einleitungssatz (Textsorte, Titel, Autor/in, grobes Thema, ggf. Quellenangabe und Erscheinungsdatum)
- ✓ nur Fakten, keine persönliche Meinung
- ✓ nur Umschreibungen, keine Zitate

18 Eine Stellungnahme verfassen | Escribir un comentario personal

Je nach Aufgabenstellung vertreten Sie Ihren Standpunkt («*justifica tu opinión*») oder beleuchten Sie die Fragestellung von verschiedenen Seiten («*discute*»).
Je nach Fragestellung bietet sich ein unterschiedlicher Aufbau an:

1. **Lineare Argumentation:** Drei Argumente, die Ihre eigene Position unterstützen. ► deine Meinung äußern, S. 163
2. **Dialektische Argumentation:** Zwei Argumente gegen Ihre Position / Zwei Argumente für Ihre Position.

- Machen Sie sich bewusst, in welchem Kontext und in welcher Textsorte Sie die Stellungnahme verfassen sollen.
- Schreiben Sie im Präsens und verwenden Sie Konnektoren. ► Konnektoren, S. 167
- Benennen Sie im Einleitungssatz das Thema und wecken Sie das Interesse der Leser: z. B. Bezug zu einem aktuellen Ereignis, eine persönliche Anekdote/Erlebnis oder ein Zitat.
- Ordnen Sie die Argumente so an, dass Sie mit den Argumenten, die Ihre eigene Position unterstützen, enden. Das letzte Argument ist das überzeugendste Argument. ► deine Meinung äußern und Argumente bewerten, S. 166
- Leiten Sie jedes Argument mit einer Behauptung ein. Erläutern und veranschaulichen Sie die Argumente mit Beispielen.
- Wägen Sie abschließend die Argumente ab und ziehen Sie eine Schlussfolgerung.

¿Sigue siendo importante estudiar lenguas hoy en día? Discute.

Einleitung	En Alemania muchos jóvenes estudian diferentes idiomas en el instituto, como el inglés, el francés y también el español. Sin embargo, mucha gente dice que con el desarrollo de diferentes aplicaciones modernas ya no vale la pena estudiar lenguas y que es una pérdida de tiempo.
Fragestellung	Pero ¿es cierto que estudiar idiomas ya no sirve para nada?
Argumente dagegen **Behauptung**	Por un lado, es cierto que con los traductores digitales en el futuro será muy fácil traducir textos escritos a otras lenguas.
Erläuterung	Es bien sabido que con el desarrollo tecnológico los traductores son cada vez mejores y traducen un texto con cada vez menos errores.
Beispiel	Hoy en día ya es posible insertar frases completas o incluso un artículo de periódico completo en una aplicación y recibir una traducción completa. Además, es correcto que hoy en casi toda Europa se sabe hablar inglés, ya que los jóvenes en casi todos los países lo estudian y a veces logran un nivel relativamente bueno. Así parece que no hace falta aprender otros idiomas para hablar con la gente local en las vacaciones o para comunicarse en el mundo laboral.
Argumente dafür	Por otro lado, si quieres conocer bien a la gente de otro país e incluso hacer buenos amigos allí, es imprescindible que aprendas el idioma del país. La gente será mucho más abierta contigo viendo que te esfuerzas para hablar su lengua. Además, en una conversación real no puedes usar una aplicación que traduzca todo, y con el inglés posiblemente también habrá ciertos límites, porque no todos lo saben hablar de forma natural. Pero el aspecto más importante es que el aprendizaje te ayudará a conocer culturas nuevas y a ser más tolerante y comprensivo. Es que estudiar una lengua no significa solamente aprender vocabulario y gramática, sino también conocer las tradiciones y las costumbres de los respectivos países y darte cuenta de las diferencias que hay entre tu propia cultura y las otras. Así también te resultará más fácil entender la forma de vivir y pensar de la gente en el otro país y evitar malentendidos en el viaje o haciendo negocios.
Schlussfolgerung	En resumidas cuentas, se puede decir que, si eres una persona abierta que quiere conocer y entender a personas de otros países, claramente vale la pena estudiar lenguas extranjeras.

(365 palabras)

19 Eine Figurencharakterisierung schreiben | Caracterizar a un personaje

- Suchen Sie im Text alle Informationen, die explizit über die Figur gegeben werden (z. B. Name, Alter, Aussehen, familiäre Situation, Vorlieben usw.).
- Konzentrieren Sie sich auch darauf, was man aus den Äußerungen anderer über diese Figur erfährt oder durch Reaktionen und Verhaltensweisen, die diese Figur zeigt.
- Notieren Sie sich zunächst zu jeder Information die dazugehörige Textstelle.
- Belegen Sie anschließend Ihre Aussagen mit Zitaten aus dem Text. ▶ Zitieren, S. 167 ▶ Korrekt zitieren, S. 183
- Werten Sie die Informationen aus: Wie kann die Information gedeutet werden? Was sagt die Information über die Figur aus?

– Passen Sie bei Aussagen auf, die von anderen Figuren über den Charakter gemacht werden, da sie subjektiv sind und erst auf Stichhaltigkeit geprüft werden müssen.

Beschreibung	Analyse und Interpretation
Grundlegende Informationen Se llama [...]. Tiene [...] años. Tiene [...] hermano/hermana(s). Vive con [...] en [...].	Por eso hay que decir que [...]. Por lo tanto, se puede suponer que [...]. Esto significa/muestra que [...]. De ello se puede deducir que [...]. Resumiendo, se puede decir que [...].
Äußere Erscheinung → Es rubio/moreno/[...]. Tiene [...] Lleva gafas.	alto/-a • bajo/-a • bonito/-a • ciego/-a • delgado/-a • dulce • elegante • feo/-a • fuerte • guapo/-a • gordo/-a • joven • mayor • moderno/-a • pequeño/-a • pobre • raro/-a • rico/-a • viejo/-a
Vorlieben, Verhalten → Al principio uno se entera de que [...]. Después/Luego/Finalmente la persona [...]. [...] se comporta de una manera [...]. A [...] le gusta/encanta/interesa [...]. Para él/ella [...].	alegre • amable • divertido/-a • duro/-a • egoísta • gracioso/-a • inteligente • interesante • majo/-a • negativo/-a • nervioso/-a • rebelde • sano/-a • simpático/-a • solidario/-a • tímido/-a • tranquilo/-a • triste

Caracteriza a Eliza («Madrid *blues*», pp. 74–75).

Grundlegende Informationen / Explizite (direkte) Charakterisierung

Eliza es una joven estudiante de Bellas Artes de EE. UU., que actualmente está como estudiante de intercambio en la universidad de Madrid (l. 3); es buena amiga de Edu o incluso su pareja, ya que pasan sus días en Madrid juntos (l. 3).

Rückschlüsse auf Charakter aufgrund von Verhaltensweisen/ Implizite (indirekte) Charakterisierung

Eliza y Edu van mucho al cine juntos y es Eliza la que decide si vale la pena ver una película porque conoce muchas películas antiguas (l. 49). Así que es obvio que Eliza tiene un gran interés por el cine, sobre todo por las películas antiguas. No solo le gusta el cine, también le encantan los libros de arte con grandes ilustraciones (l. 52), y junto con Edu pasa mucho tiempo contemplando las obras de arte en los museos de Madrid o en el Palacio de Correos (l. 55). Se puede deducir que Eliza es una estudiante con una gran pasión por el arte.
Eliza también parece estar muy interesada en la fotografía. Al sacar muchas fotos de Madrid se fija en muchos detalles de la ciudad. Le gustan los edificios, los árboles, los colores, pero también la forma de ser de los españoles. Se fija sobre todo en la expresividad de la gente (l. 11) y el hecho de que los españoles se abrazan y besan en la calle (l. 12).
Aunque se adapta a la costumbre española de los besos en el «moflete» que tanto le gusta (l. 22), al narrador sin embargo le parece una chica típica de EE. UU. por su «pudor americano» (l. 18) y su mal gusto respecto a la comida (ll. 43–44).

Zusammenfassung

Resumiendo, se puede decir que Eliza es una chica muy apasionada por el arte con un gran interés por la cultura española. Hasta cierto punto está dispuesta a adaptarse a su nuevo entorno.

(295 palabras)

Sprachmittlung | Mediación

20 **Wiedergabe von Inhalten in der jeweils anderen Sprache | Expresar el contenido en el otro idioma**

- Lesen Sie sich die Aufgabenstellung genau durch und klären Sie folgende Fragen:
  - Welche Textsorte wird erwartet?
  - Für wen und zu welchem Zweck wird sprachgemittelt?
  - Welche Informationen sollen gemittelt werden?
- Lesen Sie den Ausgangstext durch bzw. hören Sie ihn an. Es können auch unbekannte Wörter vorkommen.
- Notieren Sie die relevanten Informationen und geben Sie sie sinngemäß wieder.
- Gehen Sie auf kulturspezifische Besonderheiten ein und umschreiben Sie Begriffe, für die es keine Übersetzung gibt (z. B. Brezel, Abiball, Schultüte, Kehrwoche). ► Wörter umschreiben, S. 181
- Verwenden Sie je nach Adressaten einen angemessenen Stil (z. B. duzen oder siezen usw.).

21 **Dolmetschen | Hacer de intérprete**

- **Vor dem Hören:** Machen Sie sich bewusst, was die Personen, für die Sie dolmetschen, sagen bzw. wissen möchten, und übertragen Sie dann sinngemäß ins Deutsche bzw. ins Spanische.
- **Während des Hörens:** Notieren Sie Schlüsselwörter und Zahlen. Das hilft Ihnen das Wesentliche zu erklären.

«He visto en mis viajes que los italianos son muy alegres y simpáticos» → italianos, alegres, simpáticos

- **Beim Sprechen:** Umschreiben Sie unbekannte Wörter oder Wörter, die Ihnen nicht auf Spanisch einfallen, mit einfachen Worten, nennen Sie Beispiele oder nutzen Sie Mimik und Gestik. ► Wörter umschreiben, S. 181
- **Beim Sprechen:** Verwenden Sie die indirekte Rede. Diese Verben helfen Ihnen:

decir • *afirmar* • *constatar* • *confirmar* • *preguntar* • *querer* • *saber* • *insistir*

22 **Kulturelle Unterschiede beachten | Atender a las diferencias culturales**

Sprachmitteln heißt auch, zwischen zwei Kulturen zu vermitteln, denn für manche Dinge in Spanien, Lateinamerika oder Deutschland gibt es keine Entsprechung in der anderen Sprache oder Kultur. Oft verbinden die Menschen mit einem Begriff ganz unterschiedliche Dinge, z. B. *el bar* / die Bar.

- Machen Sie sich beim Sprachmitteln bewusst, dass Ihr Gegenüber evtl. bestimmte Dinge nicht kennt, die für Sie selbstverständlich sind, oder dass Sie jemand vielleicht nicht sofort versteht, obwohl Sie den Inhalt korrekt übertragen haben.
- Fragen Sie sich, was Ihr Gegenüber evtl. nicht oder anders verstehen könnte, und erklären Sie diese Aspekte genau. ► Wörter umschreiben, S. 181

Textanalyse und Kommentar | Análisis y comentario de textos

23 **Sachtexte | Textos informativos**

Sachtexte (z. B. Zeitungsartikel, Kommentar, Interview, Anzeige) kommen in der alltäglichen Kommunikation sehr häufig vor.

- Allgemeine Informationen: Textsorte, Autor/in, Titel, Thema, kurze Inhaltsangabe

El texto es un artículo / un comentario / una entrevista [...].
El autor / La autora se llama [...].
El título es [...] y (el artículo) tematiza / trata de [...].

- Analyse der vom Autor / von der Autorin beabsichtigten Wirkung:
  - informieren (*informar*) / erklären (*explicar*)
  - Stellung nehmen und überzeugen (*opinar y convencer*)
  - bewegen (*emocionar*)

El autor / La autora...
....expone/enumera [...].
...describe/explica/presenta [...].
...califica la situación de [...].
...describe (a) [...] de manera positiva/negativa.
...se refiere a un caso concreto / un ejemplo.
....da un ejemplo / cita el ejemplo de [...].
...cita a testigos/expertos/autoridades [...].
...apoya su opinión con datos estadísticos / cifras / [...].

– Bewertung des Standpunktes der Autorin / des Autors und der Schlüssigkeit der Argumentation:

El autor / La autora...
...logra convencer/conmover al lector utilizando [...].
...aumenta la credibilidad de sus argumentos.
...provoca simpatía/solidaridad con alguien en el lector.
Los argumentos en contra / a favor predominan (claramente).
La palabra [...] contiene una valoración negativa/positiva.

24 **Narrative Texte | Textos narrativos**

Die bestimmenden Elemente von narrativen Texten (z. B. Roman, Kurzgeschichte, Erzählung) sind die Handlung, die Figuren, Zeit, Raum und die Erzählperspektive (z. B. allwissender, personaler oder Ich-Erzähler).

– Allgemeine Informationen: Werk, Gattung, Autor/in und evtl. Epoche

El texto es una novela / un relato corto / un cuento [...].
Se trata de un fragmento de la novela [...].

– Inhalt des Textes: zentrales Thema, Situation, Zeit, Ort, Erzählperspektive sowie handelnde Personen und ihre Beziehung zueinander

El texto trata de [...].
El tema central es [...].

La historia / La acción...	tiene lugar en [...]. se desarrolla en [...]. se sitúa en [...].

El (yo) narrador relata en primera/tercera persona porque...

El/La protagonista... El personaje principal...	es/parece [...]. es un modelo/ejemplo para [...]. muestra un comportamiento/reacciones [...].

– Analyse der formalen und stilistischen Besonderheiten, die in Zusammenhang mit dem Inhalt und der Aussage des Textes stehen, sowie deren Wirkung und Funktion:

El texto contiene expresiones como [...].

El autor / La autora	emplea un lenguaje [...]. utiliza detalles/imágenes/repeticiones/enumeraciones/comparaciones.

La palabra clave / la metáfora / el símbolo expresa/indica/sugiere [...].

El autor / La autora quiere	llamar nuestra atención sobre [...]. demostrar que [...].

25 Lyrische Texte | Textos líricos

Lyrische Texte (z. B. Lieder, Gedicht) sind zumeist an ihrem Aufbau zu erkennen (Strophen, Verse).

– Inhaltliche Aspekte: Thema, lyrisches Ich (*yo lírico*), Adressat/in

> El poema / La canción tematiza / trata de [...].
> El yo lírico es/parece [...].
> El yo lírico se dirige a [...].

– Formale Aspekte: Strophen, Verse, Rhythmus, Reime und Reimschema (Abfolge der Reime innerhalb einer Strophe)

El poema La canción	tiene consta de	un título. versos (libres). rimas. (tres) estrofas. un estribillo.

– Analyse einzelner Strophen oder Sinnabschnitte im Hinblick auf ihre Aussage bzw. die in der Aufgabenstellung geforderten Aspekte:

El tono del poema es El ritmo de la canción es		alegre/triste/melancólico. dinámico/lento/repetitivo.	
El lenguaje	del poema de la canción	se caracteriza por un estilo	claro/complicado/irónico/dramático.
El autor / La autora utiliza		elementos cómicos/dramáticos. expresiones como [...]. descripciones de [...]. metáforas/símbolos/imágenes.	

La metáfora tiene la función de [...].

– Vermutungen zur Aussage bzw. Wirkungsabsicht des lyrischen Textes:

El autor / La autora quiere	divertir sorprender chocar	al lector.
	demostrar que [...].	

– Beachten Sie bei Liedern zusätzlich, ob und wie die Musik die Wirkung des Textes unterstützt.

26 Bilder | Imágenes

– Art des Bildes (z. B. Foto, Gemälde, Plakat), Quellenangabe und Thema:

> Se trata de un/a [...] que fue publicado/-a en [...] el [...].
> La foto / El cuadro muestra una escena de [...] en [...].

– Beschreibung:

En el centro En el primer plano Al fondo Arriba/Abajo A la izquierda / A la derecha	hay / está/n [...]. puedes ver [...]. se ve/n [...].
Detrás (de) / Delante (de) [...] Al lado (de) [...]	hay un/a [...]. está el/la[...].

– Wirkung:

Esta imagen expresa/muestra/representa [...]. La imagen/foto hace pensar en [...].

– Aussage und Kommentar:

El objetivo de la foto/imagen es criticar/demostrar/expresar que [...].

Para mí, la foto significa/transmite como mensaje [...].

En mi opinión, [...].

27 **Karikaturen | Caricaturas**

– Titel, Zeichner/in, Erscheinungsort und -datum, Thema:

La caricatura de [...] publicada en [...] el [...] trata de [...].

– Beschreibung der Karikatur:

En la caricatura se puede ver [...]. La caricatura muestra/presenta [...].

– Analyse:
  - Wofür stehen die abgebildeten Gegenstände, Personen oder Handlungen?
  - Wie sind sie dargestellt und welche Wirkung wird damit erzielt?
  - Gibt es (weitere) Symbole?
  - Auf welches (aktuelle) Ereignis/Problem nimmt die Karikatur Bezug?

Tal vez Probablemente Se puede suponer que	[...]	representa [...]. simboliza [...].

El texto se encuentra	en el centro. arriba/debajo de [...]. a la izquierda/derecha de [...].

El texto de los bocadillos contiene [...].

– Aussage:

La caricatura critica/muestra/subraya [...].

– Stellungnahme: Wie finden Sie die Karikatur? Stimmen Sie mit dem/der Autor/in überein?

Me parece que [...].
En mi opinión, [...].
Me pregunto si [...].

28 Filme | Películas

– Name des Films, aus dem die Szene stammt, Regisseur/in und Beschreibung dessen, was passiert (Figuren, Gegenstände):

Esta escena es de la película / del documental / de la serie [...].
El director / La directora se llama [...].
La película trata de [...].
En esta escena [...].

– Ton: Dialoge, Musik, Hintergrundgeräusche

En esta escena habla/n [...].
La música es alegre/triste/emocionante/dinámica/lenta/[...].
Se puede escuchar de fondo [...].

– Wirkung und Aussage:

La música crea un ambiente El ambiente es/parece	alegre/triste/frío/relajado/[...].

La relación entre los personajes parece buena/complicada/agresiva/fría/normal/[...].

La música se usa para aumentar/disminuir/mantener la tensión.

Esta escena critica/muestra [...].

– Kameraeinstellung:

La cámara enfoca la mímica / los gestos de los personajes.

En la/s escena/s se ve/n principalmente a los protagonistas / el paisaje / [...].

El director / La directora utiliza un (gran) plano [...] para destacar/reforzar/apoyar/mostrar/[...]

Gran plano general

Plano general

Plano medio

Plano americano

Plano corto

Plano de detalle

29 Statistiken und Grafiken | Estadísticas y gráficos

– Thema, Datum und Quellenangabe:

La estadística La infografía El diagrama (circular/de barras)	de [...] del año [...]	muestra [...]. trata de [...]. da información sobre [...]. compara el/la [...] con [...].

– Wiedergabe der Informationen:

Las cifras muestran que [...].
Alrededor de / Aproximadamente [...].
La mayoría / La mayor parte de [...].
La minoría / La menor parte de [...].
(Menos/Más de) La mitad de[...].
Dos terceras partes / Un tercio / Un cuarto / Un quinto [...].
Comparado con / En comparación con / A diferencia de [...].
[...] de cada [...].
Hay una diferencia (grande) entre [...] y [...].
El número de [...] aumentó/bajó de [...] a [...] en [...].
El [...] % de [...] / Un porcentaje alto/bajo de [...].
Mientras que en el año [...], en el año [...].

– Zusammenfassung:

Lo más importante es que [...].
En resumen, podemos decir que [...].

Medienkompetenz | Competencia digital

30 Bedienen und Anwenden | Manejar y aplicar

a Texte auf Spanisch mit dem Computer schreiben | Escribir textos en español en el ordenador

Wenn Sie längere Texte auf Spanisch verfassen wollen, ist es nützlich, diese mit einem Textverarbeitungsprogramm auf dem Computer zu schreiben.

– Wenn Sie die Sprache des Programms auf Spanisch einstellen, können Sie die Rechtschreibprüfung nutzen und Ihre Texte einfacher korrigieren.
– Außerdem können sie die Wörter Ihres Textes zählen lassen und die Wortanzahl entsprechend anpassen.
– Achten Sie aber darauf, Ihre Texte nicht immer gleich mit dem Rechtschreibprogramm zu verfassen, damit Sie eine Kontrolle über Ihre Fehler haben und feststellen können, wo Sie sich noch verbessern müssen.

Die spanischen Sonderzeichen können Sie mit Tastenkombinationen einfügen.
Auf einem Windows-Computer drücken Sie bitte die [alt]-Taste und

0241 für das *ñ*	0191 für *¿*	0225 für das *á*	0233 für das *é*	0237 für das *í*	0243 für das *ó*
0209 für das *Ñ*	0161 für *¡*	0193 für das *Á*	0201 für das *É*	0205 für das *Í*	0211 für das *Ó*

Auf einem Mac-Computer drücken Sie bitte
– für das Akzentzeichen: die [Akzent]-Taste und anschließend den entsprechenden Buchstaben
– für das *ñ/Ñ*: zunächst die Tasten [alt] sowie [n] und anschließend das [n] bzw. [N]
– für *¿* und *¡*: die [alt]-Taste und die normale [?]- bzw. [!]-Taste

b Umgang mit persönlichen und fremden Daten | Manejo de datos personales y ajenos

Wenn Sie mit dem Internet arbeiten, in Ihrer Freizeit das Internet oder z. B. die sozialen Netzwerke nutzen, kommen Sie an vielen Stellen mit fremden Daten (auch Fotos oder Texten) in Kontakt oder werden aufgefordert, Ihre eigenen Daten anzugeben.

Damit Ihre Daten oder die Daten anderer nicht in falsche Hände geraten:

- Überlegen Sie gründlich, wem Sie welche Daten anvertrauen (denken Sie z. B. darüber nach, bei welchen Webseiten oder Portalen Sie sich mit Ihrer E-Mail-Adresse registrieren).
- Geben Sie Ihre Telefonnummer und Ihre Adresse nur in Ausnahmefällen an.
- Nutzen Sie sichere, unterschiedliche Passwörter, um anderen den Zugriff auf Ihre Daten zu erschweren.
- Fragen Sie bei anderen Personen nach, bevor Sie deren Daten weitergeben (z. B. jemandem die Telefonnummer eines Freundes schicken) oder ein Foto von ihnen veröffentlichen.

31 Informieren und Recherchieren | Informar e investigar

a Informationen im Internet finden und verwenden | Buscar información

Das Internet bietet sehr viele Informationen. Hier erhalten Sie ein paar Tipps, wie Sie zielsicher recherchieren können:

- Überlegen Sie, was die wichtigsten Stichwörter für Ihr Thema sind. Je mehr gute Stichwörter Sie in eine Suchmaschine eingeben, desto genauer sind die Ergebnisse.
- Notieren Sie immer die Quelle, also den Namen der Internetseite und die URL, sowie das Datum, an dem Sie die Seite besucht haben.
- Wenn Sie in Ihrer Präsentation oder Ihrem Text Fotos, Abbildungen, fremde Texte und Zitate verwenden, geben Sie immer die Quelle an. Suchen Sie am besten nach gemeinfreien Bildern (*creative commons* [cc]) und informieren Sie sich darüber, ob bzw. wie Sie das Foto weiterverwenden dürfen.
- Achten Sie darauf, welche Musik, Bilder oder Videos Sie kopieren und herunterladen dürfen.

b Informationen bewerten | Evaluar información

- Achten Sie darauf, wer die Webseite oder den Beitrag erstellt hat, um die Qualität der Suchergebnisse einzuschätzen. Sind sie eher zuverlässig (Online-Lexikon, bekannte Medien usw.) oder handelt es sich eher um persönliche Meinungen (Forum, Blog, Fan-Seite usw.)?
- Gleichen Sie die Informationen, die Sie finden, mit den Informationen von unterschiedlichen Webseiten ab, um zu überprüfen, ob sie stimmen.

32 Produzieren und Präsentieren | Producir y presentar

Wenn Sie einen Text, z. B. für einen Vortrag oder eine Präsentation gestalten möchten, helfen Ihnen folgende Tipps:

a Plakat und Präsentationsfolien erstellen | Crear un póster y una presentación

- Sortieren Sie die Informationen, die Sie vermitteln wollen, und geben Sie Ihrem Plakat und den Präsentationsfolien eine klare Struktur. Verwenden Sie für jeden neuen Gedanken einen neuen Stichpunkt sowie Überschriften und Zwischenüberschriften.
- Ergänzen Sie Ihr Plakat oder Ihre Präsentationsfolie mit Fotos oder Statistiken. Achten Sie jedoch dabei darauf, dass Sie diese nur dort einfügen, wo sie sinnvoll sind und einen Zweck erfüllen.
- Der Text auf dem Plakat oder den Präsentationsfolien sollte auf das Wichtigste reduziert werden. Dies erreicht man zum Beispiel, indem man Schlüsselwörter oder Stichpunkte verwendet und keine ganzen Sätze.
- Sowohl auf dem Plakat als auch auf den Folien sollten Sie eine ausreichende Schriftgröße wählen, damit die Inhalte gut zu sehen sind.
- Zu viele Spezialeffekte (z. B. verspielte Übergänge) auf Folien lenken eher vom Inhalt ab und sollten nur sehr gezielt und sparsam eingesetzt werden. Verwenden Sie nicht zu viele Folien.

b Podcast und Video erstellen | Crear un *podcast* y un vídeo

Bei der Erstellung eines Podcast / eines Videos gehen Sie folgendermaßen vor:

- Überlegen Sie sich, über welches Thema Sie sprechen wollen, und schreiben Sie einen Text für Ihren Podcast / Ihr Video ▸ Den Schreibprozess organisieren, S. 166
- Sie können dazu die Kamera bzw. die Aufnahmefunktion eines Smartphones nutzen. Es gibt auch verschiedene Programme, mit denen Sie Ihren Podcast am Computer aufnehmen können. Testen Sie dafür vorher die Qualität des Mikrofons bzw. der Kamera.
- Üben Sie Ihren Text mehrere Male, bevor Sie den Podcast / das Video aufnehmen. Achten Sie bei einem Video besonders darauf, dass Text und Bild zusammenpassen.
- Nehmen Sie sich auf und stellen Sie Ihren Podcast / Ihr Video Ihren Mitschülerinnen und Mitschülern zur Verfügung.
- Sie können professionelle oder gut gelungene Podcasts auch als Modell für Ihren eigenen Podcast nutzen oder dazu, Ihr Hörverstehen zu schulen und sich über verschiedene Themen zu informieren. Recherchieren Sie dazu im Internet, welche spanischsprachigen Podcasts interessant für Sie sind, und hören Sie sie an. Oft bieten z. B. Radio- oder Fernsehsender ihr eigenes Podcastprogramm. ▸ Informieren und Recherchieren, S. 179

c Kollaboratives Schreiben | Escritura colaborativa

Besonders wenn Sie einen Text in Partner- oder Gruppenarbeit erstellen sollen, können Programme zum kollaborativen Schreiben sehr hilfreich sein. Solche Programme finden Sie kostenlos im Internet. Mithilfe solcher Programme können Sie gleichzeitig im selben Dokument arbeiten und Ihre Texte direkt gegenseitig ergänzen, kommentieren und korrigieren.

d Quellendokumentation und rechtliche Grundlagen | Documentación (de las fuentes y de los derechos de uso)

Unabhängig vom Medium (Poster, Präsentation, Podcast oder Video) achten Sie immer darauf, welche Musik, Bilder oder Videos Sie kopieren, herunterladen oder präsentieren dürfen.

- Geben Sie immer die Quelle an, aus der Sie Ihre Informationen bzw. Musik, Bilder, Statistiken, Videos usw. beziehen. Nutzen Sie Bilddatenbanken mit kostenlosen und lizenzfreien Bildern.
- Achten Sie dabei darauf, dass Sie den Urheber und das Datum angeben, an dem Sie auf die Quelle zugegriffen haben.
- Gehen Sie verantwortungsvoll sowohl mit Ihren eigenen als auch mit fremden Daten um, achten Sie auf den Schutz der Daten und halten Sie die Privatsphäre ein.

33 Medien kritisch bewerten | Evaluar los medios

Die verschiedenen Medien (z. B. Podcast, Internet, soziale Netzwerke usw.) sind weit verbreitet und bieten viele Vorteile. Dennoch treten auch Nachteile bei der Nutzung bestimmter Medien auf, und manche Medien eignen sich zu bestimmten Zwecken besser als andere.

- Überlegen Sie sich zunächst immer die Vor- und Nachteile für Sie und die anderen, bevor Sie ein Medium einsetzen, und entscheiden Sie sich dann bewusst für die Nutzung eines bestimmten Mediums.
- Achten Sie darauf, wann und wie oft Sie welche Medien benutzen. So behalten Sie eine Kontrolle über Ihre Mediennutzung und können sich überlegen, wann Sie z. B. ihr Handy wirklich brauchen oder in welchen Situationen Sie darauf verzichten können.

Werkzeuge und Arbeitstechniken | Herramientas y estrategias de trabajo

34 Unbekannte Wörter erschließen | Deducir vocabulario

- Nutzen Sie Ihre Kenntnisse anderer Sprachen, um die Bedeutung unbekannter Wörter zu erschließen (Achtung: *falsos amigos*, z. B. *la carta* [der Brief] und die Karte [*la tarjeta*]).
- Erschließen Sie sich Wörter über die Wortfamilien (gemeinsamer Wortstamm). Die Endung gibt Ihnen oft einen Hinweis auf die Wortart.
- Erschließen Sie Wörter aus dem Kontext, mithilfe von Abbildungen oder der Gestaltung eines Textes.

35 **Wörter umschreiben | Parafrasear palabras**

Wenn Ihnen ein Wort nicht einfällt, können Sie auf verschiedene Umschreibungsstrategien zurückgreifen.

– Erklären Sie das Wort mithilfe eines Relativsatzes.
– Beschreiben Sie die Verwendung des Gegenstandes.
– Erklären Sie das Wort mit einem Wort aus derselben Wortfamilie.
– Verwenden Sie Vergleiche, Synonyme oder Antonyme.
– Erklären Sie das Wort mithilfe von Beispielen.

Es una persona que [...].
Es una cosa que [...].
Es algo que sirve para [...].
Es como [...].
Es un sinónimo de [...].
Es el contrario de [...].

36 **Mit dem Wörterbuch arbeiten | Utilizar un diccionario**

Spanisch – Deutsch | Español - Alemán

Ein Wörterbucheintrag enthält verschiedene Informationen zu einem Wort. Dazu muss man u. a. einige Abkürzungen kennen. Verschaffen Sie sich einen Überblick über die Bedeutung der verwendeten Abkürzungen im Abkürzungsverzeichnis am Anfang oder Ende des Wörterbuches.

Aussprache Genus (bei Substantiven) deutsche Entsprechung

hora ['ora] *f* **1.** (*de un día*) Stunde; **~ de consulta** Sprechstunde **2.** (*del reloj*) Uhrzeit; **¿qué ~ es?** Wie viel Uhr ist es? **3.** (*tiempo*) Zeit; **tener ... ~s de vuelo** Flugstunden haben

verschiedene Bedeutungen des Wortes Tilde (ersetzt das Stichwort)

– Sie finden die Wörter im Wörterbuch immer in ihrer Grundform, d. h. ein konjugiertes Verb (*se divierten*) im Infinitiv (*divertirse*), ein Substantiv im Singular, ein Adjektiv in der maskulinen Form.
– Das *ñ* und *ll* sind im spanischen Alphabet eigene Buchstaben. Daher steht z. B. das Wort *caña* erst hinter *cantar*.

Tipps:
– Lesen Sie immer den ganzen Eintrag und prüfen Sie, welche der verschiedenen Bedeutungen in den Kontext passt.
– Zusammengesetzte Wörter und Ausdrücke stehen meistens nur unter einem der Teile, z. B. *jugar al fútbol* unter *jugar* oder *fútbol*.
– Achten Sie auf die Lautschrift in den eckigen Klammern, um die Aussprache zu überprüfen.

Deutsch – Spanisch | Alemán – Español

Wenn Sie in einem deutsch-spanischen Wörterbuch ein Wort nachschlagen, achten Sie auf Folgendes:

– Dasselbe Wort kann mehrere Entsprechungen haben, z. B. kann „Karte" folgende Bedeutungen haben: Postkarte, Landkarte, Spielkarte, Konzertkarte usw. Lesen Sie daher den ganzen Eintrag und überprüfen Sie, welche der verschiedenen Bedeutungen in den Kontext passt, und überprüfen Sie am besten die Bedeutung im spanisch-deutschen Wörterbuch.
– Passen Sie das ausgewählte spanische Wort in den Satz ein, den Sie formulieren möchten, d. h.:
  • bei Substantiven: Bilden Sie, wenn nötig, den Plural.
  • bei Verben: Bilden Sie die passende Verbform.
  • bei Adjektiven: Gleichen Sie sie dem Substantiv bzw. dem Bezugswort an.

verschiedene Bedeutungen des Wortes | spanische Entsprechung | Genus (bei Substantiven) | Aussprache

Uhr f **1.** (*Gerät*) reloj *m* [re'lox] ; **die ~ aufziehen** dar cuerda al reloj; **2.** (*bei Zeitangaben*) hora *f* ['ora]; **es ist genau acht** ~ son las ocho en punto; **neun ~ drei** las nueve y tres minutos

Tilde (ersetzt das Stichwort)

Das einsprachige Wörterbuch | El diccionario monolingüe

Ein einsprachiges Wörterbuch
- zeigt Ihnen die korrekte Schreibung und Aussprache eines Wortes,
- erklärt das Wort auf Spanisch,
- gibt Beispiele für den Gebrauch (Kontext, Kollokationen, Redewendungen),
- enthält Synonyme und Antonyme, manchmal auch die Etymologie und regionale Unterschiede.

Genus | Begriffserklärung | Kontext/Anwendungsbeispiel

Euforia [eu'foria] *f* alegría grande, optimismo, sensación de bienestar: *El triunfo del equipo local produjo una gran ~ entre los aficionados.* • *sin.:* entusiasmo, júbilo. *ant.:* depresión, desánimo, pesimismo, tristeza.

Synonym | Antonym

Online-Wörterbücher | El diccionario en línea

Die Verwendung von Online-Wörterbüchern kann zeitsparend und hilfreich sein. Dabei sollten Sie Folgendes beachten:
- In einigen Online-Wörterbüchern können Sie bei der Suche anstatt des Infinitivs auch konjugierte Verbformen eingeben (z. B. *salí, vayan*) sowie die Plural- oder femininen Formen von Substantiven und Adjektiven (z. B. *lesiones, jefa, acogedora*).
- Einige Online-Wörterbücher ermöglichen es, nach zusammengesetzten Begriffen oder kurzen Phrasen zu suchen (z. B. *irse a la cama, el plato favorito, a lo mejor, ¡Qué vergüenza!*).
- Oft wird für ein gesuchtes Wort eine große Anzahl an möglichen Bedeutungen angezeigt. Prüfen Sie die Suchergebnisse sorgfältig und finden Sie die für Ihren Fall passende Übersetzung.
- Sie können auch ein einsprachiges Online-Wörterbuch benutzen, z. B. das der *Real Academia Española* (RAE).
- In Online-Wörterbüchern können Sie sich die Wörter oft auch anhören und nachsprechen, um die Aussprache zu trainieren.

Übersetzungsprogramme | Programas de traducción

Übersetzungsprogramme können eine Hilfe darstellen, um eigene Formulierungen zu überprüfen bzw. idiomatische Formulierungen zu finden.
Bei deren Einsatz sollten Sie Folgendes beachten:
- Prüfen Sie mithilfe einer Fehlerliste das Ergebnis der Übersetzungsprogramme auf sprachliche Fehler. Hinsichtlich des Wortschatzes und der Idiomatik, verwenden Sie ein Wörterbuch. ▶ Fehler vermeiden, S. 183
- Verzichten Sie auf komplexe Formulierungen aus Übersetzungsprogrammen, die Sie selbst nicht genau verstehen.
- Es ist empfehlenswert, die Ergebnisse der Übersetzungsprogramme in die Ausgangssprache zurückübersetzen zu lassen, um sicherzugehen, dass das Ergebnis tatsächlich treffend ist.

37 **Korrekt zitieren | Citar correctamente**

Bei Aufgaben zum Textverständnis und zur Textanalyse werden Sie sich immer wieder auf bestimmte Textstellen beziehen bzw. Textstellen wörtlich zitieren. Man unterscheidet zwischen **direkten** und **indirekten** Zitaten.

Das **direkte Zitat** gibt den Originaltext wörtlich wieder und wird folgendermaßen erkennbar gemacht:
- Anführungszeichen am Anfang und Ende des Zitats: **«...»**
- Eckige Klammern **[...]**, wenn innerhalb des Zitats Wörter hinzugefügt oder weggelassen werden: *Juanita dice que «[su] padre no está contento con la situación [...] de la gente.»,*(l. 23)
- Seitenangaben bzw. Zeilenangaben am Ende des Zitats in Klammern: (**p. 3, l. 9**) oder (**ll. 9–11**)

Indirekte Zitate, also wenn Inhalte aus dem Text in anderen Worten wiedergegeben werden, müssen mit Zeilenangaben versehen werden: *Según el autor la tasa de paro en la región ha crecido (l. 23).*

38 **Fehler vermeiden | Evitar errores**

- Lesen Sie Ihren Text sorgfältig durch und korrigieren Sie ihn mithilfe der Fehlerliste.

1. die Rechtschreibung (z. B. Akzente, Doppelkonsonanten, Sonderzeichen wie ¿, ¡, ...):	¿Cómo?, ¡Qué rico!, imposible, el tema
2. die Angleichung der Artikel, Begleiter und Adjektive nach Genus und Numerus des Substantivs:	**los** problema**s**, much**as** idea**s**, l**a** sals**a** verde
3. die Verschmelzung von Artikel und Präposition:	Es la casa **del** vecino. Veo **al** padre de Paula.
4. die Angleichung der Verbformen an das Subjekt:	La **gente** baila. **Mis amigos** sale**n** mucho.
5. die Verwendung von *ser*, *hay* und *estar*:	Mi padre **es** ordenado. **Somos** de Alemania. Julio **está** en Barcelona. En mi clase **hay** un chico nuevo.
6. die Form der unregelmäßigen Verben:	¿**Puedes** ayudarme con Mates? José **pide** un zumo.
7. die Stellung der Adjektive:	Lleva una falda **azul**. Sacó una **buena** nota.
8. die Verkürzung einiger Adjektive vor Substantiven:	Es un **buen** ejemplo. Hoy tengo un **mal** día. Es el **tercer** ejercicio de Lengua.
9. die Verwendung der Objektpronomen:	Miguel es mi amigo. **Lo** veo cada día. Estos son mis primos Carlos y Laura. **Les** gusta mucho bailar.
10. die Verwendung der Vergangenheitszeiten:	El año pasado **estuvimos** en Sevilla. **Hacía** mucho calor.
11. die Verwendung des *subjuntivo*:	Laura **espera que** sus padres la **dejen** hacer la fiesta en casa.

- Legen Sie ein individuelles Fehlerprotokoll an, in dem Sie Ihre eigenen Fehler dokumentieren, gruppieren und analysieren. So können Sie häufige Fehlerquellen schneller erkennen und daraus lernen.
- Verwenden Sie, wo möglich, das Wörterbuch und die Grammatik um Rechtschreibung, Verbformen oder Kollokationen zu prüfen.

Indicaciones para los ejercicios | Operatoren

Comprender

Operator	Beispiel	Was ist zu tun?
contar	***Cuenta*** *a que tipo de posts de las redes sociales les das un «me gusta» y explica por que.*	etw. erzählen, z. B. eine Anekdote
describir	***Describe*** *la siguiente imagen.*	jdn/etw. beschreiben, z. B. ein Bild oder eine Person
presentar	***Presenta*** *a Julio y su situación actual.*	etw. vorstellen, präsentieren, z. B. ein Thema, eine Person oder Ergebnisse
resumir	***Resume*** *lo que le pasa a la protagonista a lo largo del cortometraje.*	wesentliche Informationen eines Textes (z. B. eines Liedes oder eines Zeitungsartikels) zusammmenfassen

Analizar

Operator	Beispiel	Was ist zu tun?
analizar	***Analiza*** *la intención principal que tiene el autor con este artículo.*	einzelne Aspekte im Text untersuchen und erklären unter Berücksichtigung der Gesamtaussage des Textes, z. B. eine Wirkungsabsicht
caracterizar	***Caracteriza*** *a Sandra.*	jdn/etw. detailliert beschreiben, z. B. eine Person, eine Figur oder Lebensumstände
clasificar	***Clasifica*** *el vocabulario según las siguientes formas de desplazarse.*	etw. bestimmten Kategorien zuordnen
comparar	***Compara*** *las tendencias en la educacion superior en Alemania y España.*	jdn/etw. vergleichen, Gemeinsamkeiten und Unterschiede herausarbeiten, z. B. zwischen Systemen, Figuren oder Verhaltensweisen
confeccionar un croquis / un gráfico, etc.	***Confecciona un croquis*** *de la escena de la comida en casa de Sandra.*	einzelne Aspekte eines Textes visualisieren und neu gestalten
examinar	***Examina*** *estructura de la charla.*	etw. im Detail untersuchen und erklären, z. B. eine Meinung
explicar	***Explica*** *con tus palabras qué significa para Teresa ser una persona «transnacional».*	etw. erklären
exponer	***Expón*** *las opciones que muestra el diagrama.*	bestimmte Aspekte darstellen, z. B. von einer Person oder eines Gegenstandes
interpretar	***Interpreta*** *qué es el porvenir para el yo lírico.*	etw. analysieren, z. B. den Inhalt oder die Form eines Gedichts
retratar	*Identifica las frases con las que Xenia* ***retrata*** *a su madre.*	jdn beschreiben bzw. charakterisieren, z. B. eine Figur

Comentar

Operator	Beispiel	Was ist zu tun?
buscar/ proponer soluciones	***Proponed soluciones*** *para que los compañeros tengan acceso a todos los lugares importantes durante el intercambio.*	Lösungsmöglichkeiten für Problemstellungen anbieten
comentar	***Comenta*** *la situación laboral de Estela y Maribel.*	etw. kommentieren, die persönliche Meinung zu etw. äußern, z. B. zu einer Situation oder einer Meinung
convencer	***Convenceos*** *mutuamente.*	jdn von einer Meinung oder einer Sache überzeugen
discutir	***Discute*** *en un post si el mensaje del texto es positivo o negativo.*	etw. erörtern, über etw. diskutieren
evaluar	***Evalúa*** *la importancia de estos proyectos musicales para jóvenes en contextos multiculturales.*	etw. begutachten, zu etw. Stellung nehmen, z. B. zu einem Verhalten, einer Situation oder Arbeitsergebnissen
expresar / dar su/la opinión	***Da tu opinión*** *sobre las normas de la casa criticadas por Xenia.*	die eigene Meinung darstellen
imaginarse	***Imagina*** *a la persona a quien pertenece el escritorio en el cuadro de Elena Climent y preséntala.*	ausgehend vom Text einen kreativen Text verfassen, z. B. eine Geschichte zu einem Bild, einen inneren Monolog oder die Fortsetzung einer Geschichte
justificar (tu opinión)	***Justifica*** *tus ideas con referencias al texto.*	etw. belegen, begründen, z. B. einen Standpunkt oder eine Auswahl
juzgar	***Juzga*** *la afirmación de la socióloga basándote también en tus experiencias.*	eine begründete Einschätzung zu etw. geben
opinar	***Opina*** *de qué temas escribiría la gente de tu ciudad o pueblo para un concurso de microcuentos como este.*	die eigene Meinung darstellen
redactar/ escribir (+ Textsorte)	***Redacta*** *un texto que revele tus preocupaciones en cuanto a los peligros de Internet.*	etw. Schriftliches verfassen, z. B. einen inneren Monolog oder eine Bewerbung

Lista cronológica

Die in den Dossiers annotierten Wörter dienen dem Leseverstehen. Den Lernwortschatz finden Sie hier.

Symbole und Abkürzungen

ser	Verben mit unregelmäßigen Formen	*etw.*	etwas
=	gleiche Bedeutung	*f.*	femenino (Femininum)
≠	gegensätzliche Bedeutung	*fam.*	familiar (umgangssprachlich, ugs.)
▶	spanische Wörter derselben Wortfamilie	*inf.*	infinitivo (Infinitiv, Inf.)
E	Englisch	*jdm/jdn*	jemandem/jemanden
F	Französisch	*lat. am.*	lateinamerikanisch
L	Latein	*m.*	masculino (Maskulinum)
Adj.	Adjektiv	*pl.*	plural (Plural, Pl.)
adv.	adverbio (Adverb, Adv.)	*sust.*	sustantivo (Substantiv, S.)

Dosier | ¿En qué mundo quieres vivir?

Punto de partida ▶ p. 16

posteable	*perfekt für die sozialen Netzwerke*	Esa foto es posteable en mi red social.
miserable	elend	**E** miserable **F** misérable **L** miser
la obligación	die Pflicht	Mi obligación es estudiar y aprobar.
pillar a alguien *fam.*	*hier* jdn erwischen	Mi madre me pilló llegando tarde.
el pijama	der Schlafanzug	¿Me dejas un pijama para dormir?
filmar algo / a alguien	etw./jdn filmen	El grupo filma el videoclip de su canción.
aparentar algo	etw. vorgeben	Jorge aparenta tener mucho dinero.
la esclavitud	die Sklaverei	En España está prohibida la esclavitud.
sincero/-a	ehrlich	Inés es sincera, siempre dice la verdad.
el/la moreno/-a	der/die Dunkelhaarige	–¿Carlos es ese rubio? –No, aquel moreno.
posturear *fam.*	posen, posieren	Solo posteo fotos para posturear.
el filtro	der Filter	Nunca uso filtros en mis redes sociales.
feo/-a	hässlich	≠ guapo/-a, bonito/-a
la autoestima	das Selbstwertgefühl	Ana tiene la autoestima alta.
medir algo / a alguien (e → i)	etw./jdn messen	Muchos miden la amistad en *likes*.
el hogar	das Heim	Bienvenidas a mi hogar.
ateo/-a	atheistisch	Las personas ateas no tienen religión.
la amistad ▶ **el/la amigo/-a**	die Freundschaft	**L** amicitia
el campeón, la campeona, los/las campeones/-as *pl.*	der/die Meister/in, der/die Sieger/in	Fátima es la nueva campeona de judo.
el interés, los intereses *pl.*	das Interesse	Perdí el interés en las redes.
la pantalla	der Bildschirm	Mi televisión tiene una pantalla muy grande.
la mirada ▶ **mirar algo**	der Blick	Noel tiene una mirada triste.
ser una pena	schade sein	Hemos perdido el partido. Es una pena.

Dosier Mundo | Palabras en contexto ▶ p. 20

frecuente	häufig	**E** frequent **F** frequént/e **L** frequens
divertirse (e → ie)	sich amüsieren	En aquellos años nos divertíamos mucho.

la estadística	die Statistik	La estadística muestra las profesiones favoritas.
fumar (algo)	(etw.) rauchen	F fumer
independizarse	sich emanzipieren	Encontré un piso y me independicé.
el salario	das Gehalt	Mi salario son 3000 euros.
la vivienda ► vivir	*hier* die Wohnung	Con mi sueldo no puedo pagar una vivienda.
laboral	Arbeits-, Berufs-	Después de estudiar empieza la vida laboral.
los estudios superiores *pl.*	das Hochschulstudium	En la universidad realicé estudios superiores.
la tasa	die Rate	La tasa de desempleo es alta.
el/la graduado/-a	der/die Hochschulabsolvent/in	Rosa es graduada en Matemáticas.
el título universitario	der Hochschulabschluss	En un año tendré mi título universitario.
estar cualificado/-a	qualifiziert	Elena está cualificada para el puesto.
el dominio	die Beherrschung	Es importante el dominio de varios idiomas.
la sobrecualificación	die Überqualifizierung	Tienes sobrecualificación para este trabajo.
el empleo ► el/la empleado/-a	die Arbeitsstelle	= el trabajo ≠ el desempleo
educativo/-a	Bildungs-	E educational
el/la técnico/-a	der/die Facharbeiter/-in *nach einer Berufsausbildung*	Clara es técnica en Energías Renovables.
el formato dual	das duale Format *Berufsausbildung*	El formato dual es útil para la experiencia.
retener algo / a alguien (yo retengo)	etw./jdn zurückbehalten	España no siempre retiene el talento.
el talento	das Talent	Juan tiene talento para la música.
recuperar algo / a alguien	etw./jdn zurückgewinnen	E to recover F récupérer L recuperare
el valor	der Wert	E value F la valeur L valor
mencionar algo / a alguien	etw./jdn erwähnen	E to mention F mentionner
la base	die Grundlage, die Basis	Mis amigos son la base de mi vida.
asistir a algo	etw. besuchen, an etw. teilnehmen	Asistí a una clase de flamenco.
la boda	die Hochzeit	Sueño con una boda en el Caribe.
el bautismo	die Taufe	E baptism F le baptême L baptismus
el movimiento ► moverse	die Bewegung	E movement F le mouvement
sostenible	nachhaltig	Apoyo la agricultura sostenible.
el compromiso	das Engagement	El compromiso juvenil cambiará al mundo.
la igualdad de género	die Gleichstellung der Geschlechter	Aquí respetamos la igualdad de género.
la tolerancia	die Toleranz	No tenemos tolerancia con el racismo.
la discriminación	die Diskriminierung	La discriminación está prohibida en clase.
el racismo	der Rassismus	Todos luchamos contra el racismo.

Dosier Mundo | A Yo busco mi suerte ► p. 22

agradecer algo a alguien (c → zc) (yo agradezco)	jdm für etw. danken	Te agradezco tu ayuda.
comenzar algo/a + *inf.* (e → ie)	etw. anfangen / zu + *Inf.*	= empezar
excepto	außer	Abrimos todos los días excepto el domingo.
venir + *gerundio* (yo vengo)	schon (seit langer Zeit) etw. tun	Viene entrenando desde hace un año.

la oveja negra *fam.*	das schwarze Schaf	Siempre fui la oveja negra en mi casa.
sin pena ni gloria *fam.*	sang- und klanglos	Terminé el instituto sin pena ni gloria.
mentir (e → ie)	lügen	No mientas, di la verdad.
engañarse a sí mismo	sich selbst betrügen	Luis, no te engañes a ti mismo.
tener + pensado	etw. vorhaben	Pedro tiene pensado viajar a Perú.
la carrera	*hier* der Studiengang	¿Has decidido qué carrera estudiarás?
convencer a alguien (yo convenzo)	jdn überzeugen	No me convence ninguna carrera.
pragmático/-a	pragmatisch	En la vida, a veces hay que ser pragmático.
la perspectiva	die Perspektive	Ingeniería tiene muchas perspectivas laborales.
estar enganchado/-a a algo *fam.*	von etw. abhängig sein	Mucha gente está enganchada al móvil.
programar algo	etw. programmieren	En mi curso de informática aprendí a programar.
seguido/-a	*hier* nacheinander	Celebramos la boda tres días seguidos.
el paso	der Schritt	Aprendo a programar en varios pasos.
reparar algo	etw. reparieren	Mi hermana ha reparado mi bicicleta.
reconciliarse con alguien	sich mit jdm versöhnen	Miguel se reconcilió con Ahmed.
la pareja	*hier* der/die Partner/in	Isabel es la pareja de Gloria.
(Una vez) terminado/-a + *sust.*	Nachdem + *Subst.* abgeschlossen ist, ...	Terminado el bachillerato, haré una FP.
ponerse a + *inf.* (yo me pongo)	anfangen etw. zu tun	Después de comer, me puse a estudiar.
llevar + *participio*	etw. bereits getan haben	Hugo lleva visitados siete países.
el paseo	der Spaziergang	Suelo dar un paseo por las tardes.
la lista	die Liste	Esta es la lista de estudiantes.
echar una mano a alguien con algo	jdm mit etw. zur Hand gehen	¿Me echas una mano con la comida?
quedarse + *gerundio*	bleiben und weiterhin etw. tun	Nosotros salimos y Javi se quedó estudiando.
Dicho y hecho.	Gesagt, getan.	José prometió cocinar y dicho y hecho.
animar a alguien a + *inf.*	jdn zu etw. aufmuntern	Álvaro está triste. Tenemos que animarlo.
echarse a + *inf. fam.*	beginnen etw. zu tun	Alberto se puso las zapatillas y se echó a correr.
la plataforma	die Plattform	Cuelgo mis poemas en una plataforma.
dedicar *tiempo* a algo	etw. *Zeit* widmen	Cristina dedica varias horas a estudiar.
valer la pena (yo valgo)	sich lohnen	El concierto valió la pena. Fue genial.
dejar algo + *participio*	etw. + *Partizip* + lassen	Antes de salir dejé la comida hecha.

Dosier Mundo | B Radio guarida ► p. 28

equivaler a algo (yo equivalgo)	etw. entsprechen	¿A cuántos pesos equivale un euro?
la cita	die Verabredung	Hoy tengo una cita en un restaurante.
el sexo	der Sex	¿El sexo es importante en una relación?
la ausencia de + *sust.*	das Fehlen von + *Subst.*	La ausencia de comunicación es un problema.
la sensación	das Gefühl	**E** sensation **F** la sensation
la soledad ► estar solo/-a	die Einsamkeit	Algunas personas mayores sufren soledad.
la herramienta	das Werkzeug, das Tool	Reparé la bici con las herramientas.
el municipio	die Gemeinde	Consuegra es un municipio de Toledo.

el estudio	das Studio *des Radiosenders*	Estuvimos en el estudio de Radio Madrid.
en torno a + *sust.*	um + *Subst.* herum	Sentáos todos en torno a la mesa.
la calculadora	der Taschenrechner	Necesito la calculadora para Matemáticas.
meterse en algo *fam.*	*hier* sich in etw. einloggen	Olga se metió en mi perfil y vio la foto.
el relato	die Erzählung	Leemos un relato en clase de Lengua.
de hecho	tatsächlich	No es como tú dices. De hecho, yo lo vi.
Lástima.	Schade.	La mayoría ha suspendido. Lástima.
la poesía	die Poesie; das Gedicht	Me gusta la poesía de Gabriela Mistral.
quedar	*hier* übrig sein	No hay carne, pero queda pescado.
la timidez ► tímido/-a	die Schüchternheit	De Antón destaca su timidez. Habla poco.
prohibir algo	etw. verbieten	En Cataluña prohibieron las corridas.
más bien	eher, vielmehr	Las vacaciones han sido más bien cortas.
dañar algo / a alguien	etw./jdn schaden	Mirar tanto el móvil daña los ojos.
complicado/-a	kompliziert	Hoy en día es complicado vivir sin móvil.
culpable de algo	an etw. schuld sein	Esos alumnos son culpables de ciberacoso.
la toalla	das Handtuch	¿Hay toallas limpias? Tengo que ducharme.
el/la adolescente	der/die Jugendliche	Los adolescentes viven muchos cambios.
el uso abusivo	der übermäßige Gebrauch	El uso abusivo del móvil es un problema.
el/la nativo/-a digital	der/die Digital Native	Los nativos digitales no conocen un mundo sin Internet.
estar preparado/-a	vorbereitet sein	¿Estáis preparadas para el desafío?
manejar algo / a alguien	mit etw./jdm umgehen	Mi clase maneja la tecnología muy bien.
exagerar algo	etw. übertreiben	E to exaggerate F exagérer
tener que ver con algo/alguien	mit etw./jdm zu tun haben	El ciberacoso tiene que ver con Internet.
la dependencia	die Abhängigkeit	El uso abusivo produce dependencia.
el/la adulto/-a	der/die Erwachsene	Muchos adultos olvidan que fueron niños.
hacer falta	nötig sein	Para el gazpacho hacen falta más tomates.
echar un vistazo a algo/alguien	auf etw./jdn einen Blick werfen	Amaia echa un vistazo al libro.

Dosier Mundo | C ¿Voluntarios? ► p. 32

el héroe, la heroína	der/die Held/in	F le héros, l'héroïne L heros, heroine
ir de algo	um etw. gehen	La serie va de tres adolescentes en Chile.
suponer algo (o → ue) (yo supongo)	etw. vermuten	E to suppose F supposer
cambiar algo	etw. ändern	A Rita esa experiencia le cambió la vida.
la selva	der Dschungel	En la selva viven plantas y animales.
ni	überhaupt nicht	A ese chico ni lo conozco.
quitar algo a alguien	jdm etw. wegnehmen	Nada me quita las ganas de luchar.
colaborar	zusammenarbeiten	E to collaborate F collaborer
el/la traductor/a	der/die Übersetzer/in	Estudio idiomas para ser traductora.
la decena	zehn	Decenas de personas vienen a la consulta.
el/la paciente	der/die Patient/in	La doctora Ortega atiende al paciente.
el recurso	die Ressource	En el hospital hacen falta más recursos.

tras + *tiempo*	nach + *Zeit*	Tras varios días enfermo, volví a clase.
marcharse	weggehen	Mis padres se marcharon anoche. = irse
la consulta	die Praxis	Voy a la consulta de mi médico.
la creencia	der Glaube	Algunos tienen creencias religiosas.
deberse a algo/alguien	auf etw./jdn zurückzuführen sein	Mi enfermedad se debe al estrés.
(ni) siquiera *adv.*	nicht einmal	Ni siquiera pudimos hablar por teléfono.
acordarse de algo/alguien (o → ue)	sich an etw./jdn erinnern	¿No te acuerdas de mí? Soy Pablo.
los ahorros *pl.*	die Ersparnisse	Todos mis ahorros están en el banco.
injusto/-a	ungerecht	No seas injusto con tus compañeros.
humano/-a	menschlich, Menschen- *Adj.*	**E** human **F** humain/e **L** humanus
la sonrisa	das Lächeln	Mi abuelo me recibe con una sonrisa.
el apretón de manos	der Handschlag	Nos saludamos con un apretón de manos.
la sangre	das Blut	El médico tiene que ver mi sangre.
emocionarse	gerührt sein	Silvia se emocionó con la canción.
el guante	der Handschuh	¿Hace frío? ¿Necesitamos guantes?
dar sentido	Sinn geben, rechtfertigen	Mi profesión da sentido a mi vida.
la fuerza	die Kraft	Hace falta fuerza para trabajar aquí.
el voluntariado ▸ el/la voluntario/-a	das Ehrenamt	El voluntariado es un trabajo solidario.
estar en deuda con alguien	in jds Schuld stehen	Estoy en deuda contigo por tu ayuda.

Dosier Mundo | D Mentira (Care Santos) ▶ p. 37

la mentira	die Lüge	Álex, no digas mentiras. ≠ la verdad
la discusión	die Diskussion	No se hablan. Tuvieron una discusión.
la delincuencia	die Kriminalität	Es un lugar seguro, con poca delincuencia.
la pobreza ▸ pobre	die Armut	Un problema social es la pobreza.
ser capaz de + *inf.*	fähig sein, etw. zu tun	¿Eres capaz de saltar dos metros?
hace tanto (tiempo)	Es ist so lange her, dass ...	Hace tanto que no veo a mi madre.
el telediario	die Nachrichten *im Fernsehen*	¿Veis las noticias en el telediario?
emitir algo	etw. senden, übertragen *im Fernsehen oder Radio*	En la radio emiten un programa interesante.
ambos/-as *pl.*	beide	–¿Barcelona o Madrid? –Ambas me gustan.
horrible	furchtbar	**E** horrible **F** horrible **L** horribilis
jamás	niemals	Mis padres jamás me van a dejar viajar solo.
la excusa	die Ausrede	**E** excuse **F** l'excuse *f.*
cargar algo	etw. aufladen	¿Puedo cargar mi portátil?
soportar algo / a alguien	etw. ertragen, aushalten	Odio el invierno. No soporto el frío.
detenerse (e → ie) (yo me detengo)	anhalten	El coche se detiene delante del stop.
el hombro	die Schulter	Me dolía el hombro después del accidente.
la cantidad	die Anzahl, die Menge	Nos mandan una gran cantidad de deberes.
a ver si...	mal sehen, ob ...	El examen fue difícil. A ver si aprobamos.
dejarse + *inf.*	sich + *Inf.* + lassen	Iván, nunca te dejas ayudar.
como si + *imperfecto de subjuntivo*	als ob	Paula actuó como si no pasara nada.

fiarse de algo/alguien	sich auf etw./jdn verlassen	Fíate de la médica. Ella sabe qué hacer.
el diente	der Zahn	**F** la dent **L** dens
añadir algo	etw. hinzufügen	Ana añade el aceite a la ensalada.
tratar a alguien	jdn behandeln	Toni sufre porque lo tratan mal en clase.
extraño/-a	eigenartig, seltsam	**E** strange **F** étrange
el discurso	die Rede	**F** le discours
callar(se)	schweigen	¡Di algo, no te calles!

Dosier | México, país entre culturas

Punto de partida ► p. 42

el tzotzil	*eine Maya Sprache*	La chica habla español y tzotzil.
la identidad	die Identität	Estoy buscando mi propia identidad.
poner etiquetas *fam.*	jdn in eine Schublade stecken	Prefiero conocer antes de poner etiquetas.
el/la chicano/-a	*Einwohner/in der USA mit mexikanischen Vorfahren*	Muchos chicanos viven en el sur de EE. UU.
el/la latino/-a	*Person lateinamerikanischer Herkunft*	Mi familia y yo somos latinos.
ambos/-as *pl.*	beide	¿Barcelona o Madrid? Ambas me gustan.
sentirse en casa (e → ie)	sich (wie) zu Hause fühlen	En Miami, con mi gente, me siento en casa.
sentirse fuera de lugar (e → ie)	sich fehl am Platz fühlen	No me gusta la fiesta. Me siento fuera de lugar.
suponer algo (o → ue) (yo supongo)	etw. vermuten, annehmen	Ana está enferma. Supongo que no vendrá.
el camión *mex.*	der LKW, der Bus	El camión nos lleva de un pueblo a otro.
estar impresionado/-a	beeindruckt	¡Bien hecho! Estoy impresionada.
los papeles *fam. pl.*	*hier* die Dokumente *Migration*	Mi mamá vino a EE. UU. sin papeles.
estar de ilegal *fam.*	illegale/r Einwanderer/in sein	Pepe y Rosa estaban de ilegales en el país.
menos	außer	Me gusta toda la fruta, menos las naranjas.
extrañar algo / a alguien *lat. am.*	etw./jdn vermissen	Durante mis viajes, extraño mucho mi casa.
la sonrisa	das Lächeln	Mi abuelo me recibe con una sonrisa.

Dosier México | Palabras en contexto ► p. 46

formar parte de algo	zu etw. gehören	Chiapas forma parte de México.
la civilización	die Zivilisation	Hoy hablaremos de la civilización maya.
la independencia	die Unabhängigkeit	**E** independence **F** l'indépendance *f.*
el frijol	die Bohne	Hoy comemos frijoles con arroz.
la frontera	die Grenze	Tijuana está en la frontera con EE. UU.
la raíz, las raíces *pl.*	die Wurzel	Andrea tiene raíces italianas.
el muro	die Mauer	El muro de Berlín se construyó en 1961.
separar algo / a alguien	etw./jdn trennen	El río Bravo separa México de EE. UU.
el intercambio	der Austausch	En el mercado hay intercambio de productos.
de hecho	in der Tat	Hace mal tiempo. De hecho, llueve toda el día.
transitado/-a	mit viel Verkehr	La frontera es una zona muy transitada.
popularizarse	populär werden	El fútbol se popularizó muy rápido.

el espanglish	*gesprochene Mischform der englischen und spanischen Sprache*	En Nueva York se habla mucho espanglish.
mezclarse	sich vermischen	El español y el inglés a veces se mezclan.
provenir de + *lugar* (e → ie) (yo provengo)	aus/von + *Ort.* stammen	Los abuelos de Verónica provienen de Galicia.
hispanohablante	spanischsprachig	México y Cuba son países hispanohablantes.
el/la hispano/-a	*Einwohner mit hispanoamerikanischer oder spanischer Herkunft*	La hispana Sofía Vergara es famosa en EE. UU.
la fuerza	die Kraft	No tengo fuerzas, necesito descansar. F la force
la remesa	die Sendung	Llegó esta remesa con dinero de mi hijo.
huir de algo/alguien (yo huyo)	vor etw./jdm fliehen	Muchas personas huyen de la pobreza.
la pobreza ► pobre	die Armut	Se ve más pobreza en las ciudades.
la violencia	die Gewalt	E violence F la violence L violentia
el narcotráfico	der Drogenhandel	El narcotráfico es un problema global.
la pandilla	die Straßenbande	Las pandillas producen violencia.
el sueldo	das Gehalt	¿Qué te comprarás con tu primer sueldo?
bajo/-a	klein, niedrig	≠ alto/-a
laboral	Arbeits-, Berufs-	No tengo mucha experiencia laboral.
la maquila *lat. am.*	*exportorientierte (Textil)fabrik*	En las maquilas los sueldos son muy bajos.
la fábrica	die Fabrik	El padre de Aixa trabaja en una fábrica.

Dosier México | A Las maquilas: fábricas de sueños rotos ► p. 48

además de algo	abgesehen von etw.	Además de cantar, también sabe dibujar.
coser algo	etw. nähen	Se me ha roto el pantalón, voy a coserlo.
ensamblar algo	etw. zusammenfügen	En la maquila ensamblamos partes de coches.
empaquetar algo	etw. einpacken	Empaquetamos el producto para enviarlo.
la multinacional	das multinationale Unternehmen	Amancia trabaja para una multinacional.
el sector textil	die Textilindustrie	En la frontera hay fábricas del sector textil.
establecerse en + *lugar* (c → zc) (me establezco)	sich in + *Ort* niederlassen	La empresa se estableció en Veracruz.
la capacitación	die Fortbildung	Hice una capacitación en costura.
repetitivo/-a	sich wiederholend	El trabajo en las maquilas es repetitivo.
fuerte	stark	Buscan trabajadores fuertes para el campo.
enfermarse ► estar enfermo/-a	krank werden	Mateo se enfermó y no pudo trabajar.
la hora extra	die Überstunde	Tuve que trabajar horas extra.
despedir a alguien (e → i)	jdn entlassen	Me han despedido y necesito un trabajo.
el compromiso	das Engagement	Nos piden tener compromiso con la empresa.
el/la trabajador/a ► trabajar, el trabajo	der/die Arbeitnehmer/in	Los trabajadores piden mejores sueldos.
el sindicato	die Gewerkschaft	El sindicato defiende a los trabajadores.
la visa humanitaria	*Visum, das aus humanitären Gründen gewährt wird.*	Huí de la guerra y pedí la visa humanitaria.
Ciudad Juárez	*Stadt im Norden Mexikos an der Grenze zu den USA*	Ciudad Juárez está en Chihuahua.

la lempira	*Währung von Honduras*	En Honduras me pagaban 5000 lempiras.
recién	gerade erst	Rodolfo recién empezó a trabajar.
salir adelante (yo salgo)	vorwärtskommen	Con esfuerzo, saldré adelante.

Dosier México | B En un autobús convertido en escuela ▶ p. 52

dibujar algo / a alguien	etw./jdn zeichnen	Pedro dibuja el paisaje con el lápiz.
gritar	schreien	Si no gritas, Antonio no te va a escuchar.
empujarse	sich gegenseitig schubsen	¡No os empujéis! Hay sitio para todos.
el/la maestro/-a	der/die Grundschullehrer/in	Recuerdo a mis maestros de la escuela.
móvil	mobil	La biblioteca móvil va por los pueblos.
la fundación	die Stiftung	**E** foundation **F** la fondation
encontrarse en + ***lugar*** **(o → ue)**	sich befinden in *Ort*.	El ayuntamiento se encuentra en el centro.
estar atrapado/-a	gefangen	Lucía está atrapada, no puede salir.
estar en espera de algo	etw. abwarten	Estamos en espera de los resultados.
negar algo (e → ie)	etw. ablehnen	Han negado mi solicitud de asilo.
la solicitud	der Antrag	Puedes enviarnos la solicitud por correo.
el asilo	das Asyl	Buscamos asilo en un país en paz.
la caravana	der Treck	Las caravanas migrantes salen de Centro-américa.
mandar a alguien a + ***inf.***	jdn auffordern, etw. zu tun	La abuela me mandó a dormir temprano.
otorgar algo	etw. gewähren	México nos otorgó la visa humanitaria.
rechazar algo	etw. zurückweisen	Rechacé el regalo de Ana.
adquirir algo (i → ie)	etw. erwerben	Mi instituto adquiere nuevos ordenadores.
iniciar algo	etw. starten	¿Cuándo iniciamos el proyecto?
transformar algo	etw. verwandeln	La educación transforma la sociedad.
el promedio	der Durchschnitt	¿Cuál es el promedio de turistas por año?
la necesidad ▶ necesitar	der Bedarf	Tengo la necesidad de hablar con alguien.
de inmediato	sofort, umgehend	Hablé con Sonia y ella actuó de inmediato.
el donativo	die Spende	La fundación necesita donativos.
el almuerzo	das Mittagessen	Hoy el almuerzo son frijoles.
proveer algo a alguien	jdm mit etw. versorgen	La escuela provee comida a los alumnos.
la delincuencia	die Kriminalität	Hay más delincuencia por el narcotráfico.
adaptarse a algo/alguien	sich auf etw./jdn einstellen	Nos adaptamos a diversas situaciones.
la decena	zehn , Zehner	En la escuela móvil hay una decena de niños.
el/la donante	der/die Spender/in	Buscamos donantes para el proyecto.
aportar algo	etw. beitragen	Los donantes aportan diez euros al mes.
confiar en algo/alguien (yo confío)	auf etw./jdn vertrauen	Te ayudaré, confía en mí.
gastar algo	etw. ausgeben	Saúl gasta mucho dinero en ropa.
ampliar algo (yo amplío)	etw. erweitern	Ampliaremos el proyecto a más zonas.
dirigir algo / a alguien (yo dirijo)	etw./jdn leiten	Doña Margarita dirige mi instituto.

Dosier México | C Hip hop y rap en lenguas indígenas ►p. 58

abandonar algo / a alguien	etw./jdn verlassen	Mis vecinos abandonaron su casa.
la expresión	der Ausdruck	Mi arte es la expresión de mi identidad.
prevenir de algo/alguien (e → ie) (yo prevengo)	vor etw./jdm warnen	Rosalía me previno del peligro.
la droga	die Droge	E drug F la drogue
componer algo (o → ue) (yo compongo)	etw. komponieren	Lara ha compuesto esta canción para ti.
la generación	die Generation	Hay una nueva generación de artistas.
expresar algo	etw. ausdrücken	Puedes expresar tu opinión.
el contenido	der Inhalt	E content F le contenu
orientar a alguien	jdn orientieren, begleiten	Mi prima me orientó en mi camino.
la herramienta	das Werkzeug	Construí la estantería con las herramientas.
la cosmovisión	die Weltanschauung	La canción habla de la cosmovisión maya.
educativo/-a	Bildungs-	Miriam participa en un proyecto educativo.
similar	ähnlich	E similar F similaire L similis
transmitir algo	etw. vermitteln, übertragen	Hay que transmitir las tradiciones.
la sabiduría	die Weisheit	Me impresiona la sabiduría de los abuelos.
el equilibrio	das Gleichgewicht	Buscamos un equilibrio entre el desarrollo y la tradición.
rescatar algo / a alguien	etw./jdn retten	Rescaté al gato que estaba en el árbol.
integrar algo / a alguien	etw./jdn integrieren	Los alumnos integran a su nuevo compañero en clase.
el valor	der Wert	Este parque tiene gran valor ecológico.
el bienestar	der Wohlstand	Me preocupo por tu salud y bienestar.
la diversidad	die Vielfalt	En América hay gran diversidad cultural.
la tolerancia	die Toleranz	La tolerancia es un valor de esta escuela.
estar rodeado/-a de algo/alguien	von etw./jdm umgeben sein	En el barrio estoy rodeada de gente buena.
la motivación	die Motivation	Mi sueño es mi motivación para estudiar.
inspirar algo / a alguien	etw./jdn inspirieren	Mi viaje a Veracruz inspiró esta canción.
positivamente	positiv *Adv.*	Hay que ver las cosas más positivamente.
el/la soñador/a	*aus dem Englischen Dreamer, Begriff für Einwanderer in die USA*	Vine a EE. UU. como tantos otros soñadores.
la división	die Teilung	No me gusta la división entre ricos y pobres.

Dosier México | D Pizza mexicana (Cristina Pacheco) ►p. 62

el corazón	das Herz	Estoy nervioso, mi corazón va muy deprisa.
quitarse algo	etw. ausziehen	Hace calor. Me quitaré la chaqueta.
convencerse de algo (yo me convenzo)	sich von etw. überzeugen	Amanda se convenció de la verdad.
el malestar	das Unwohlsein	Viajar en avión me produce malestar.
la emoción	das Gefühl, die Emotion	Siento muchas emociones al pensar en ti.
la nostalgia	das Heimweh	Siento nostalgia pensando en mi infancia.
el ansia de algo *f.*	die Unruhe	Alexia siente mucha ansia de saber su nota.

la perspectiva	die Aussicht, Perspektive	Veo la vida desde otra perspectiva.
el mareo	die Übelkeit	Volar me produce mareos.
el vuelo	der Flug	Mi vuelo es de San Diego a Guatemala.
prometer algo	etw. versprechen	¿Prometes venir a mi obra de teatro?
la estancia	der Aufenthalt	Disfruté mi estancia en Chiapas.
la maleta	der Koffer	Mario hace la maleta para su viaje.
insistir en algo	auf etw. bestehen, beharren	**E** to insist **F** insister
devolver algo a alguien (o → ue)	jdm etw. zurückgeben	Marta devuelve el libro a la biblioteca.
cobrar algo a alguien	Geld von jdm für etw. nehmen	Esta bebida no te la cobro. Te invito.
sabroso/-a	lecker, schmackhaft	Un plato mexicano muy sabroso es el mole.
armar un escándalo	eine Szene machen	¡Hijos, no arméis un escándalo aquí!
el/la cuñado/-a	der/die Schwager/Schwägerin	Voy a casa de mi hermana y mi cuñado.
el/la sobrino/-a	der/die Neffe/Nichte	Mi sobrino Juan es hijo de mi hermana.
agitar algo	*hier* hin und her bewegen, winken	Sofía agita los brazos para saludarme.
el miembro	das Mitglied	Luisa es miembro de una fundación.
sonreír (e → i)	(an)lächeln	Ismael sonríe a Saúl. Son muy felices.
el/la gemelo/-a	der Zwillingsbruder, die Zwillingsschwester	Mis tías nacieron a la vez, son gemelas.
contratar a alguien	jdn anstellen	La empresa contrató a más trabajadores.
el orgullo	der Stolz	¡Qué orgullo! Nuestro hijo se gradúa.
el asiento	der Sitzplatz	El teatro está lleno, no hay más asientos.
suave	*hier* leicht, sanft	En México hay muchos terremotos suaves.
idéntico/-a	identisch	Mi gemela y yo somos idénticas.
oscuro/-a	dunkel	Diego prefiere las camisetas oscuras.
la tintorería	die Reinigung *(Kleidung)*	En la tintorería limpian la ropa.
el/la suegro/-a	der Schwiegervater, die Schwiegermutter	Este es el padre de mi mujer, mi suegro.
el negocio	*hier* der Laden	En el negocio de Juan venden ropa.
rogar algo (o → ue)	(an)flehen	Te ruego que me ayudes.
dirigirse a alguien (yo me dirijo)	sich an jdn wenden	¿A quién se dirige Sandra en su correo?
recuperar algo / a alguien	etw./jdn zurückgewinnen	**E** to recover **F** récupérer **L** recuperare
el entusiasmo	die Begeisterung	¿Te apetece? No muestras mucho entusiasmo.
quitar algo	*hier* etw. entfernen	Quitaron los árboles enfermos del parque.

Dosier | Ciudades modernas

Punto de partida ► p. 68

el retrato	das Porträt	Goya pintó muchos retratos del rey.
salir a + *inf.* (yo salgo)	hinausgehen, um *etw.* zu tun	Después de comer, salimos a pasear.
gratuito/-a	kostenlos	Aquí tienes información gratuita de Perú.
divinamente	herrlich *Adv.*	Carmina se siente divinamente.
la diversidad	die Vielfalt	En esta ciudad hay mucha diversidad.
enamorar a alguien	jdn verliebt machen	La vida en Madrid me enamora.

el/la vendedor/a ▶ vender	der/die Verkäufer/in	Rocío es vendedora en un quiosco.
la afluencia (de gente)	der Andrang (von Menschen)	Odio los lugares con mucha afluencia.
comercial	Handels-, gewerblich	E commercial F commercial/e
privilegiado/-a	privilegiert	Lola vive en una zona muy privilegiada.
el costo	die Kosten	El costo de la vida en la capital es alto.
el/la conductor/a	der/die Fahrer/in	La conductora del autobús es simpática.
cierto/-a	gewiss	Aquí viven ciertos actores conocidos.
colapsarse	zusammenbrechen	El centro se colapsa por los atascos.
justo	genau	Justo en esta plaza conocí a mi novia.
el caos	das Chaos	El accidente produjo un caos enorme.
manejarse por *lugar* **en** *medio de transporte*	sich mit *Verkehrsmittel* durch *Ort* bewegen	Muchos se manejan en bici por la ciudad.
la concienciación	die Bewusstmachung	Hoy empieza una campaña de concienciación.
a nivel de algo	*hier* in Bezug auf etw.	A nivel de medioambiente, hemos mejorado.
el comportamiento	das Verhalten	F le comportement
el/la ciclista ▶ la bicicleta	der/die Radfahrer/in	La ciclista me dejó probar su bicicleta.
el respeto	der Respekt	El respeto a los padres es muy importante.
encontrarse (o → ue)	sich treffen	Nos encontramos en la plaza Cataluña.
el/la desconocido/-a	der/die Unbekannte	Mi madre dice: No vayas con desconocidos.
proponer algo (yo propongo)	etw. vorschlagen	E to propose F proposer de L proponere
concienciarse (de algo)	sich (etw.) bewusst werden	José se concienció del problema.
mantener algo (e → ie) (yo mantengo)	etw. halten, bewahren	Los alumnos mantienen el orden en la clase.
estar limpio/-a	sauber	La ciudad está muy limpia gracias a su gente.
comportarse	sich benehmen	Mis primos pequeños se comportan fatal.

Dosier Ciudades | Palabras en contexto ▶ p. 72

el crecimiento ▶ crecer	das Wachstum	Mi ciudad planea el crecimiento urbano.
urbano/-a	städtisch, Stadt-	≠ rural E urban F urbain/e
mundial	Welt-	La economía mundial es difícil de explicar.
superar algo	etw. übertreffen, übersteigen	Los nacimientos aquí superan la media.
la tendencia	die Tendenz, der Trend	Hoy la tendencia es más alta.
provocar algo	etw. verursachen, provozieren	Espero que no provoquemos un accidente.
la formación	*hier* die Entstehung	En clase estudio la formación de la Tierra.
la megaciudad	die Megastadt	Lima y Bogotá son megaciudades.
el acceso	der Zugang	No todos tienen acceso al agua.
la atención médica	die ärztliche Versorgung	E medical attention
la esperanza de vida	die Lebenserwartung	La esperanza de vida son 83 años.
el empleo	die Arbeit	Estoy buscando un nuevo empleo.
el nivel educativo	der Bildungsabschluss	Su nivel educativo es universitario.
migrar (de + *lugar* **a** *lugar***)**	auswandern (von *Ort* in *Ort*)	Fabián migró de España a Chile hace años.
masivo/-a	stark, massiv	La ciudad vivió un crecimiento masivo.

insuficiente	unzureichend	Los servicios básicos son insuficientes.
el espacio	der Raum, *hier* der Ort	**E** space **F** l'espace *m.*
el barrio residencial	das Wohnviertel	Mi abuela vive en un barrio residencial.
de lujo	Luxus-	No suelo comprar ropa de lujo.
la vivienda	die Wohnung	El alquiler de la vivienda es muy caro.
el/la trabajador/a	der/die Arbeitnehmer/in	La mejor trabajadora del banco es Ana.
la pobreza ► **pobre**	die Armut	Se ve más pobreza en las ciudades.
la chabola	die Baracke	En los barrios de chabolas hay pobreza.
planificar algo	etw. planen	Hay que planificar nuestras vacaciones.
controlar algo / a alguien	etw./jdn kontrollieren, überwachen	Hay que controlar el crecimiento urbano.
la cantidad	die Anzahl, die Menge	**E** quantity **F** la quantité
la calidad de vida	die Lebensqualität	La calidad de vida en los pueblos es mejor.
frente a algo/alguien	etw./jdm gegenüber	Prefiero una ciudad frente a un pueblo.
el fenómeno	das Phänomen	El consumismo es un fenómeno moderno.
actual	aktuell	Me intereso por los temas actuales.
artístico/-a	künstlerisch	Vero saca fotos muy artísticas.
crecer (c → zc) (yo crezco)	(auf-)wachsen	Es probable que la ciudad crezca más.
los alrededores *pl.*	die Umgebung	Getafe está en los alrededores de Madrid.
la conexión	die Anbindung	Hay una buena conexión gracias al metro.
la movilidad ► **moverse**	die Mobilität	La movilidad urbana es un nuevo desafío.
el modelo	das Model	Sevilla es un modelo de movilidad en bici.
ambiental	Umwelt-	Luchamos contra la contaminación ambiental.
sostenible	nachhaltig	Creemos en el desarrollo sostenible.
el ayuntamiento	die Stadtverwaltung, das Rathaus	El ayuntamiento está en el centro.
el peatón, la peatona	der/die Fußgänger/in	El plan de movilidad protege al peatón.
limitar algo	etw. begrenzen	El Ayuntamiento limita el tráfico en el centro.
el tráfico	der Verkehr	**E** traffic **F** le trafic

Dosier Ciudades | A Madrid *blues* (Eduardo de la Cruz) ► p. 74

la primavera	der Frühling	Prefiero la primavera frente al invierno.
fotografiar algo / a alguien	etw./jdn fotografieren	No se puede fotografiar en el museo.
la fachada (de ladrillo)	die (Backstein-)Fassade	El edificio tiene una fachada de ladrillo.
la terraza	die Terrasse	Tomamos algo en la terraza de un bar.
en público	in der Öffentlichkeit	No me gusta hablar en público.
fijarse en alg/alguien	auf jdn/etw. die Aufmerksamkeit richten	¿Te has fijado en Ana? Parece triste.
la teoría	die Theorie	Primero estudiaré la teoría.
la belleza	die Schönheit	Me gusta la belleza de tu arte.
el rastro	die Spur	El coche dejó un rastro de aceite en el suelo.
la crítica	die Kritik	No todos aceptan las críticas.
feo/-a	hässlich	≠ bonito/-a **L** foedus/-a/-um
inexplicable ► **explicar**	unerklärlich	Entonces pasó algo inexplicable.

el calamar	der Tintenfisch	**F** le calmar
el empedrado	das Kopfsteinpflaster	El empedrado de las calles es muy antiguo.
el bote	die Dose	Compré un bote de refresco en el quiosco.
el papel	das Papier	¿Tienes papel y un bolígrafo?
merendar algo (e → ie)	etw. vespern	Óscar merienda un bocadillo de jamón.
cientos de + *sust.*	Hunderte von + *S.*	La ciudad se fundó hace cientos de años.
la caja	der Karton	¿Puedes comprar una caja de cereales?
importado/-a	importiert	Este es un queso importado de Italia.
escoger algo / a alguien (yo escojo)	etw./jdn (aus-)wählen	Tienes que escoger: ¿playa o montaña?
elegir algo/ a alguien (e → i)	etw./jdn auswählen	Hay que elegir la asignatura optativa.
el estómago	der Magen	He comido mucho, me duele el estómago.
la cartelera	das Kinoprogramm	¿Qué películas hay en la cartelera?
estar en cartel	im Kino/Theater laufen	La nueva película de Carla Simón está en cartel.
merecer la pena (c → zc) (yo merezco)	sich lohnen	Merece la pena visitar el palacio.
el sofá	das Sofa	Descansé un poco en el sofá.
la pintura	die Malerei; das Gemälde	Me gusta la pintura de Remedios Varo.
la escultura	die Skulptur	Es un museo de escultura antigua.
el triángulo	das Dreieck	**E** triangle **F** le triangle **L** triangulus

Dosier Ciudades | B Lima a través de tres generaciones ▶ p. 78

desértico/-a	Wüsten- *Adj.*	**E** desert **F** le désert, désertique
la superficie	die Fläche	**L** superficies
la perspectiva	die Perspektive	Escuché la historia desde otra perspectiva.
la generación	die Generation	Mis padres son de otra generación.
el período	die Periode	En 2008 empezó un período de crisis.
industrial	Industrie-, industriell	Se produce un gran desarrollo industrial.
la mina	das Bergwerk	En mi pueblo hay una mina de litio.
a las afueras (de la ciudad)	am (Stadt)Rand	Jorge vive a las afueras de Lima.
el/la migrante ▶ migrar	der/die Migrant/in	Muchos migrantes llegan del campo a Lima.
el asentamiento	die Siedlung	Aquí hay un asentamiento de chabolas.
la madera	das Holz	La casita está hecha de madera.
afirmar algo	etw. erklären, behaupten	¡Digo la verdad! –afirmó María.
el esfuerzo	die Anstrengung, Mühe	Con esfuerzo, aprobé mis estudios.
el/la cocinero/-a	der Koch, die Köchin	El cocinero prepara un ceviche riquísimo.
estar jubilado/-a	in Rente sein	Mis abuelos están jubilados.
enfrentarse a algo/alguien	etw./jdm entgegentreten	Hay que enfrentarse a los problemas.
planear algo	etw. planen	Marcela y Pablo planean un viaje.
caótico/-a	chaotisch	El tráfico de la ciudad es muy caótico.
el aire	die Luft	**E** air **F** l'air *m.* **L** aer
la clase media	die Mittelschicht	La clase media en América Latina crece lentamente.

la década	das Jahrzehnt	Llegamos a Perú hace una década.
transformarse en algo	sich in etw. verwandeln	El barrio se transformó en un lugar mejor.
aun así	trotzdem	Estoy mejor. Aun así, sigo enfermo.
valer la pena (yo valgo)	sich lohnen	Vale la pena ir al concierto.
pintar (algo)	(etw.) malen	En clase de Arte hemos pintado un paisaje.
el mural	das Wandgemälde	La Ciudad de México está llena de murales.
reducir algo (**c** → **zc**) (yo reduzco)	etw. reduzieren	Hay que reducir el consumo de agua.
los gastos *pl.*	die Kosten	Trabajo para pagar los gastos del curso.
la galería	die Galerie	La artista presenta su obra en la galería.
el horizonte	der Horizont	**E** horizon **F** horizon **L** horizontis

Dosier Ciudades | C Dos modelos de movilidad en España ▶ p. 84

vencer algo / a alguien (yo venzo)	etw./jdn besiegen	El Real Madrid venció al otro equipo.
la urbe	die Stadt	Muchas urbes sufren la contaminación.
estar invadido/-a	*hier* überflutet	El centro está invadido por el tráfico.
el ruido	der Lärm	En la ciudad hay más ruido que en el campo.
la doble fila	*hier* die zweite Reihe	No se puede dejar el coche en doble fila.
impulsar algo	etw. vorantreiben	El ayuntamiento impulsó un proyecto.
peatonalizar algo	etw. zur Fußgängerzone machen	Se va a peatonalizar el centro de Burgos.
la localidad	*hier* der Ort *(Dorf, Stadt)*	Visitamos tres localidades de Galicia.
la protesta	der Protest	Hay muchas protestas contra el tráfico.
ampliar algo	etw. vergrößern	Van a ampliar el parque del oeste.
la restricción	die Einschränkung	Hay restricciones al tráfico en el centro.
el vehículo	das Fahrzeug	¿Qué vehículos pueden pasar por el centro?
a diario	täglich	Hay que comer fruta a diario.
devolver algo a alguien (**o** → **ue**)	jdm etw. zurückgeben	¿Me devuelves mi lápiz, por favor?
la peatonalización	Schaffung von Fußgängerzonen	El objetivo del proyecto es la peatonalización del centro.
sin más	einfach so, ohne weiteres	La pobreza no existe sin más. Hay causas.
ir acompañado/-a de/por algo	mit etw. einhergehen	El ruido del tráfico va acompañado de la contaminación.
el plan integral	der umfassende Plan	Es un plan integral contra la violencia.
la circulación	der Autoverkehr	No se permite la circulación en el centro.
el garaje	die Garage	¿Has dejado el coche en el garaje?
la carga y descarga	das Be- und Entladen	Esta zona es para carga y descarga.
particular	Privat-	Esta zona no es para coches particulares.
reservar algo	etw. reservieren	Juan reserva una mesa en un restaurante.
la gestión	*hier* die Besorgung	Mi madre ha ido a hacer unas gestiones.
el semáforo	die Ampel	El semáforo está en verde.
sustituir por algo (yo sustituyo)	durch etw. ersetzen	La peseta se sustituyó por el euro.
el paso de peatones	der Fußgängerüberweg	Cruzad siempre por el paso de peatones.
estar elevado/-a	hochgelegen, erhöht	Es un paso de peatones elevado.

el carril	die (Fahr-)Spur	Esta calle tiene dos carriles.
local	*hier* örtlich	Hablamos con el gobierno local.
subrayar algo	etw. betonen, unterstreichen	Elisa subrayó la importancia del plan.
la medida	die Maßnahme	La medida busca evitar el tráfico.
al contrario que	im Gegenteil zu	Pontevedra limita el tráfico, al contrario que Vigo.
residir	wohnen	Mi familia reside en una calle del centro.
privilegiado/-a	privilegiert	La Gran Vía es una zona privilegiada.
el establecimiento	*hier* das Geschäft	Compro en un establecimiento del barrio.
valorar algo / a alguien	etw./jdn wertschätzen	Los vecinos valoran la tranquilidad del campo.
el negocio	das Geschäft	El negocio de Elena va bastante bien.
calcular algo	etw. berechnen, (ab-)schätzen	**E** to calculate **F** calculer
la emisión (de CO_2)	der (CO_2-)Ausstoß	La bicicleta no produce emisiones.
rebajar algo	etw. senken	Las emisiones se han rebajado un 67 %.
saludable	gesund, heilsam	¡Tienes que comer más comida saludable!
favorecer algo / a alguien	etw./jdn fördern, begünstigen	La medida favorece a los peatones.
recomendar algo (e → ie)	etw. empfehlen	Te recomiendo ir en bici.

Dosier Ciudades | D Mi ciudad en 100 palabras ▶ p. 89

despertar(se) (e → ie)	aufwachen	Pepe siempre se despierta tarde.
apresurarse (a + *inf.*)	sich beeilen (etw. zu tun)	Carlos se apresuró a abrir la puerta.
empacar algo	etw. einpacken	Empaqué la ropa en la mochila.
echarse algo al hombro	etw. schultern	Eva se echó la mochila al hombro y se fue.
la mirada	der Blick	Veo miedo en tu mirada.
estar agradecido/-a por algo	für etw. dankbar sein	Rosa está agradecida por el regalo.
lentamente	langsam *Adv.*	Mi abuela es mayor y camina lentamente.
abandonar algo / a alguien	etw./jdn verlassen	Alguien ha abandonado a este gatito.
la mansión	die Villa	En esa mansión vive gente muy rica.
asistir a algo	etw. besuchen, an etw. teilnehmen	Estoy enfermo y no puedo asistir a clase.
el/la muchacho/-a	der Junge, das Mädchen	Los muchachos juegan en la calle.
pegar a alguien	jdn schlagen, misshandeln	Nuestra clase no tolera a los chicos que pegan.
puesto que	dadurch, dass ...	Puesto que vienes, cocinaré para dos.
el hambre *f.*	der Hunger	¿Qué hay de comer? Tengo mucha hambre.
elegante	elegant	La camisa de Javi es muy elegante.
el carril	*hier* der Gehsteig	Debemos caminar por el carril.
perseguir algo / a alguien (e → i)	etw./jdn verfolgen	Jorge salió corriendo y Bea lo persiguió.
la cárcel	das Gefängnis	Si no respetas la ley, puedes ir a la cárcel.
la posibilidad	die Möglichkeit	**E** possibility **F** la possibilité **L** possibilitas
aproximarse a algo/alguien	sich etw./jdm annähern	Me aproximé a mi cantante favorito.
robar algo	etw. stehlen	Ayer me robaron la cartera.
estar roto/-a	kaputt	Mi mochila está rota. Necesito una nueva.
la luz, las luces *pl.*	das Licht	En mi habitación entra mucha luz.

alcanzar a alguien (yo alcanzo)	jdm ausreichen	Desde aquí, no me alcanza la luz.
ignorar algo / a alguien	etw./jdn ignorieren	**E** to ignore **F** ignorer **L** ignorare
estar encendido/-a	angeschaltet	La luz está encendida.
pasear por + ***lugar***	durch + *Ort* spazieren gehen	Clara y Luna pasean por la playa.
triunfar	Erfolg haben	Rocío triunfó en la carrera: fue la primera.

Dosier | España, de camino al futuro

Punto de partida ►p. 94

el Patrimonio de la Humanidad	das Welterbe	Toledo es Patrimonio de la Humanidad.
el tren de alta velocidad	der Hochgeschwindigkeitszug	Vamos en tren de alta velocidad a Sevilla.
extenso/-a	ausgedehnt	Madrid tiene una extensa red de metro.
el/la líder	der/die (An)führer/in	Bea es la líder del grupo.
mundial	Welt-	Hay un evento de importancia mundial.
la donación de órganos	die Organspende	La donación de órganos es algo solidario.
el órgano	das Organ	Hay personas que necesitan órganos nuevos.
el/la donante	der/die Spender/in	La persona que da sus órganos es un donante.
la siesta	der Mittagsschlaf	Pocos españoles duermen la siesta.
el matrimonio entre personas del mismo sexo	die gleichgeschlechtliche Ehe	En España es legal el matrimonio entre personas del mismo sexo.
el sexo	das Geschlecht	**E** sex **F** le sexe
los Países Bajos	die Niederlande	La capital de los Países Bajos es Ámsterdam.
Bélgica	Belgien	Bruselas es la capital de Bélgica.
la esperanza de vida	die Lebenserwartung	La esperanza de vida son 83 años.
eléctrico/-a	elektrisch	Aquí se produce energía eléctrica.
provenir de algo (e → ie) (yo provengo)	stammen	Esta energía proviene del viento.
la fuente	die Quelle	Se buscan fuentes de energía renovables.

Dosier España | Palabras en contexto ►p. 98

la década	das Jahrzehnt	Mi tío nació en la década de los 90.
modernizar algo	etw. modernisieren	El país se modernizó en los años 80.
el hogar	das Heim, *hier* die Familie	La mayoría de los hogares tiene televisión.
el acceso a Internet	der Internetzugang	Hay pueblos sin acceso a Internet.
superar algo	etw. überschreiten	La cifra de paro supera el 15 %.
el desequilibrio	das Ungleichgewicht	Hay desequilibrios entre las regiones.
estar poblado/-a	besiedelt	Madrid y Cataluña están muy pobladas.
estar industrializado/-a	industrialisiert	La zona de Bilbao está muy industrializada.
estar deshabitado/-a	entvölkert	La provincia de Soria está muy deshabitada.
invertir en algo (e → ie)	in etw. investieren	Hoy se invierte más en energía solar.
aumentar	(an)steigen	Ha aumentado el precio del aceite.
el almacenamiento	die Speicherung	La batería sirve para el almacenamiento de energía.
la igualdad	die Gleichstellung	**L** aequalitas

destacar	hervorheben; herausragen	La sociedad destaca por su solidaridad.
la sangre	das Blut	Se necesita donar mucha sangre. **F** le sang
el promedio	der Durchschnitt	El promedio es 35 donantes por cada 1000 habitantes.
el/la trabajador/a ► trabajar	der/die Arbeitnehmer/in	La mitad de los trabajadores son mujeres.
los estudios superiores	das Hochschulstudium	Hoy en día más gente tiene estudios superiores.
el avance	der Fortschritt	Hemos conseguido avances en igualdad.
indiscutible	unbestreitbar	España es líder indiscutible en donaciones.
el Congreso de los Diputados	das Abgeordnetenhaus	El Congreso de los Diputados está en Madrid.
la carrera	die Karriere, *hier* der Studiengang	Estudié una carrera en la universidad.
las Ciencias Sociales y de la Salud	die Sozial- und Gesundheits-wissenschaften	Estudias Ciencias Sociales y de la Salud.
las Ciencias Naturales e Ingeniería	die Natur- und Ingenieurwissen-schaften	Elegí Ciencias Naturales e Ingeniería.
la desigualdad de sueldos	die Lohnungleichheit	Hay gran desigualdad de sueldos entre países.
hacer frente al desafío	die Herausforderung annehmen	Haremos frente al desafío del hambre.
la injusticia	die Ungerechtigkeit	En las guerras hay muchas injusticias.
el género	die Gattung; *hier* das Gender	La discriminación de género está prohibida.
la identidad	die Identität	**E** identity **F** l'identité *f.* **L** identitas
la diversidad sexual y étnica	die sexuelle und ethnische Vielfalt	España apoya la diversidad sexual y étnica.
la raíz, las raíces *pl.*	die Wurzel	**L** radix
el/la aficionado/-a a algo	der Fan	Ismael es un aficionado al fútbol.

Dosier España | A ¿Por qué nos gustan las fiestas populares? ► p. 100

la celebración	die Feier, das Fest	**E** celebration **F** la célébration **L** celebratio
el estudio	die Studie	Leí un estudio sobre la comida vegana.
analizar algo	etw. analysieren	Hay que analizar los datos.
a lo largo de + *tiempo*	im Laufe von/des/der + *Zeit*	A lo largo del día pasan muchas cosas.
el sentimiento	das Gefühl	La alegría es un sentimiento.
estar unido/-a	vereint	La familia de Octavio está muy unida.
la Navidad	das Weihnachtsfest	El 25 de diciembre es Navidad.
los Reyes Magos	die Heiligen Drei Könige, das Dreikönigsfest	Celebramos los Reyes Magos el 6 de enero.
la Semana Santa	die Karwoche (Ostern)	La Semana Santa es una fiesta religiosa.
la festividad	die Feierlichkeit	**E** festivity **F** la festivité
el patrón, la patrona	der/die Schutzheilige	Santiago es el patrón de España.
local	lokal	La comida local está muy rica.
el miembro	das Mitglied	Somos treinta miembros en la asociación.
la estación	die Jahreszeit	El verano es mi estación favorita.
la generación	die Generation	Los chicos de mi generación son como yo.
lanzar algo	etw. abschießen	En muchas festividades lanzan cohetes.
el cohete	die Rakete, *hier* Feuerwerk	Los cohetes pueden ser peligrosos.

despedirse de algo/alguien. (e → ie)	sich von etw./jdm verabschieden	Mi padre viaja a Lima. Hoy me despido de él.
el toro	der Stier	F le taureau L taurus
el riesgo	das Risiko	Es un riesgo correr delante de un toro.
físicamente	körperlich *Adv.*	Me siento físicamente bien.
mentalmente	geistig *Adv.*	Hay que prepararse mentalmente.
valer para algo (yo valgo)	zu etw. taugen	Pocos valen para ayudar a los amigos.
espectacular	aufsehenerregend	¡El concierto es espectacular!
estar vestido/-a de + *color*	in + *Farbe* + gekleidet	Yela va vestida de azul.
sinceramente	aufrichtig *Adv.*	Sinceramente, no sé qué pensar.
la imagen, las imágenes *pl.*	das Bild	E image F l'image *f.* L imago
la tortura	die Quälerei, die Folter	E torture F la torture
la feria	*spanisches Volksfest*	La feria de Albacete es muy famosa.
la noria	das Riesenrad	Desde la noria las vistas son geniales.
el tiovivo	das Karussell	A mi hijo le gusta el tiovivo de la feria.
los fuegos artificiales	das Feuerwerk	Vemos los fuegos artificiales de la feria.

Dosier España | B Cáceres y el litio ► p. 104

el litio	das Lithium	Muchas baterías están hechas de litio.
público/-a	öffentlich	El Retiro es un parque público.
la mina	das Bergwerk	En mi pueblo hay una mina de litio.
el debate	die Debatte	Hay un debate sobre la mina de Cáceres.
futuro/-a	künftig	E future F futur/e L futurus
la fábrica	die Fabrik	Mi madre trabaja en una fábrica de sillas.
destruir algo (yo destruyo)	etw. zerstören	La tormenta destruyó la casa.
la movilidad	die Mobilität	Me interesa la movilidad en la ciudad.
el ayuntamiento	die Stadtverwaltung, das Rathaus	El ayuntamiento está en el centro.
el interés	das Interesse	Tengo interés en el cine y la música.
la cantidad	die Menge	E quantity F la quantité
el valor	der Wert	E value F la valeur L valor
el/la portavoz, los portavoces *pl.*	der/die Sprecher/in	Llama a los portavoces de los grupos.
la manifestación	die Demonstration	Los vecinos organizan una manifestación.
la firma	die Unterschrift	Se necesita la firma en el documento.
la hectárea	der Hektar	Este parque tiene 120 hectáreas.
contaminar algo	etw. verschmutzen	Esta fábrica contamina el río.
considerar algo	etw. überlegen, in Betracht ziehen	E to consider F considérer
la visión ► ver	die Sicht(weise)	E vision F la vision L visio
generar algo	etw. er(schaffen)	La mina genera muchos puestos de trabajo.
la limpieza	die Reinigung	Nos preocupa la limpieza de la ciudad.
la compañía	die Firma	E company F la compagnie
declarar algo	etw. erklären	El alcalde declaró que todo iba bien.
(con) respecto a	hinsichtlich	Respecto a tu pregunta, no sé la respuesta.

el valle	das Tal	**E** valley **F** la vallée **L** vallis
cambiar (de) algo	etw. (ver)ändern, etw. wechseln	He cambiado de opinión.
el/la alcalde, la alcaldesa	der/die Bürgermeister/in	Han elegido a una nueva alcaldesa.
oponerse a algo/alguien (yo opongo)	gegen etw./jdn sein	Los vecinos se oponen al proyecto.
estar alejado/-a de + ***lugar***	entfernt von + *Ort*	La mina está muy alejada del pueblo.
insistir (en algo)	auf etw. beharren, bestehen	**E** to insist **F** insister

Dosier España | C «En equipos diversos somos mejores» ▶ p. 108

diverso/-a	vielseitig, divers	Vivimos en una comunidad diversa. = diferente
la vocación	die Berufung	Mi vocación es ser profesor.
científico/-a	wissenschaftlich	Saray participa en un proyecto científico.
el rol	die Rolle	Todos tenemos un rol en la sociedad.
tecnológico/-a	technisch	Ha aumentado el desarrollo tecnológico.
tímido/-a	schüchtern	Víctor es muy tímido. Habla poco.
influir en algo/alguien (yo influyo)	etw./jdn beeinflussen	¿Qué influyó en tu decisión?
la infancia	die Kindheit	**F** l'enfance *f.*
frecuente	häufig	**E** frequent **F** fréquent/e
licenciado/-a en + ***estudios***	Diplom in *Studium* haben	Rebeca es licenciada en Química.
el referente	das Vorbild	Margarita Salas fue un referente científico.
animar a alguien a hacer algo	jdn ermuntern etw. zu tun	Ana anima a Luis a cantar karaoke.
la obra	das Werk	En clase estudié la obra de Marie Curie.
apasionar a alguien	jdn begeistern	A Roy le apasiona el arte.
el universo	das Universum, das Weltall	La Astronomía estudia el universo.
combinar algo con algo	etw. mit etw. kombinieren	Combino el trabajo con los estudios.
la dificultad	die Schwierigkeit	Tenemos dificultades con el proyecto.
el obstáculo	das Hindernis	**E** obstacle **F** l'obstacle *m.* **L** obstaculum
la institución	die Institution	Marta trabaja en una institución social.
la responsabilidad	die Verantwortung	**E** responsibility **F** la responsabilité
la función	*hier* die Tätigkeit	Me gusta mi nueva función como jefa.
costar a alguien (o → ue)	jdm schwerfallen	A veces me cuesta concentrarme.
elegir algo/ a alguien (e → i) (yo elijo)	etw./jdn auswählen	Ya he elegido qué carrera estudiaré.
la autoestima	das Selbstwertgefühl	Debemos cuidar nuestra autoestima.
la cualidad	die Eigenschaft	Saber escuchar es una buena cualidad.
el consejo	der Rat	**F** le conseil **L** consilium
el deseo	der Wunsch	¿Tienes un deseo por tu cumpleaños?
valer la pena (yo valgo)	sich lohnen	Vale la pena visitar el centro.
cometer errores	Fehler machen	Todos cometemos errores.
el derecho	das Recht	Con 18 años tienes derecho a votar.
fracasar	scheitern	≠ tener éxito

quitar presión	Druck wegnehmen	Hay que relajarse y quitar presión.
fallar	scheitern	Javier lo intentó, pero falló.

Dosier España | D A través de mis pequeños ojos (Emilio Ortiz) ►p. 112

la perspectiva	die Perspektive	Veo la vida desde otra perspectiva.
el crédito	der Kredit	El banco nos dio un crédito.
estar acostumbrado/-a a algo/ alguien	an etw./jdn gewöhnt sein	Muchos no están acostumbrados a fallar.
el labio	die Lippe	Los labios de Teresa eran muy rojos.
valorar algo / a alguien	etw./jdn wertschätzen	Los gallegos valoran sus tradiciones.
el asunto	die Angelegenheit	Tu vida privada no es asunto mío.
últimamente	in letzter Zeit	Últimamente pareces muy cansado.
autónomo/-a	unabhängig, eigenständig	María es una persona muy autónoma.
la barrera	die Barriere	La ciudad está llena de barreras.
derribar algo	etw. niederreißen	Hay que derribar los prejuicios.
tener que ver con algo/alguien	mit etw./jdm zu tun haben	Mi arte tiene que ver con la naturaleza.
oler (o → ue) (yo huelo)	riechen	Esa paella huele muy bien.
la mirada	der Blick	En tus ojos veo una mirada alegre.
alcanzable	erreichbar	Cinco kilómetros es una meta alcanzable.
quitar algo	etw. wegräumen	¿Puedes quitar el móvil de la mesa?
ir dirigido/-a a algo/alguien	an jdn/etw. adressiert sein	La carta va dirigida al ayuntamiento.
forzar una sonrisa (o → ue)	sich ein Lächeln abringen	Fuerzo la sonrisa ya que soy tímido.
juntarse con alguien	sich zu jdm gesellen	Andrea se junta con Nesrin y Leila.
estar vacío/-a	leer	Tu vaso está vacío. ¿Quieres agua?
a juzgar por algo	dem Ansehen nach	A juzgar por tu cara, algo ha pasado.
prometer algo	etw. versprechen	Te prometo que volveré pronto.
la cortesía	die Höflichkeit	Me comí la sopa por cortesía. ¡Qué mala!
la alfombra	der Teppich	¿Has limpiado debajo de la alfombra?
el rastro	die Spur	El coche dejó un rastro de aceite en el suelo.
la vista ► ver	die Sicht	Tengo problemas de vista y llevo gafas.
cínicamente	zynisch *Adv.*	Manuel respondió muy cínicamente.
el vino	der Wein	¿Te gusta el vino blanco?
acercar a alguien	jdn hinbringen	Mamá, ¿me acercas al insti con el coche?
acompañar a alguien	jdn begleiten	Mi amiga me acompaña a casa.
suponer algo (o → ue) (yo supongo)	etw. vermuten, annehmen	E to suppose F supposer
la mejilla	die Wange	Carla me dio un beso en la mejilla.
retirarse	sich zurückziehen	Quise besarlo, pero se retiró.
brusco/-a	abrupt	Blanca estaba enfadada y fue muy brusca.
estar extrañado/-a	erstaunt	Yo estaba extrañado, no entendía nada.
limitarse a algo	sich auf etw. beschränken	Doris se limitó a decir adiós.

Cultura

El arte en España y América Latina ►pp. 10–11

Audioguía en el museo...
Reglas del juego: Te damos la bienvenida a nuestra exposición sobre arte de España y de América Latina. Esperamos que te guste.

Seguramente este cuadro te hace pensar en el dibujo de una niña o un niño, ¿verdad? En el centro ves unos ojos grandes de color negro. También puedes observar otros colores como el rojo, el azul, el rosa y el verde. Ahora pon atención al fondo del cuadro y no a las líneas gordas: ahí, detrás, descubres una cara con estilo realista.
Audio del cuadro 5: La pintura es del famoso artista catalán Joan Miró. El cuadro lo pintó entre 1937 y 1938. Se llama *Autorretrato*, esto quiere decir que el pintor se pintó a sí mismo. Como se observa, el cuadro usa colores fuertes y presenta la idea de una cara. Joan Miró nació en Barcelona en 1893 y murió en 1983 a los 91 años en Palma de Mallorca.

Ven, vamos ahora a ver otra pintura:
Este cuadro muestra a una persona que está de pie y que lleva ropa antigua y elegante de color negro. Observa con atención, ¿no te parece una persona importante? Al fondo no hay más detalles. Solo en la cara de la persona vemos un color claro. Así que todo se concentra en el personaje: ¿ves cómo nos mira a los ojos?
Audio del cuadro 3: El cuadro del hombre serio tiene ya casi cuatrocientos años. Impresionante, ¿verdad? Lo pintó Diego Velázquez en 1643 y también se titula *Autorretrato*. Velázquez nació en Sevilla en 1599 y con veinticuatro años se fue a vivir a Madrid donde rápidamente se convirtió en el pintor del rey Felipe IV. El pintor murió en 1660 a la edad de sesenta y un años en Madrid.

A ver qué te parece el cuadro que sigue:
En el primer plano vemos a dos personas que están sentadas. El pintor hace el retrato de una mujer que está de espaldas. A la izquierda vemos que hay una ventana desde donde se ve el mar. A la derecha hay un gran espejo y gracias a él vemos la cara de la mujer y del pintor. Esta obra me hace pensar en una foto, porque nos presenta una situación realista y con muchos detalles.
Audio del cuadro 4: El pintor que ves en el espejo es Salvador Dalí. El cuadro lo pintó entre 1972 y 1973 y se llama *Dalí de espaldas pintando a Gala de espaldas*... Gala no solo fue la esposa del pintor, sino también su modelo en varios cuadros. Dalí, quien nació en 1904 y murió en 1989 en Figueras, se hizo famoso en España y el mundo pintando sueños y paisajes fantásticos.

¿Vamos por otra obra?
Este cuadro muestra al pintor trabajando detrás de su caballete en el centro de una habitación. Tiene en la mano su paleta de colores y sobre su cabeza lleva un sombrero algo raro. Hay dos cosas que llaman la atención: el primer plano está oscuro y al fondo hay una ventana por la que entra la luz. ¡Es genial cómo cambian los colores en la sombra!, ¿no crees?
Audio del cuadro 6: El cuadro se llama *Autorretrato ante su caballete* y es del gran pintor aragonés Francisco de Goya. Goya lo pintó en Madrid en 1785, poco antes de convertirse en el pintor del rey Carlos IV. Goya nació en Aragón en 1746 y murió en Francia en 1828. Sus cuadros más importantes pueden verse en el Museo del Prado.

Aquí viene el siguiente cuadro:
Este cuadro presenta a dos mujeres sentadas en el centro que se dan la mano y nos miran. Obsérvalas, se trata de la misma persona con ropa diferente. Una de las mujeres lleva un vestido blanco de estilo europeo y la otra un vestido típico de México. El cuadro transmite la idea de una persona con al menos dos identidades y a mí me hace pensar en un sueño raro o triste. Al fondo el cielo está nublado y gris. Parece que va a llover.
Audio del cuadro 1: Esta pintura se llama *Las dos Fridas* y la pintó Frida Kahlo en 1939. Esta artista pintó más de cincuenta autorretratos que se pueden ver en Nueva York o Ciudad de México, pero *Las dos Frida*s es el autorretrato más conocido y grande que tiene. El cuadro mide un metro setenta por un metro setenta. Frida Kahlo nació en 1907 en Ciudad de México y murió en 1954 en la misma ciudad.

Y ahora, este otro cuadro:
El cuadro muestra en el centro la cara de un hombre joven, en la que destacan los ojos negros y una nariz bastante grande. La pintura hace pensar en una caricatura, ¿no crees? Este autorretrato es de uno de los pintores más famosos de España. ¿Lo reconoces?
Audio del cuadro 2: Se trata del pintor andaluz Pablo Picasso. El cuadro se llama *Autorretrato* y lo pintó en 1907 en París, cuando tenía solo veintiséis años. Esta obra fue uno de sus primeros pasos hacia el cubismo, el estilo de pintura que lo hizo famoso. Pablo Picasso nació en Málaga en 1881 y murió en Francia en 1973.

5 el cuadro das Gemälde **5 el dibujo** die Zeichnung **11 la pintura** das Gemälde **12 pintar** malen **13 el (auto)rretrato** das (Selbst)porträt **19 estar de pie** stehen **23 claro/-a** hell **34 estar de espaldas a alguien** mit dem Rücken zu jdm stehen **37 el espejo** der Spiegel **38 la obra** das Werk **49 el caballete** die Staffelei **50 la paleta de colores** die Farbpalette **52 oscuro/-a** dunkel

La música en España y América Latina ▶ pp. 12–13

(Se escucha un fragmento del «Concierto de Aranjuez»)

Locutora: Bienvenidos a otro capítulo de nuestro podcast: una vuelta al mundo por la música. Lo que acabas de escuchar es una parte del «Concierto de Aranjuez» del compositor español Joaquín Rodrigo. Esta pieza de música clásica para guitarra es sin duda la más famosa de España. Seguramente la habéis oído ya alguna vez. La guitarra moderna de seis cuerdas nace en España en el siglo XVI y pasa de ahí a América Latina y a otros países. Hoy, la guitarra es uno de los instrumentos más tocados en el mundo.
Así como la guitarra ha viajado por todo el mundo, hay también estilos musicales de España y de América Latina que deben mucho a instrumentos y ritmos de otros países y continentes.

(Se escucha un fragmento de «Confesión»)

Locutora: Esta es la voz de Carlos Gardel. Carlos Gardel es el cantante de tango más famoso en el mundo. El tango nace en Argentina en el siglo XIX en los barrios pobres de Buenos Aires. Era el baile típico de los inmigrantes europeos. Su instrumento principal es el bandoneón. ¿Sabíais que es el bandoneón es de origen alemán? Se parece a un acordeón, pero es más pequeño. El tango es una música melancólica y triste. Cuenta historias de amores perdidos. Y su baile es famosísimo y, aunque es un baile difícil, tiene miles de seguidores en el mundo.

(Se escucha un fragmento de «La vida es un carnaval»)

Locutora: La salsa es la música y el baile más popular de América Latina. Se toca y baila sobre todo en las regiones del Caribe, como por ejemplo en Cuba, Panamá, Colombia y Venezuela. Aunque también en las comunidades latinas de Nueva York: allí se hizo famosa la cantante cubana Celia Cruz. En la salsa, el ritmo es muy importante, por eso su instrumento principal es el bongó, un tambor pequeño con raíces africanas y de sonido muy especial. La salsa tiene sus orígenes en el son cubano que es una mezcla de música europeas y africanas y que todavía las personas mayores tocan y bailan. Otros ritmos caribeños famosos son también el reggae y el merengue.

(Se escucha un fragmento de «Volar»)

Locutora: Aquí estamos de regreso con la guitarra, un elemento importantísimo del flamenco, así como el baile. Aunque, claro, el flamenco no es solo guitarra y baile. También es poesía. El flamenco, como lo conocemos hoy en día, nace en el siglo XVIII en Andalucía y tiene raíces gitanas, árabes y judías que se mezclaron durante muchos siglos en la Península ibérica. En la guitarra es famoso el músico Paco de Lucía, quien no solo toca flamenco tradicional, sino que también lo mezcla con ritmos como el jazz y otras vertientes modernas. Cantaores o cantaoras –así se llaman los cantantes de flamenco– son Camarón de la isla o Lola Flores, entre muchos otros. Actualmente hay cantantes jóvenes que mezclan flamenco con otros estilos nuevos como fusión, electrónica o trap. La más famosa hoy en día es la cantante Rosalía.
Gracias por seguirnos. Esperamos que os haya gustado este viaje. Dejad vuestros comentarios en nuestras redes y nos vemos la próxima semana. El siguiente capítulo viajaremos a México para conocer la música ranchera y otros ritmos interesantes. ¡Hasta la próxima!

4 el/la compositor/a der/die Komponist/in **5 la pieza (de música):** das (Musik-)Stück **7 la cuerda** *hier* die Saite **12 el estilo** der Stil **13 el ritmo** der Rhythmus **((xx))el acordeón:** die Ziehharmonika **23 amores perdidos** verlorene Liebe **33 el tambor** die Trommel **33 la raíz** die Wurzel **33 el sonido** *hier* der Klang **35 la mezcla** die Mischung **37 caribeño/-a** karibisch **40 estar de regreso** zurück sein **45 mezclar** mischen **49 vertientes modernas** *hier* die modernen Musikrichtungen **50 el cantaor, la cantaora** der/die Flamencosänger/in

El cine en España y América Latina ▶ p. 14–15

Breve historia de España a través del cine

Hoy, vas a conocer un poco de la historia española, a través de su cine. Empecemos.

La guerra civil española *(1936-1939)*. La guerra civil comenzó con el golpe de Estado del general Francisco Franco contra la Segunda República. Durante la guerra, España quedó dividida entre el «bando nacional», a favor de Franco y el «bando republicano» a favor de la República. Esta guerra ha sido un periodo terrible para España.

Carlos Saura *(1932–2023)*, uno de los directores españoles más importantes del siglo XX, expuso los problemas de la guerra civil, así como sus consecuencias en películas como *La caza*, o *¡Ay, Carmela!* Hoy en día, el tema sigue siendo central y varias películas lo tratan desde distintos puntos de vista, como, por ejemplo, *La lengua de las mariposas*, *Soldados de Salamina* y *Mientras dure la guerra*.

El franquismo *(1939-1975)*. Al terminar la guerra civil comenzó la dictadura de Franco que fue un periodo de represión y conservadurismo en España, donde se prefirió lo nacional a lo internacional. Por ejemplo, se hizo obligatorio el doblaje de películas extranjeras para proteger al idioma español.

Luis Buñuel *(1900-1983)*, director español que tuvo que salir de España por la dictadura, criticó a la sociedad conservadora de su época. Fue el primer director español en ganar el premio Óscar a la mejor película internacional en 1972 con *El discreto encanto de la burguesía.*

La movida madrileña *(años ochenta)*. Después de la muerte de Franco nació en Madrid este movimiento artístico y cultural que destacó por su libertad creativa y la rebeldía contra las normas y los roles tradicionales. Sus artistas marcaron profundamente a la cultura popular española.

Pedro Almodóvar *(*1949)*, director y guionista español de fama internacional, es su máximo representante en el cine. En sus películas, Almodóvar trata sobre todo conflictos familiares y generacionales. Además, mezcla humor y tragedia con elementos de la cultura popular española. Entre sus películas más famosas están *Mujeres al borde de un ataque de nervios* y *Hable con ella.*

La España moderna. Y finalmente llegamos a la España actual, que es moderna y diversa. Las nuevas generaciones de directores se enfrentan a nuevos desafíos sociales. Un claro ejemplo son las directoras Icíar Bollaín e Isabel Coixet. Las películas de Bollaín enfocan problemas sociales y ambientales en España y el resto del mundo, como se ve en *Y también la lluvia, El olivo y Yuli.* Isabel Coixet, por su parte, muestra en sus películas los problemas que afectan principalmente a las mujeres, por ejemplo, en *Mi vida sin mí* o *Elisa y Marcela.*

4 la guerra civil der Bürgerkrieg **5 el golpe de Estado** der Staatsstreich **7 España quedó dividida entre** Spanien war zwischen ... geteilt **7 el bando** *hier* das Lager **9 terrible** schrecklich **11 exponer** darstellen **19 la dictadura** die Diktatur **20 la represión** die Unterdrückung **20 el conservadurismo** der Konservatismus **22 obligatorio** verpflichtend **22 el doblaje** die Synchronisation **23 proteger** schützen **26 conservador/a** konservativ **27 el premio** der Preis **30 la muerte** der Tod **31 la libertad** die Freiheit **32 la rebeldía** *hier* das Aufbegehren **32 la norma** *hier* Norm **33 marcar** *hier* beeinflussen **35 el/la guionista** der/die Drehbuchautor/in **36 el/la máximo/-a representante** der/die wichtigste Vertreter/in **38 generacional** zwischen den Generationen **44 enfrentarse a algo** sich etw. gegenüber sehen **44 los desafíos sociales** die gesellschaftlichen Herausforderungen **46 enfocar** fokussieren **49 por su parte** seinerseits, ihrerseits **50 afectar** *hier* betreffen

Siete datos del cine en español que quizás no conozcas

A continuación, te contamos siete datos del cine en español que quizás no conozcas.

1. Cerca de 20 países producen cine en español. Cada uno tiene sus propios temas y público. Pero... ¿cada uno dobla las películas extranjeras? No. En general, el doblaje de una película extranjera al español se hace dos veces. Una con el español de España y otra con el español «latino». Sobre todo, Argentina y México son los países que más doblan películas para Latinoamérica.
2. Una de las actrices más conocidas fuera de España es Penélope Cruz. Desde la película *Carne trémula* ha actuado en siete películas de Pedro Almodóvar como Todo sobre mi madre. En 2009, ganó un Óscar por su papel en *Vicky Cristina Barcelona.*
3. Aunque los españoles producen drama y series de acción que te atrapan... en el cine, prefieren la comedia. Se ríen de sí mismos y de estereotipos culturales, como pasa en la película *Ocho apellidos vascos*, que es la película española más vista en España. En la comedia también se tratan temas como la inclusión de personas con discapacidad, la igualdad de género, entre otros.
4. ¿Te has dado cuenta de que en Hollywood hay muchos mexicanos? Desde el año 2000, han salido de México directores y actores que hoy son conocidos en todo el mundo, entre ellos los directores Alejandro González Iñárritu, Guillermo del Toro y Alfonso Cuarón. Entre los actores y actrices se encuentran Gael García Bernal, Diego Luna, Salma Hayek y Kate del Castillo.
5. ¿Sabías que la película española *El discreto encanto de la burguesía* de Luis Buñuel ganó el Óscar a la mejor película internacional en 1972? Desde entonces, ocho películas en español han recibido ese premio. ¿Conoces alguna de ellas?
6. Pero no todo son premios Óscar. ¿Habéis escuchado alguna vez de los premios Goya? Los Goyas son conocidos como los Óscares españoles y desde 1987 premian cada año los trabajos más destacados del cine español. En los últimos años se han premiado sobre todo temas actuales en la sociedad española como la tolerancia a la discapacidad intelectual o física, que es el tema de *Campeones*, o la lucha por la igualdad de género, que es el tema de *Las niñas.*
7. Y además de premios Goya, hay varios festivales internacionales de cine por todo el mundo hispanohablante. Por ejemplo, en San Sebastián *(País Vasco)*,

Málaga *(Andalucía)*, Mar del Plata *(Argentina)* y Guadalajara *(México)*.

Ojalá que estos datos curiosos hayan despertado tu interés por conocer más del cine en español. Hasta luego.

1 datos: *hier* Dinge **6 doblar una película** ein Film synchronisieren **16 el papel** die Rolle **17 la serie de acción** die Actionserie **18 atrapar a alguien** *hier* jdn packen **21 vasco/-a** baskisch **23 la inclusión** die Inklusion **23 la discapacidad** die Behinderung **23 la igualdad de género** die Gleichheit der Geschlechter **40 destacado/-a** herausragend **40 la discapacidad intelectual o física** die geistige oder körperliche Behinderung **47 hispanohablante:** spanischsprechend **51 curioso/-a** *hier* kurios

¿En qué mundo quieres vivir?

Punto de partida ►p. 18/4, 5a

Para que el mundo lo vea
Autor: Arnau Griso

Puesta de sol, échale otra foto
No sea que la veas con tus propios ojos
Solo comes platos posteables
Ahora mi cena me hace sentir miserable
Es viernes, el beber me llama,
Obligación social, aunque me pille en pijama
Filmaré mi noche y la subiré a *Instagram*
Ahora entiendo mi resaca,
todo me male sal, todo me male sal.

Me gustaría ser lo que aparento
dejar atrás la esclavitud de lo perfecto
Mucho *match* en *Tinder*, pero seamos sinceros
Ni tú eres esa rubia, ni yo aquel moreno

Posturea, para que el mundo lo vea
que la vida con un filtro no es tan fea
y si no te sientes guay
es porque tu autoestima se mide en *likes* (2x)

Tu hogar es donde se conecta el *Wifi* solo
siendo ateos somos religiosos
Facebook me recuerda que es el cumple de mi madre
y a los desconocidos se les llama amistades
Antes era un fiestero y ahora soy *runner*,
del deporte también se sale.
Has visto mi *six pack* en todas las portadas
Quiero ser campeón de *fitness*... de semana
Sé tanto de ti que has perdido mi interés
No quiero ver dormir a tu bulldog francés
Vas a pillar tortícolis inmerso en tu pantalla
La vida en 4K cuando subes la mirada

Posturea, para que el mundo lo vea
que la vida con un filtro no es tan fea
y si no te sientes guay
es porque tu autoestima se mide en *likes* (2x)

Disculpa: sigue esta cadena,
si no compartes este tema
morirá un gatito por tu culpa, es una pena

Dame un *like*. Dame un *like*.
Quiero ser guay. Quiero ser guay.
Has caído en mis redes.

Posturea, para que el mundo lo vea
que la vida con un filtro no es tan fea
y si no te sientes guay
es porque tu autoestima se mide en *likes*

Disculpa: sigue esta cadena,
si no compartes este tema
nacerá un tronista por tu culpa, es una pena

Posturea, para que el mundo lo vea
que la vida con un filtro no es tan fea
y si no te sientes guay
es porque tu autoestima se mide en *likes*

Dame un *like*, dame un *like*.
Quiero ser guay, quiero ser guay.
Has caído en mis redes.

8 pillar erwischen **10 la resaca** der Kater *ugs.* **10 me male sal** *Wortspiel* me sale mal **12 aparentar** aussehen, wie **13 la esclavitud** die Sklaverei **19 la autoestima se mide en *likes*** das Selbstwertgefühl hängt von *Likes* ab **20 el hogar** das Zuhause **24 el/la fiestero/-a** der Partymensch **26 la portada** das Titelblatt **27 el fitness de semana** *Wortspiel* el fin de semana **30 la tortícolis** der steife Hals **30 inmerso en la pantalla** im Handy-Display versunken **36 la cadena** der Kettenbrief **48 el/la tronista** der/die Protagonist/in einer Datingshow

México, país entre culturas

Punto de partida ►p. 43/2b

Entrevista con Teresa Gutiérrez (San Francisco y Chiapas)
Entrevistador y Teresa.

Entrevistador: Hola Teresa, ¿dónde naciste?
Teresa: Nací aquí en San Francisco. Pero mis padres son mexicanos, de Chiapas.
Entrevistador: Ah... son chiapanecos, ¿Los dos?
Teresa: Sí, de los Altos de Chiapas. Son de San Juan Chamula, una comunidad indígena tzotzil al sur de San Cristóbal de Las Casas, entonces yo crecí hablando

tzotzil, español e inglés. Bueno, y ahora espanglish también.

Entrevistador: Cuando piensas en tu origen, o sea, naciste en San Francisco, pero también eres mexicana, ¿cuál es tu identidad? ¿Cómo te sientes tú?

Teresa: Ui… ¿Cómo me siento yo? Creo que personas como yo somos normales en los Estados Unidos. Siempre nos ponen diferentes etiquetas: que eres chicana, latina o migrante. La verdad es que esas etiquetas no me gustan, porque no son suficientes, solo son una parte de mi identidad. Yo prefiero decir que soy transnacional.

Entrevistador: ¿Qué significa eso?

Teresa: Pues que mi cultura es mexicana, chiapaneca y estadounidense. Así me siento, no tengo por qué decidirme por una. Claro, siempre me he sentido estadounidense, porque vivo aquí, pero como todos los años viajo a ver a mis primos y a mi abuela, también en Chiapas me siento en casa.

Entrevistador: Cuando vas a San Juan Chamula, ¿no te sientes extranjera o fuera de lugar?

Teresa: Para mí eso nunca ha sido un problema. Mi familia de los Estados Unidos vive de una manera y mi familia mexicana de otra. Son mundos diferentes, pero lo interesante es que no, no me siento fuera de lugar. Supongo que es porque desde niña estuve en contacto con mis familiares mexicanos.

Entrevistador: ¿Cómo es San Juan Chamula? A ver, cuéntanos para los que no lo conocen…

Teresa: San Juan Chamula está casi llegando a Guatemala. Para llegar allá hay que volar a Tuxtla y luego tomar un camión hacia San Cristóbal de Las Casas y seguir un poco más al norte, entre montañas y bosques. Todo es muy verde, porque llueve mucho. Recuerdo que una vez fui a San Juan con Jenny, mi mejor amiga. Y ella no paraba de decir «mira esto», «mira aquello». Estaba muy impresionada por el paisaje. Incluso dijo «Tere, me siento como en un documental».

Entrevistador: ¿Cómo ha sido para ti crecer y vivir en los Estados Unidos?

Teresa: Bueno, al principio difícil. Siempre pasaba las vacaciones en Chiapas y por eso cuando tuve mi primer novio, sufrí mucho, porque yo quería quedarme en San Francisco. Pero ahora me encanta tener familia y amigos aquí y allá.

Entrevistador: ¿Viajaba toda tu familia a Chiapas?

Teresa: Sí, menos mi papá que no tenía papeles, pasó muchos años de ilegal, pero mi mamá, mis hermanos y yo sí íbamos. Creo que para mi papá eran semanas muy tristes y nos extrañaba mucho.

Entrevistador: Si tuvieras de pronto aquí a tus primos, ¿qué les dirías?

Teresa: Que muchas gracias por recibirme siempre con los brazos abiertos y con grandes sonrisas cuando regreso a San Juan. Y, como decimos los mexicanos, que por supuesto, mi casa es su casa.

Entrevistador: Gracias.

10 el tzotzil eine Maya-Sprache **40 el camión** *mex. aquí* el autobús
58 extrañar *lat.am.* echar de menos

Ciudades modernas

Punto de partida ▸ p. 70/3c, d

24 horas en la Gran Vía de Madrid

Fran (estudiante de teatro): Hemos quedado a las ocho y media de la mañana aquí para grabar un vídeo de una asignatura, de Historia del Traje, y tenemos que representar a John Galliano.

José María (jubilado): Todas las mañanas salgo a correr un poco, a pasear para hacer ejercicio, y [me] paso por la Gran Vía porque ahí obtengo el periódico gratuito «20 Minutos».

Concepción (empleada del hogar y vecina): En la Gran Vía se vive divinamente porque encuentras todas las cosas cerquita, y con el transporte público te puedes mover por todo Madrid.

Maribel (enfermera): En donde yo vivo hay poquita gente, aquí veo muchísima gente, diversidad de gente y es lo que me gusta. ¡Madrid enamora!

Sheila (vendedora de cupones): Estoy trabajando ahora mismo, vendiendo los boletos de Cruz Roja. Y vengo a Gran Vía porque es donde más afluencia hay de gente.

Juan (actor): [Yo]… A los teatros de la Gran Vía me gusta venir sobre todo para observar [a] la gente. Mi vida son planos y las caras de la gente son increíbles, te cuentan historias increíbles.

Óscar (asesor inmobiliario): La Gran Vía es [una] buena zona para trabajar: primero porque es muy comercial, luego tenemos mucha gente de turismo, y luego, pues, es una zona que siempre ha estado privilegiada, aunque pues hay costos, pero se asumen por la magnitud de lo que representa Gran Vía.

Ismael (conductor de autobuses): Hay ciertas horas en las que se colapsa esta zona de aquí, justo la zona esta de Plaza Callao y, cuando se colapsa, es un caos. […]

Amanda (turista): He venido con mis amigos de Manchester al centro de Madrid, a Callao, a Gran Vía porque es la calle más especial de Madrid y, pues, les gusta mucho. [...]

Francisco (abogado): Llevo siete años manejándome por la ciudad en bici, y considero que ha habido un cambio importante en la concienciación de la gente, a nivel [de] comportamiento con el ciclista, más respeto...

Marcos (*youtuber*): Pues, hoy he salido a hacer uno de mis reportajes para mi canal de *YouTube*, en la Gran Vía, y me he encontrado con dos desconocidas, las cuales me han llamado la atención y les he propuesto hacer unas fotos aquí...

José (*heavy* de Gran Vía): El vínculo que tienes, a cualquier sitio físico, y digamos que más que físico, cuando vas todos los días durante veinte años, ¡pues, es brutal!

Emilio (*heavy* de Gran Vía): Por ejemplo, la tienda esta del Madrid Rock que fue el principio de todo, pues, le daba un ambiente... pues más interesante, había más cultura... [...]

Juan Pablo (taxista): Trabajar normalmente, por la noche, bien por la zona de Gran Vía, bien Cibeles, Atocha... Todas estas zonas por donde se mueve ahora mismo la noche madrileña que es donde más trabajo hay a estas horas. [...]

José Francisco (barrendero): Llevo ya dos años y pico trabajando aquí en Gran Vía, limpiándola. Y bueno, la verdad, nos podríamos concienciar un poquillo más en mantener el centro limpio, pero no está mal, no está mal, gente, os comportáis bien.

Fuente: El País Semanal (2019)*

4 la Historia del traje die Geschichte der Mode **6 el/la jubilado/-a** der/die Rentner/in **10 el/la empleado/-a del hogar** die Haushaltshilfe **14 el/la enfermero/-a** der/die Krankenpfleger/in **18 el boleto** das Lotterielos **18 la Cruz Roja** das Rote Kreuz **19 la afluencia (de gente)** der Andrang (von Menschen) **22 el plano** *hier* die Kameraeinstellung **24 el/la asesor/a inmobiliario/-a** der/die Immobilienmakler/in **28 asumir (costos)** (Kosten) auf sich nehmen **28 la magnitud** die Größe **31 colapsarse** *hier* zum Erliegen kommen (Verkehr) **37 manejarse por +** *lugar* **en +** *medio de transporte* sich mit + *Verkehrsmittel* durch + *Ort* bewegen **40 el comportamiento** das Verhalten **40 el/la ciclista** der/die Radfahrer/in **46 el vínculo** die Verbindung **49 brutal** *hier* toll **59 el/la barrendero/-a** der/die Straßenkehrer/in **59 dos años y pico** etwas mehr als zwei Jahre

España, de camino al futuro

Punto de partida ▸ pp. 94–95/1b, c

Para mí España es...

Antonio: Mi nombre es Antonio Velasco, tengo 36 años, actualmente resido en Salamanca y soy actor. Bueno, actor, productor, gestor cultural... Soy un chico multiusos de la cultura.

Agustín: Me llamo Agustín Valdivia, tengo 48 años, vivo en Andalucía y soy olivicultor.

Beatriz: Me llamo Beatriz, tengo 26 años, soy de Santiago de Compostela, pero vivo en Madrid y soy diplomática.

Paula: Me llamo Paula, tengo 47 años, vivo en La Coruña y trabajo aquí, en la plaza de Lugo, en un puesto donde se vende marisco.

Leticia: Me llamo Leticia, tengo 37 años, soy enfermera y vivo en Madrid.

Javier: Mi nombre es Javier Puya, soy de Ronda, y junto con otros miembros de mi familia regento un establecimiento hotelero en el centro de Ronda.

Ana: Soy Ana, tengo 18 años y me voy este año a estudiar a Málaga Economía y Administración de Empresas bilingüe.

Benito: Me llamo Benito Juan Ortega Gómez, tengo 90 años, vivo en Yuncos, entremedias de Toledo y Madrid.

Antonio: Para mí los españoles somos lucha diaria, somos tolerancia, somos y seremos.

Beatriz: Esa capacidad de los españoles, esa voluntad de construir un país es lo fundamental, lo que nos ha hecho cambiar, y quizás el mayor valor que hoy tengamos como España y como sociedad.

Agustín: España es, como yo digo, es una tierra de talentos, ¿no?, de personas con unas capacidades tremendas, ¿no?, que destacamos en muchos sectores.

Javier: Después de pensarlo mucho, puedo compararlo con una gran familia, ¿no? Siempre es un lugar al que puedes volver y en el que te encuentras cómodo. Es un lugar de acogida, ¿no?

Leticia: Para mí ser española es solidaridad.

Paula: Para mí España es su gente, la gente, indudablemente, es lo mejor que tiene.

Ana: Para mí, España es mi casa, porque aquí estoy creciendo, me estoy formando y estoy a gusto.

Benito: Para mí, España es futuro y no perder la memoria.

4 el/la gestor/a cultural Kulturmanager/in **4 multiusos** Universal- **7 el/la olivicultor/a** Olivenanbauer/in **12 el marisco** die Meeresfrüchte (*Pl.*) **13 el/la enfermero/-a** der/die Krankenpfleger/in **16 regentar** leiten **16 el establecimiento hotelero** el hotel **19 Economía y Administración de Empresas** Betriebswirtschaft (Studium) **22 entremedias** zwischen **31 tremendo** *ugs.* riesig **35 el lugar de acogida** der Aufnahmeort **37 indudablemente** zweifellos **40 estar a gusto** sich wohlfühlen

España
Océano Atlántico
Mar Mediterráneo
Francia
Portugal
Marruecos
Galicia
La Coruña
Santiago de Compostela
Lugo
Pontevedra
Orense
Asturias
Oviedo
Cantabria
Santander
País Vasco
Bilbao
San Sebastián
Vitoria
Navarra
Pamplona
La Rioja
Logroño
Castilla - León
León
Burgos
Palencia
Valladolid
Zamora
Salamanca
Segovia
Ávila
Soria
Duero
Aragón
Huesca
Zaragoza
Teruel
Ebro
Cataluña
Andorra La Vella
Gerona
Lérida
Barcelona
Tarragona
Costa Brava
Madrid
Madrid
Guadalajara
Castilla - La Mancha
Toledo
Aranjuez
Cuenca
Ciudad Real
Albacete
Tajo
Guadiana
Extremadura
Cáceres
Mérida
Badajoz
Comunidad Valenciana
Castellón de la Plana
Valencia
Golfo de Valencia
Parque Nacional La Albufera
Cabo de la Nau
Alicante
Costa Blanca
Murcia
Murcia
Andalucía
Córdoba
Jaén
Sevilla
Huelva
Granada
Almería
Málaga
Motril
Cádiz
Guadalquivir
Golfo de Cádiz
Costa de la Luz
Costa del Sol
Gibraltar (G.B.)
Estrecho de Gibraltar
Ceuta (Esp.)
Alborán (Esp.)
Melilla (Esp.)
Baleares
Menorca
Mallorca
Palma
Ibiza
Formentera
Islas Canarias
La Palma
Tenerife
Santa Cruz de Tenerife
La Gomera
El Hierro
Las Palmas de Gran Canaria
Gran Canaria
Fuerteventura
Lanzarote

América Latina
CANADÁ
ESTADOS UNIDOS
San Diego
Washington D. C.
Nueva York
Nueva Orleans
Miami
Océano Atlántico
Golfo de México
MÉXICO
Ciudad de México
Grandes Antillas
La Habana
CUBA
REPÚBLICA DOMINICANA
San Juan
PUERTO RICO
HAITÍ
Kingston
Puerto Príncipe
Santo Domingo
JAMAICA
Pequeñas Antillas
BELICE
Belmopán
HONDURAS
GUATEMALA
Ciudad de Guatemala
Tegucigalpa
San Salvador
EL SALVADOR
NICARAGUA
Managua
Mar Caribe
Canal de Panamá
San José
COSTA RICA
Ciudad de Panamá
PANAMÁ
Caracas
VENEZUELA
Orinoco
GUYANA
SURINAM
GUAYANA FRANCESA
Georgetown
Paramaribo
Cayena
Medellín
Bogotá
COLOMBIA
Océano Pacífico
ECUADOR
Quito
Islas Galápagos
Manaos
Amazonas
BRASIL
PERÚ
Lima
Machu Picchu
Cuzco
Cordillera de los Andes
La Paz
BOLIVIA
Sucre
Brasilia
PARAGUAY
Río de Janeiro
San Pablo
Antofagasta
Asunción
CHILE
Paraná
URUGUAY
Montevideo
Santiago de Chile
Buenos Aires
Río de la Plata
ARGENTINA
Islas Malvinas (G.B.)
0 500 1000 1500 2000 km
Perú
COLOMBIA
ECUADOR
PERÚ
Marañón
Piura
Piura
BRASIL
Cajamarca
Ucayali
Lima
Ayacucho
Machu Picchu
Cuzco
Océano Pacífico
Lago Titicaca
BOLIVIA
Nazca
Desierto de Nazca
Puno
CHILE
0 250 500 km

Cronología de España desde 1898

1898	España pierde sus últimas colonias: Cuba, Filipinas y Puerto Rico
1906	Premio Nobel de Medicina para Santiago Ramón y Cajal
1921	Muere la escritora y periodista Emilia Pardo Bazán, precursora del feminismo en España
1923–1930	Dictadura de Miguel Primo de Rivera
1931	Proclamación de la Segunda República Española
1936	19 de julio, golpe de estado contra la república y, como reacción, revolución en Barcelona
1936–1939	Guerra Civil Española
1939–1975	Dictadura del general Franco: prohibición de partidos políticos, de la libertad de expresión, del catalán, gallego y vasco
1941	Exilio de la pintora surrealista Remedios Varo a México por la Segunda Guerra Mundial
1955	España entra en la ONU
1956	Premio Nobel de Literatura para el poeta Juan Ramón Jiménez
1959	Premio Nobel de Medicina para Severo Ochoa
1975–2014	Juan Carlos I, Rey de España
1977	Premio Nobel de Literatura para el poeta Vicente Aleixandre
1977	Primeras elecciones democráticas después de la dictadura franquista
1977–1981	Gobierno de Adolfo Suárez
1978	Nueva Constitución Española
1981	La filósofa y escritora María Zambrano recibe el Premio Príncipe de Asturias Intento de golpe de estado
1982	Primer gobierno socialista de Felipe González Entrada de España en la OTAN
1986	Entrada de España en la CEE, hoy Unión Europea
1988	La filósofa y escritora María Zambrano recibe el Premio Cervantes
1989	Premio Nobel de Literatura para el escritor Camilo José Cela
1992	Juegos Olímpicos de Barcelona EXPO en Sevilla
2002	Introducción del euro
2004	11 de marzo – atentado terrorista en Madrid
2005	España es el tercer país del mundo en legalizar el matrimonio entre personas del mismo sexo
2010	Campeón Mundial de Fútbol
2014	Felipe VI, Rey de España
2016	Margarita Salas se convierte en la primera científica española en recibir la Medalla Echegaray (Real Academia de Ciencias Exactas, Físicas y Naturales)
2017	Referéndum sobre la independencia de Cataluña, no reconocido por el gobierno del Estado
2020	Pandemia de COVID 19

Quellenverzeichnis:

Abbildungen:

S. 10 *un.* Shutterstock.com/SFIO CRACHO, **S. 10** *un. re* bpk/Scala, *ob. re.* und *un. li.* Bridgeman Images/Luisa Ricciarini, **S. 11** *ob. li.* akg-images/Erich Lessing, *un. li.* bpk/Scala, *un. re.* Bridgeman Images, **S. 12** *un. re.* mauritius images/alamy stock photo/Anne-Marie Palmer, *ob. li.* mauritius images/alamy stock photo/Greg Balfour Evans, *un. li.* mauritius images/alamy stock photo/VW-Pics/Daniel Romero, *mi.* mauritius images/Walter Bibikow, *mi.* Shutterstock.com/Maximus I, **S. 13** *ob. mi.* mauritius images/alamy stock photo/Lucas Vallecillos, *ob. li.* mauritius images/alamy stock photo/USA/Tsuni, *un. re.* stock.adobe.com/Lotharingia, **S. 14** *mi.* mauritius images/alamy stock photo/LANDMARK MEDIA, *mi. li.* Shutterstock.com/Featureflash Photo Agency, *un. re.* Shutterstock.com/Topilskaya, *mi. re.* stock.adobe.com/Celli07, *un. mi.* stock.adobe.com (2006 Adobe Systems, Inc. All Rights Reserved./Copyright(C)2000), *mi. re.* stock.adobe.com/adrenalinapura, *mi.* stock.adobe.com/ALEXANDER PODSHIVALOV/Alexander, **S. 15** *ob. re.* und *un. mi.* stock.adobe.com (2006 Adobe Systems, Inc. All Rights Reserved./Copyright(C)2000), *un. re.* Shutterstock.com/AboutLife, *un. mi.* Shutterstock.com/Andrea Raffin, *un. mi.* Shutterstock.com/Everett Historical, *mi.* Shutterstock.com/Kiev.Victor, **S. 16** *un. re.* Shutterstock.com/Pixel-Shot, *ob. re.* Shutterstock.com/simona pilolla 2, *ob. li.* stock.adobe.com/bernardbodo, *mi. li.* stock.adobe.com/denisismagilov, **S. 17** *un. re.* mauritius images/Caia Image, *mi. li.* mauritius images/Ikon Images, *ob. re.* Shutterstock.com/Rawpixel.com, *un. li.* stock.adobe.com/encierro, *mi.* stock.adobe.com/Mr.Tong (Pramote Polyamate)/tong2530, *ob. li.* stock.adobe.com/oneinchpunch, **S. 19** *ob.* Bernardo Scerpella (Cortometraje Estoy Bien (2018, Perú) (Nuna Films)), *un. mi.* CHOCOLATE COMUNICACIÓN (SL es el titular de los derechos morales y UNICEF España titular de los derechos patrimoniales de los contenidos de la campaña de sensibilización), **S. 20** *ob. re.* stock.adobe.com/gustavofrazao, **S. 21** *mi. re.* stock.adobe.com (2006 Adobe Systems, Inc. All Rights Reserved./Copyright(C)2000), **S. 22** *ob. mi.* Shutterstock.com/Life and Times, **S. 26** *ob. mi.* Infografía (ilustración por Catalina Campuzano Cárdenas/Información Ministerio de Educación y Formación Profesional del Gobierno de España. www.educacionyfp.gob.es, *un. re.* Shutterstock.com/Robert Kneschke, **S. 27** *ob. re.* mauritius images/alamy stock photo/Panther Media GmbH, **S. 28** *mi. re.* mauritius images/Cavan Images, *ob. li.* Shutterstock.com, *mi. li.* Shutterstock.com/Artem Mashchenko, *mi. li.* Shutterstock.com/Katsiaryna Pakhomava, *ob. mi.* Shutterstock.com/NeonShot, *ob. mi.* und *mi. re.* stock.adobe.com (2006 Adobe Systems, Inc. All Rights Reserved./Copyright(C)2000), **S. 29** *ob. re.* Shutterstock.com/Prostock-studio, **S. 31** *mi.* Agencia Española de Protección de dato, **S. 32** *mi. li.* Shutterstock.com/archishooting, *ob. re.* Shutterstock.com/Tengiz Chantladze, **S. 34** *un. li.* stock.adobe.com/David Gras Alonso 2004/DGA1958, **S. 35** *mi. li.* Freiwilligendienste DRS gGmbH/www.ich-will-fsj.de, **S. 37** *ob. re.* Cubierta y contracubierta del libro de Care Santos (Mentira, Premio edebé de literatura juvenil 2015 ©edebé, 2015), **S. 41** *mi.* stock.adobe.com (2006 Adobe Systems, Inc. All Rights Reserved./Copyright(C)2000), *mi. li.* Shutterstock.com/venimo, **S. 42** *ob. re.* mauritius images/alamy stock photo/Marmaduke St. John, *un. re.* stock.adobe.com/elihuconh/Marcos, **S. 43** *ob. mi.* mauritius images/alamy stock photo/CBP Photo, *mi.* mauritius images/alamy stock photo/Jim West, *mi. re.* mauritius images/alamy stock photo/Stockimo/CircleOfConfusion, **S. 44** *ob.* Cornelsen Verlag/stock.adobe.com/Robert Biedermann, **S. 46** *ob. re.* stock.adobe.com/Cesar, **S. 48** *ob. mi.* stock.adobe.com/fotoinfot, *mi. li.* stock.adobe.com/NDABCREATIVITY, **S. 49** *ob. li.* stock.adobe.com/Iakov Filimonov/JackF, **S. 50** *ob. re.* stock.adobe.com/Miguel Angel, **S. 52** *ob.* Cornelsen Verlag, **S. 53** *ob. re.* stock.adobe.com/2018 Manny DaCunha/Manny DaCunha, *mi. re.* stock.adobe.com/ruslanita, **S. 54** *ob. re.* Shutterstock.com/Fernando Cebreros, *mi. re.* stock.adobe.com/Elizabeth Ruggiero/Elizabeth, **S. 57** *mi.* stock.adobe.com/dan talson/dan, **S. 58** *un. li.* Victoria Castañeda, **S. 59** *ob. li.* Victoria Castañeda, **S. 60** *un. re.* stock.adobe.com/Papa Bravo, **S. 61** *un. re.* Universidad Nacional Autónoma de México (Dirección General de Atención a la Comunidad, México, 2019), **S. 62** *un. mi.* Shutterstock.com/06photo, **S. 64** *ob. re.* stock.adobe.com/diegograndi, **S. 65** *mi.* Elena Climent, **S. 68** *ob. re.* Shutterstock.com/EGT-1, *ob. li.* Shutterstock.com/basiczto, *mi. re.* Shutterstock.com/Christian Vinces, *mi.* Shutterstock.com/doleesi, *un. re.* Shutterstock.com/guillermo_celano, *un. li.* Shutterstock.com/S-F, *mi.* stock.adobe.com/stnazkul, **S. 69** *ob. mi.* Shutterstock.com/Diego Grandi, *mi. re.* Shutterstock.com/Juan Carlos Alonso Lopez, *ob. re.* Shutterstock.com/Luis Roldan, **S. 70** *mi. li.* und *re.* El País, *mi.* Shutterstock.com/nito, **S. 71** *ob. mi.* Shutterstock.com/Creativa Images, **S. 72** *ob. li.* Shutterstock.com/buteo, *ob. mi.* Shutterstock.com/Varavin88, **S. 73** *un. mi.* Shutterstock.com/Vektor illustration, **S. 74** *mi.* Shutterstock.com/Urko Castanos, **S. 76** *un. re.* stock.adobe.com/Javier, **S. 77** *mi. li.* Shutterstock.com/Catarina Belova, *ob. re.* Shutterstock.com/Jose Redondo Villalon, *mi. re.* Shutterstock.com/melissamn, *ob. li.* Shutterstock.com/Rafal Michal Gadomski, *ob. re.* Shutterstock.com/Sangiao Photography, *un. re.* Shutterstock.com/santypan, *un. re.* Shutterstock.com/TravelSH, **S. 78** *mi.* Shutterstock.com/Christian Vinces, *ob. mi.* Shutterstock.com/gt29, *ob. re.* Shutterstock.com/Weredragon, *ob.* stock.adobe.com/noah okndo, **S. 79** *ob. li.* Shutterstock.com/AJR_photo, *mi. re.* Shutterstock.com/Light and Vision, *mi. li.* Shutterstock.com/Myriam B, **S. 81** *un.* Cornelsen Verlag, **S. 83** *ob. mi.* Shutterstock.com/Oikeo Projects, **S. 84** *un. mi.* Shutterstock.com/BearFotos, **S. 85** *ob. li.* Shutterstock.com/Juan Carlos Alonso Lopez, *un. li.* © Ayuntamiento de Barcelona («Modelo de Supermanzanas» veröffentlicht im BCNRoc-Datenbank, 2015 – lizenziert unter CC BY 4.0. (https://creativecommons.org/licenses/by/4.0/deed.de), **S. 86** *ob. li.* Shutterstock.com/sirtravelalot, **S. 87** *mi.* Shutterstock.com/elenabsl, **S. 88** *ob. re.* Greenpeace México, *un. mi.* Shutterstock.com/Cherstva, *un. mi.* Shutterstock.com/Jovanovic Dejan, **S. 89** *ob. re.* Shutterstock.com/Sergey Nivens, **S. 90** *mi.* mauritius images/Radius Images, *un. re.* Shutterstock.com/alexfan32, *mi. re.* Shutterstock.com/Halfpoint, *un. mi.* Shutterstock.com/photoshooter2015, *mi. li.* stock.adobe.com/Тимур Конев, **S. 91** *un. re.* Shutterstock.com/David Ferencik, **S. 93** *ob. mi.* Shutterstock.com/cribe, *ob. mi.* Shutterstock.com/jesadaphorn, *un. mi.* Shutterstock.com/Palsur, **S. 94** *un. li.* stock.adobe.com/BRIAN_KINNEY, *ob. li.* stock.adobe.com/Leonid Andronov, **S. 95** *mi. re.* mauritius images/alamy stock photo/Tim Moore, *ob. re.* Shutterstock.com/Photoroyalty, *mi. re.* stock.adobe.com/Fly_and_Dive, *ob. re.* stock.adobe.com/FotoAndalucia, *mi.* stock.adobe.com/Ruben, **S. 96** *un.* Cornelsen Verlag, **S. 97** *ob. re.* Juanjo Giménez Peña/Interfilm, *mi.* Shutterstock.com/Cristina Conti, **S. 98** *un. re.* stock.adobe.com/TTstudio, **S. 100** *mi. re.* mauritius images/alamy stock photo/MELBA PHOTO AGENCY, **S. 101** *un. re.* mauritius images/alamy stock photo/DeAgostini/Universal Images Group North America LLC, *ob. re.* mauritius images/alamy stock photo/Steve Davey Photography, **S. 102** *mi.* stock.adobe.com/Noradoa, **S. 103** *un. re.* stock.adobe.com/javier_garcia, **S. 104** *mi.* § 60 b UrhG Unbekannter Urheber, **S. 108** *ob. re.* Dra. Maria Villarroya Gaudo, **S. 110** *mi. re.* Tira cómica de Symetrías (ideah! Agencia de Comunicación:), **S. 111** *un.* kompetenzz.de, **S. 112** *ob. re.* stock.adobe.com/studio.com (Olga Yastremska and Leonid Yastremskiy)/africa/New Africa, **S. 117** *ob. re.* Shutterstock.com/Lee peiming, *mi. li.* Shutterstock.com/mrcmos, **S. 118** *mi.* Bridgeman Images/Pablo Picasso, **S. 119** m.*li.* Bridgeman Images, *ob. re.* interfoto e.k./PHOTOAISA, **S. 120** *mi. li.* mauritius images/Erich Schmidt, *ob. re.* Shutterstock.com/Javier Cruz Acosta, *un. re.* Shutterstock.com/Thomas Margraf, *ob. li.* stock.adobe.com/Romolo Tavani, **S. 122** *mi. li.* Shutterstock.com/Yuganov Konstantin, **S. 123** *mi. li.* stock.adobe.com/Jose Ramon Bermudez Perez/Jose Ramon Bermudez, *mi. re.* stock.adobe.com/JUAN ANTONIO, **S. 124** *ob. re.* stock.adobe.com/LIGHTFIELD STUDIOS, **S. 125** *un.* mauritius images/Maskot, **S. 127** *ob. mi.* Shutterstock.com/Chepe Nicoli, **S. 128** *mi. li.* Bernardo Scerpella (Cortometraje Estoy Bien (2018, Perú) (Nuna Films)), **S. 129** *mi.* Infografía (ilustración por Catalina Campuzano Cárdenas/Información Ministerio de Educación y Formación Profesional del Gobierno de España. www.educacionyfp.gob.es, **S. 134** *un. li.* Elena Climent, *mi. re.* Universidad Nacional Autónoma de México (Dirección General de Atención a la Comunidad, México, 2019), **S. 136** *mi. li.* Shutterstock.com/Catarina Belova, *ob. re.* Shutterstock.com/Jose Redondo Villalon, *mi. re.* Shutterstock.com/melissamn, *ob. li.* Shutterstock.com/Rafal Michał Gadomski, *ob. mi.* Shutterstock.com/Sangiao Photography, **S. 137** *ob.* Cornelsen Verlag, **S. 138** *un. li.* Greenpeace México, **S. 169** *ob. re.* mauritius images/Pitopia

Texte:
S. 27 Ania Kozlowska/Süddeutsche Zeitung, **S. 28** El Pais/Guillermo Abril, **S. 32** Primer Premio al relato corto sobre testimonios de voluntariado «José Féix García Calleja» titulado: «¿Voluntarios?», de Laura Gutiérrez Fernández, por ACOIDE, Editorial de la Universidad de Cantabria, Santander, 2014. www.editorial.unican.es, **S. 35** und **36** Freiwilligendienste DRS gGmbH/www.ich-will-fsj.de, **S. 37** Care Santos, Mentira, Premio edebé de literatura juvenil 2015 ©edebé, 2015, **S. 38** Cubierta y contracubierta del libro de Care Santos, Mentira, Premio edebé de literatura juvenil 2015 ©edebé, 2015, **S. 45** https://blog.haus-der-kleinen-forscher.de/sprache-von-kopf-bis-herz, **S. 52** Los Angeles Times, Alejandro Maciel, 2019, **S. 56** © Auszug aus: Deutsche Welle, 2020, **S. 62** Mar de historias. Relatos del México de hoy. Reclam: Stuttgart, 2011, S. 114–121 und La jornada (Mexico), am 23.11.2003 veröffentlicht. URL: https://www.jornada.com.mx/2003/11/23/040n1con.php?printver=1&fly=, **S. 71** Ángel González: El conformista, en: 101 + 19 = 120 poemas. Visor Libros 2005, **S. 74** Eduardo de la Cruz Fernández: Madrid blues 2019, **S. 82 und 83** Michael Bauchmüller/Süddeutsche Zeitung, **S. 84** El Pais/Sonia Vizoso, **S. 89** Andrea Yisell Avendaño Estrada: Hambre, in: Venga le echo un cuento! Bogotá en 100 palabras. Los mejores 100 relatos breves, https://www.en100palabras.com/web/sites/default/files/libros_pdf/Los%20100%20mejores%20relatos.pdf (2017), **S. 89** Gloria Inés Gálvez Osorio: Contrastes, in: Venga le echo un cuento! Bogotá en 100 palabras. Los mejores 100 relatos breves. https://www.en100palabras.com/web/sites/default/files/libros_pdf/Los%20100%20mejores%20relatos.pdf (2017); **S. 89** José Javier Vásquez: La casa al hombro, in: Medellín en 100 palabras. Lecturas de ida y vuelta. https://www.en100palabras.com/web/sites/default/files/libros_pdf/LibroMedellin.pdf (2019), **S. 90** Angélica Ramírez Valdés: Instrucciones para estudiar en una casa pareada y hacinada, in: SANTIAGO EN 100 PALABRAS: LOS MEJORES 100 CUENTOS DE LA DECIMOSÉPTIMA VERSIÓN DEL CONCURSO. https://www.en100palabras.com/web/sites/default/files/libros_pdf/Los%20Mejores%20100%20Cuentos%20XVII.pdf (2018), **S. 90** Michelle Goitia Gil: Las cuatro operaciones, in: Medellín en 100 palabras 2020. Lecturas de ida y vuelta. https://www.medellinen100palabras.com/web/sites/default/files/libro/MEDELL%C3%8DN%20EN%20100%20PALABRAS%202020_vf.pdf, **S. 97** Ángel González: Porvenir, en: 101 + 19 = 120 poemas. Visor Libros 2005, **S. 104** SINC – Servicio de Información y Noticias Científicas / Sergio Guinaldo, **S. 108** Entrevista Manuel Vila Baleato (Autor) con Dra. Maria Villarroya Gaudo, **S. 112** Emilio Ortíz: A través de mis pequeños ojos, Barcelona: Duomo Editorial 2019, **S. 115** https://wessels-filmkritik.com/2017/01/18/mein-blind-date-mit-dem-leben, **S. 122** Bianchi, César: La chica de rojo tiene una idea. In: Guerriero, Leila (Hrsg.): Un mundo lleno de futuro. Diez crónicas de América, Latina. Bogotá: 2017, **S. 127** Ribas, Rosa: Mein Haus ist Ihr Haus. In: DAAD (Hrsg.): Spanien Länderprofil. Köln: 2020., **S. 206** 24 horas en la Gran Vía de Madrid: El País Semanal, **S. 207** Dirección General de Comunicación e Información Diplomática (España), **S. 209** Universal Music Publishing GmbH, Berlin/Arnau Blanch Miquel/Eric Griso Thomas.

*das Material wurde aus didaktischen Gründen bearbeitet